언리얼 엔진 5로 만드는
메타휴먼 캐릭터

언리얼 엔진 5로 만드는 메타휴먼 캐릭터

영화 수준의 캐릭터 디자인과
모션 캡처 애니메이션 생성하기

진석준 옮김
브라이언 로스니 지음

에이콘

 에이콘출판의 기틀을 마련하신 故 정완재 선생님 (1935-2004)

끊임없는 영감을 주신 어머니 개비^{Gaby}, 늘 격려와 지원을 아끼지 않고
나를 이해해준 아내 케니아^{Kenia}와 두 아이 어인^{Eoin}과 이사벨라^{Isabella},
끝없이 동기 부여를 해주신 미디어 하우스^{Media House}의 모든 직원,
책의 진행 상황을 체크해주고 과분할 정도로 용기를 북돋아준
친구들에게 감사의 마음을 전한다.

– 브라이언 로스니^{Brian Rossney}

브라이언 로스니와 알고 지낸 지 10년이 넘었다.

TV 광고를 찍으면서 처음 그를 만났을 때, 브라이언은 감독이었고 나는 촬영 감독이었다. 브라이언의 타고난 연출 감각과 포스트 프로덕션^{post-production} 및 시각적 효과에 대한 높은 이해도는 그의 역량을 더욱 돋보이게 해줬다.

이 분야에서 축적한 브라이언의 경험과 열정은 20여 년을 거슬러 올라간다. 그는 주로 광고와 드라마 분야에서 탁월한 시각적 효과와 3D 환경, 디지털 산출물을 제작해왔다. 브라이언이 가진 스킬은 피사체의 정보를 전달하는 그의 탁월한 역량과 함께 빠르게 인정받았다. 따라서 더블린시티 대학교에서 비디오 제작을 가르치는 교수로 임용된 것도 그다지 놀라운 일은 아니었다.

나 역시 영화와 드라마의 촬영 감독으로 일하면서 사전 시각화에 익숙한 편이었다. 하지만 브라이언의 가이드와 언리얼 엔진이 제공하는 산출물을 보고는 눈을 의심하지 않을 수 없었다. 특히 조명과 애니메이션에 관련된 부분은 더욱 놀라웠다. 브라이언은 3D로 모든 샷의 사전 시각화 작업을 진행하기도 했다. 그 후 브라이언은 언리얼을 사용해 대부분의 작업을 수행했으며, 단편 영화 〈아페티토^{Apetito}〉를 언리얼로 제작했다.

비슷한 시기에 ILM과 디즈니 역시 언리얼 엔진을 활용해 〈만달로리안^{The Mandalorian}〉 시리즈를 만들기 시작했다!

분명 언리얼 엔진은 영화 제작에서 반드시 필요한 툴로 자리 잡았지만, 아직까지는 많은 사람이 쉽게 다루기 어렵다. 하지만 이 책을 활용하면 지루하고 어려운 기술적 문제에 빠져 허우적거리지 않을 수 있을 뿐 아니라 책의 내용을 쉽게 따라 하면서 실제와 가까운 캐릭터를 만들고 움직일 수 있을 것이다.

이 책은 마법 같은 기술을 모두 배울 시간은 없지만 빠르게 프로젝트를 수행하고 싶은 전문가와, 취미로 3D 캐릭터를 만들어보려는 사람을 대상으로 한다. 브라이언은 이 책을 통해 디지털 캐릭터의 기본이 되는 핵심 개념을 소개하고, 언리얼 엔진의 메타휴먼 크리에이터^{MetaHuman Creator}를 사용해 디지털 캐릭터를 만드는 법을 차근차근 설명한다.

특히 믹사모 애니메이션^{Mixamo animation}을 활용하거나, 딥모션^{DeepMotion}을 통해 바디 모션을 맞춤 제작하는 것과 같이 메타휴먼을 가장 효과적으로 활용하는 방법도 함께 다루고 있다.

아이폰 사용자라면 아주 사실적인 페이셜 캡처를 통해 자신의 캐릭터를 만들어낼 수 있으며, 웹캠이나 페이스웨어^{Faceware}를 사용하는 것도 가능하다. 이 방법들 모두 단계별로 자세히 설명될 것이다.

메타휴먼이나 모션 캡처와 관련된 모든 것을 담고 있는 궁극적인 가이드를 내놓고자 브라이언이 이 책을 쓴 것은 아니다. 독자들이 너무 많은 정보에 의존하지 않고도 빠르게 산출물을 얻는 데 초점을 맞췄고, 이를 위해 그가 연구한 모든 결과물을 이 책 한 권에 담아냈다.

자, 이제 애니메이션이나 영화를 제작하던 대형 스튜디오에서만 상상할 수 있었던 사실적인 디지털 캐릭터와 애니메이션을 직접 만들어보자.

행복한 여정이 되길!

— **시아란 카바노프**^{Ciaran Kavanagh},
ISC IATSE 669

| 옮긴이 소개 |

진석준(bbjoony@gmail.com)

데브시스터즈 진저랩에 재직하고 있으며 다양한 게임 관련 기술 서적을 번역해왔다. 끊임없이 변화하는 기술 트렌드에 맞춰 몸담고 있는 조직과 스스로가 어떻게 진화할 수 있는지를 늘 고민한다. 『게임 테스팅 3/e』(에이콘, 2019), 『봇을 이용한 게임 해킹』(에이콘, 2018), 『언리얼 엔진 4로 나만의 게임 만들기』(에이콘, 2016), 『게임 물리 엔진 개발』(지앤선, 2016), 『시스템으로 풀어 보는 게임 디자인』(에이콘, 2022), 『로블록스 루아 프로그래밍 첫 발자국 떼기』(에이콘, 2022) 등을 번역했다.

2021년 12월, 'Matrix Awakens'라는 이름으로 언리얼 엔진 5의 테크 데모가 공개됐습니다. 10분 남짓한 이 영상을 보면서 지금까지의 게임 엔진과는 차원이 다른 새로운 시대의 게임 엔진이 등장했음을 알 수 있었습니다. 이전의 게임 엔진이 현실을 잘 모사하는 수준에 불과했다면, 새롭게 등장한 언리얼 엔진 5의 테크 데모는 어디까지가 실사이고 어디까지가 엔진이 만들어낸 캐릭터인지 구분하기 힘들 정도였습니다. 이 영상이 발표된 이후, 설명이 추가되지 않는다면 실사인지 아닌지 구분할 수 없을 만큼 정교한 언리얼 엔진의 산출물들이 SNS와 미디어에 등장하기 시작했습니다.

디즈니가 제작한 TV 시리즈인 〈만달로리안〉에 이르러서는 언리얼 엔진과 LED를 활용한 영상 촬영으로 또 한 단계 진화하는 모습을 보여줬습니다. 어쩌면 엔진으로 만들어내는 영상과 실사를 구별하는 것이 더 이상 큰 의미가 없는 시대일지도 모르겠습니다.

이런 기술적 진보의 중심에는 언리얼 엔진이라는 탄탄한 시스템이 자리 잡고 있습니다. 이 시스템은 현대 게임의 역사에서 한 획을 그었을 뿐만 아니라, 지금도 진화를 멈추지 않으면서 미디어 영상과 건축, 일반 산업의 영역에 이르기까지 점점 그 영향력을 넓혀가고 있습니다. 메타휴먼은 언리얼 엔진에 가장 친화적이고 최적화된 도구 중 하나로, 사람의 표정과 행동을 실제 수준에 가깝게 영상과 게임으로 옮기는 분야에서 확고한 포지션을 차지하고 있습니다. 메타휴먼을 통해 이전 세대의 영상 제작에서 '특수 효과'라는 단어로 지칭되던 고비용의 작업을 하나의 툴로 간편하게 치환할 수 있게 된 것입니다.

이 책은 언리얼 엔진과 메타휴먼을 중심으로 어떻게 사람을 실사에 가깝게 표현할 수 있는지를 다루고 있습니다. 메타휴먼을 비롯한 다양한 툴을 간단히 소개하고, 실제로 이를 사용해 캐릭터를 제작하는 방법도 충분히 자세하게 설명합니다. 따라서 실사에 가까운 영상들을 하나하나 제작해보면서 이전 세대에 존재하던 높은 기술과 비용의 허들이 얼마나 낮아지고 있는지를 체감할 수 있을 것입니다. 모쪼록 독자 여러분도 책을 따라 흥미로운 여정을 즐길 수 있길 바라 마지않습니다.

업계의 선배로서 애정 어린 다독임을 아끼지 않으셨던 고 권성준 사장님께 지면을 빌려 진심 어린 감사의 말씀을 전합니다. 사장님과의 인연이 없었다면, 오늘의 저와 이 책이 존재하지 않았을지도 모르겠습니다. 편한 마음으로 번역에 충분한 시간을 쏟게 해준 아내와 아들 하윤에게 감사하며, 항상 손이 느린 역자를 말없이 배려해주시는 편집 팀의 김진아 님과 에이콘출판사 식구들에게도 감사드립니다.

마지막으로, 이 책을 통해 언리얼 메타휴먼의 새로운 세계를 접하게 될 독자 여러분께도 미리 감사의 말씀을 전합니다.

감사합니다.

2023년 11월 말미에

진석준

| 지은이 소개 |

브라이언 로스니^{Brian Rossney}

로스니 픽처스^{Rossney Pictures}의 크리에이티브 디렉터이자 VFX 슈퍼바이저로 일하고 있다. 영화와 TV 산업에 22년 이상 몸담았으며, 특히 포스트 프로덕션과 디지털 특수 효과 제작에 관한 전문 역량을 지녔다. 3D 애니메이션 툴과 3D 노드 기반 합성 툴을 사용해 다양한 광고와 TV 오프닝 시퀀스도 제작했다. VFX와 3D 애니메이션 파이프라인, 실사 영화 제작 및 연출에 대한 이해를 바탕으로 더블린시티 대학교^{Dublin City University}와 갤웨이 필름 센터^{Galway Film Centre}에서 강의했으며, 홀마크^{Hallmark}와 마라비스타^{Maravista}에서 VFX 슈퍼바이저로도 일했다. 언리얼 엔진으로 제작한 〈아페티토〉와 언리얼 엔진 및 메타휴먼 크리에이터로 제작한 〈1976〉까지 두 편의 단편 영화를 제작했다.

나를 담당한 열정적인 편집자인 헤이든 에드워즈(Hayden Edwards)에게 감사한다.

| 기술 감수자 소개 |

에밀리오 페라리^{Emilio Ferrari}

모션 캡처 슈퍼바이저이자, 언리얼 엔진에 기반한 프리프로덕션 스튜디오인 레이즈드 바이 몬스터즈^{Raised by Monsters}의 CEO이다. 모션 캡처 스테이지와 엔진 간의 원활한 정보 전송을 돕는 툴을 개발하기 위해 언리얼 엔진 팀과 밀접하게 협업하고 있으며, 모캡 스테이지를 관리하는 것과 더불어 재생 가능한 툴을 통해 VFX, 영화, 언리얼 엔진을 통합하는 방법을 찾는 연구 개발도 주도하고 있다.

현재 언리얼 엔진의 시네마토그래피와 스토리텔링에 초점을 맞춘 도서인 『Digital Film making with Unreal Engine』의 집필 작업에 참여하고 있다.

| 차례 |

3부 ─ 레벨 시퀀서, 페이셜 모션 캡처, 렌더링 살펴보기

7장 레벨 시퀀서 사용하기 241

8장 아이폰으로 페이셜 모션 캡처하기 265

| 들어가며 |

기술과 예술은 항상 함께 발전해왔다. 최근에는 기술이 급격하게 발전해왔으며, 대부분의 사람이 이런 급격한 발전을 따라가는 것을 힘들어했다. 영화를 만들 때 사용되는 기술 역시 마찬가지다.

나는 영화와 관련된 모든 기술이 아날로그였던 1980년대에 나고 자랐다. 성장 과정에서 가장 깊은 영감을 받았던 영화는 〈타이탄 족의 멸망Clash of the Titans〉(1981)이었다. 이 영화의 시각 효과 애니메이션이 단 한 사람, 레이 해리하우젠Ray Harryhausen에 의해 만들어졌다는 사실은 내게 무척 충격적으로 다가왔다. 2000년대에 들어선 지금은 수백 명의 비주얼 이펙트 아티스트와 애니메이터들이 팀을 구성하고, 여러 회사가 하나의 영화를 만들기 위해 함께 작업을 수행한다.

언리얼 엔진과 메타휴먼 크리에이터가 모든 것을 바꾼 것이다. 풍부한 자금을 가진 대규모 스튜디오가 영화에 삽입되는 높은 품질의 애니메이션과 VFX 툴을 독점하던 시기는 지났다. 놀랍도록 성능이 향상된 컴퓨터, 심지어는 노트북만으로도 스스로 영화를 만들 수 있게 됐다. 이제는 더 이상 경계의 의미도, '아마추어니까'라는 식의 변명도 통하지 않는다. 새로운 레이 해리하우젠이 등장할 새로운 시대의 여명을 맞이하고 있는 것이다.

⋙ 이 책의 대상 독자

영화 제작자가 영화 제작자를 위해 이 책을 썼다. 따라서 책에서 소개하는 다소 난해한 개념을 이해하려면 영화 제작 과정, 특히 3D 애니메이션의 제작 과정을 알고 있어야 한다. 3D 캐릭터 애니메이션을 다뤄본 적이 있거나 그와 관련된 주제의 책을 한 권이라도 읽은 사람이라면 이 책의 내용을 이해하기가 그다지 어렵지 않다. 사전 지식이 없더라도 걱정할 필요는 없으며, 책을 끝까지 막힘없이 읽을 수 있을 것이다.

궁극적으로 이 책은 언리얼을 사용해 메타휴먼을 만드는 방법을 단계별로 안내하고 있으며, 여러분의 아이디어와 디자인을 반영할 수 있는 다양한 기법을 다룬다.

이 책에서 다루는 내용

1장. 언리얼 시작하기 언리얼이 무엇이고 메타휴먼이 무엇인지 살펴본다. 아울러 컴퓨터에 언리얼 엔진을 설치하는 방법도 다룬다.

2장. 메타휴먼 캐릭터 만들기 메타휴먼 크리에이터 인터페이스의 주요 기능을 알아보고, 메타휴먼을 편집하는 방법과 편집한 메타휴먼을 다운로드하고 익스포트하는 방법을 살펴본다.

3장. 메타휴먼 블루프린트 살펴보기 블루프린트에 대해 알아보고, 메타휴먼의 관점에서 블루프린트를 사용하는 방법도 소개한다.

4장. 애니메이션 리타기팅 IK 릭, IK 체인, IK 리타기터에 대해 알아본다.

5장. 믹사모로 애니메이션 리타기팅하기 믹사모 애니메이션 에셋으로 애니메이션을 리타기팅하는 방법을 살펴본다.

6장. 딥모션으로 모션 캡처 추가하기 앞 장과 비슷하게 딥모션을 사용해 마커 없이 모션을 캡처하는 방법을 알아본다. 또한 딥모션을 통해 얻은 모션 캡처를 메타휴먼에 리타기팅하는 방법도 다룬다.

7장. 레벨 시퀀서 사용하기 레벨 시퀀서에 대해 알아보고, 메타휴먼 캐릭터를 제어하기 위해 레벨 시퀀서를 사용하는 방법도 함께 살펴본다.

8장. 아이폰으로 페이셜 모션 캡처하기 라이브 링크 앱을 설치하는 법, 아이폰에서 라이브 페이셜 캡처를 얻는 법, 이를 언리얼 엔진으로 전송하는 법을 알아본다.

9장. 페이스웨어로 페이셜 모션 캡처하기 앞 장에서 배운 것의 대안으로, 간단한 웹캠과 페이스웨어 소프트웨어를 사용해 높은 품질의 페이셜 모션 캡처를 얻는 방법을 살펴본다.

10장. 레벨 시퀀서로 애니메이션 블렌딩하기와 고급 렌더링 수행하기 레벨 시퀀서에서 여러 개의 모션 캡처 클립을 다루는 방법을 알아본다. 포스트 프로세스 볼륨과 같이 레벨 시퀀서를 사용한 고급 렌더링 기법도 다룬다.

11장. 메시 투 메타휴먼 플러그인 사용하기 새로운 플러그인을 사용해 사용자가 자신의 메타휴먼에 기반한 3D 스캔을 수정하는 방법을 살펴본다.

⁑ 이 책을 최대한 활용하는 방법

이 책을 최대한 활용하려면 메시, 비디오 타임라인, 모션 캡처, 키프레임과 같은 3D 애니메이션 산업에서 사용되는 용어와 개념에 대한 기본적인 이해가 필요하다. 마야^{Maya}, 3ds 맥스$^{3ds\ Max}$, 후디니^{Houdini}, 블렌더^{Blender}, 시네마 4D$^{Cinema\ 4D}$, 모도^{Modo}와 같은 3D 애플리케이션을 다뤄본 경험도 큰 도움이 된다.

또한 〈아바타〉, 〈캐리비안의 해적〉, 〈어벤저스〉와 같은 VFX 영화의 비하인드 씬 클립을 통해 3D 애니메이션과 모션 캡처의 결과물에도 익숙해져야 한다.

이 책에서 다루는 소프트웨어와 하드웨어	필요 OS
언리얼 엔진 버전 5.01 이상	윈도우 또는 맥OS
아이폰 X 이상	iOS
페이스웨어 소프트웨어	
라이브 링크	
KIRI 엔진	

빠른 인터넷 환경과 대용량 하드 드라이브도 필요하다. 메타휴먼 캐릭터를 다운로드하려면 4GB 이상의 하드 드라이브 공간을 확보해야 한다. 간단한 메타휴먼이 등장한 씬^{scene}으로 구성된 언리얼 프로젝트로도 충분히 50GB의 하드 드라이브 공간을 채울 수 있다. NVIDIA RTX 3000 시리즈와 같은 고사양의 그래픽 카드도 권장한다.

이 책에서 다루는 언리얼 엔진 및 메타휴먼과 관련해 저자의 유튜브 채널(https://bit.ly/3Fv9u18)을 활용하면 추가적인 팁과 기법을 참고할 수 있다.

⠿ 컬러 이미지 다운로드

이 책에 사용된 스크린샷과 다이어그램의 컬러 이미지를 담은 PDF 파일이 별도로 제공된다. 팩트출판사 웹 사이트(https://packt.link/5RXwo)와 에이콘출판사의 도서정보 페이지(http://www.acornpub.co.kr/book/reimagining-character)에서 컬러 이미지를 다운로드할 수 있다.

⠿ 편집 규약

이해를 돕고자 다루는 정보에 따라 글꼴 스타일을 다르게 적용했다. 이러한 스타일의 예와 의미는 다음과 같다.

고딕: 화면상에 표시되는 메뉴나 버튼은 다음과 같이 표기한다. "**Administration** 패널에서 **System info**를 선택한다."

> **NOTE**
>
> 경고나 중요한 노트는 이와 같이 나타낸다.

> **TIP**
>
> 팁과 요령은 이와 같이 나타낸다.

⠿ 고객 지원

문의: 이 책과 관련해 문의 사항이 있다면 메일 제목에 책명을 적어서 customercare@packtpub.com으로 이메일을 보내주길 바란다. 한국어판에 관한 질문은 이 책의 옮긴

이나 에이콘출판사 편집 팀(editor@acornpub.co.kr)으로 문의할 수 있다.

정오표: 내용을 정확하게 전달하고자 최선을 다했지만, 그럼에도 실수가 있을 수 있다. 이 책에서 문제점을 발견했다면 팩트출판사 웹 사이트(www.packtpub.com/support/errata)에서 해당 양식을 작성해 알려주길 바란다. 한국어판의 정오표는 에이콘출판사의 도서정보 페이지(http://www.acornpub.co.kr/book/reimagining-character)에서 찾아볼 수 있다.

저작권 침해: 인터넷에서 어떤 형태로든 팩트출판사 서적의 불법 복제물을 발견하면 해당 주소나 웹 사이트의 이름을 알려주길 바란다. 의심되는 불법 복제물의 링크를 copyright@packtpub.com으로 보내주면 된다.

1부

캐릭터 생성하기

1부에서는 언리얼 엔진과 퀵셀 브리지를 설치하는 것과 같이 본격적인 내용을 진행하기에 앞서 필요한 지식을 제공한다. 그다음에는 메타휴먼 크리에이터에서 캐릭터를 생성하고 언리얼 엔진으로 불러오는 방법을 살펴본다.

1부는 다음과 같은 장들로 구성된다.

- 1장. 언리얼 시작하기
- 2장. 메타휴먼 캐릭터 만들기

01

언리얼 시작하기

첫 번째 장에서는 과연 언리얼 엔진이 무엇이고, 이를 활용해 무엇을 할 수 있으며, 어떻게 이런 작업들을 시작할 수 있는지 등을 살펴본다. 이 작업들에 필수적인 에픽게임즈 계정을 생성하는 법과 언리얼 엔진을 다운로드하는 법도 함께 알아본다. 메타휴먼 캐릭터를 만드는 데 필요한 브리지Bridge를 다운로드하려면 역시 에픽게임즈 계정이 필요하다.

이들 애플리케이션을 윈도우 PC에 설치하고 설정하는 과정을 함께 살펴본다.

이 장에서는 다음과 같은 주제를 다룬다.

- 언리얼 엔진이란 무엇인가?
- 메타휴먼이란 무엇인가?
- 언리얼 엔진과 메타휴먼 크리에이터 설정하기

기술적인 요구 사항

본격적으로 시작하기에 앞서, 이 책에서 다루는 내용이 아주 높은 품질의 3D 캐릭터라는 것을 미리 밝혀둔다. 언리얼 엔진을 설정하기 전에 이 점을 충분히 이해하고 있어야 한다. 일반적인 3D 그래픽 툴과 마찬가지로 언리얼 엔진을 구동하려면 아주 강력한 그래픽 카드를 갖춘 PC가 필요하다.

언리얼을 제대로 경험하고 싶다면 메타휴먼 캐릭터를 실시간으로 설정하고 확인할 수 있을 정도의 성능을 갖춘 컴퓨터가 필요하다. 성능이 떨어지는 컴퓨터에서는 잦은 크래시가 발생할 수 있다. 이런 상황은 누구도 원하지 않을 것이다. 이 장의 내용을 충분히 소화하려면 아래와 같이 에픽게임즈가 추천하는 최소 사양 이상의 하드웨어가 필요하다. 물론 인터넷 연결도 반드시 필요하다.

- 윈도우 10 64비트

- 64GB 램

- 256GB SSD(OS 드라이브)

- 2TB SSD(데이터 드라이브)

- NVIDIA GeForce GTX 970

- 10코어 제온 E5-2643 @3.4GHz

이 책에서 제공하는 화면은 다음과 같은 사양의 컴퓨터에서 캡처된 것이다.

- 윈도우 10 64비트

- 256GB 램

- 1TB SSD(OS 드라이브)

- 4TB SSD(데이터 드라이브)

- NVIDIA GeForce RTX 3090

- 20코어 i9 10-900k @3.7GHz

맥 사용자들은 윈도우 사용자들에 비해 쾌적한 경험을 하기 쉽지 않을 것이다. 언리얼 엔진의 개발사인 에픽게임즈 역시 윈도우 기반의 엔진 개발에 더 많은 시간을 투자하고 있다. 맥에서 언리얼 엔진의 구동이 불가능하지는 않지만, 실사에 맞먹는 렌더링 기능을 비롯한 다양한 기능을 원활하게 사용하기가 쉽지 않다. 특히 NVIDIA RTX 시리즈 그래픽 카드에서 제공하는 다이렉트 X 12와 레이 트레이싱 코어 기능은 맥에서 사용할 수 없다.

클라우드 솔루션을 통해 아주 강력한 성능의 머신을 체험해볼 수 있다. 이 책에서 다루는 내용 중 라이브 페이셜 모션 캡처와 라이브 바디 모션 캡처를 제외한 대부분의 내용이 이런 클라우드 솔루션을 통해 수행된다. 예산이 허락한다면, paperspace.com과 같은 클라우드 컴퓨팅 솔루션을 검토해보는 것도 추천한다.

NOTE

> 클라우드 솔루션에서는 다이렉트 인터페이스를 사용하거나 사용자의 머신과 네트워크를 공유할 수 없으므로 라이브 모션 캡처를 사용할 수 없다. 하지만 높은 사양의 클라우드 머신을 사용해 다양한 렌더링과 라이팅 설정을 할 수 있다는 장점이 있다.

자신의 PC 사양이 낮아서 고민하는 사람도 있을 것이다. 낮은 스펙의 PC에서도 이 책에서 사용된 대부분의 툴을 아주 낮은 렌더링 설정으로 무난하게 사용할 수 있다. 하지만 라이브 모션 캡처는 전혀 사용할 수 없고, 그 대신 라이브러리 모션 캡처에 의존할 수밖에 없다. 이후 좀 더 빠른 머신을 준비하게 된다면, 이 책을 더욱 잘 활용할 수 있을 것이다.

언리얼이란 무엇인가?

간단히 말하면 언리얼 엔진Unreal Engine은 게임 엔진이다. 다양한 게임 엔진이 존재하지만, 언리얼 엔진은 유니티와 함께 게임 개발 영역을 양분하고 있는 강력한 엔진이다. 유니

티에도 메타휴먼이 존재했다면 아마 이 책의 제목이 조금 달라졌을 것이다.

언리얼 엔진은 믿을 수 없을 정도의 강력한 성능으로 실시간 그래픽을 표현할 수 있는 툴이다. 언리얼 엔진은 1990년대 중후반 에픽게임즈가 만든 PC 기반의 1인칭 슈팅 게임인 〈언리얼Unreal〉에 바탕을 두고 만들어졌다. 초창기 언리얼 엔진은 CPU에서 60fps의 속도로 프레임을 렌더링해 사용자에게 효과적인 실시간 경험을 제공할 수 있었다.

하지만 이 당시에는 프레임의 크기, 한 번에 사용할 수 있는 트라이앵글의 숫자 등에 분명한 제약이 있었으며 자연스러운 조명 효과를 구현하기 위해 필요한 수학 역시 매우 복잡했다. 그럼에도 불구하고 실사에 가까운 수준은 아닐지라도 다른 게임 엔진에 비해 탁월하게 높은 성능을 제공할 수 있었다.

이후 GPU가 발전하면서 언리얼도 다양한 수학적인 연산을 GPU에 통합하면서 진화해왔다. 그 결과, 언리얼 엔진은 나날이 발전하는 하드웨어의 힘을 빌려 3D 렌더링을 더 빠르게 수행할 수 있었고, 영화와 TV에서 실사에 가까운 조명을 구현하기 위해 사용되던 CPU 경로 추적 솔루션과 유사한 성능을 제공할 수 있게 됐다.

경로 추적 혹은 레이 트레이싱 렌더링 기법은 최종 렌더링 단계의 픽셀에서부터 CGI 카메라를 거쳐 씬 주변에 이르기까지, 빛의 입자를 추적하기 위해 아주 복잡한 수학이 필요하다. 이런 과정은 하나의 이미지를 만들기 위해 많은 시간과 높은 성능을 요구했기 때문에 실시간으로 실사 수준의 모션을 구현하는 것은 불가능에 가까운 일로 여겨졌다.

최근의 다양한 기술 혁신 덕분에 언리얼 엔진은 실시간으로 실사에 가까운 렌더링을 사용할 수 있게 됐다. 그 결과는 디즈니의 〈만달로리안The Mandalorian〉 시리즈에서도 확인할 수 있다. 스테이지크래프트StageCraft 기술을 통해 실시간 환경을 제공하는 ILMIndustrial Light & Magic은 언리얼 엔진에서 만든 씬의 결과물을 출력하는 LED 배경을 함께 만들었다. 현실과 가까운 배경을 제공할 뿐만 아니라, LED 배경은 실제 배우들에게도 자연스러운 조명 효과를 제공함으로써 더 사실적인 화면을 만들어내는 데 일조했다.

이 모든 것이 익숙하지 않은 초보라면 다음 질문의 답을 구하는 것부터 시작해보자. '언리얼과 같은 게임 엔진은 무슨 일을 수행하는가?' 이 질문에 대한 가장 일반적인 답변이라면, 언리얼은 실시간으로 그래픽을 렌더링해 게임을 만드는 소프트웨어 애플리케이션이라는 것이다. 게임에서 언리얼은 다음과 같은 것을 만들기 위해 사용된다.

- 사용자 함수

- 게임 로직

- 환경 디자인

- 애니메이션

- 실제 사용자가 보는 것을 실시간으로 렌더링

마우스 클릭이나 엑스박스 컨트롤러의 버튼, 혹은 오큘러스 헤드셋과 같은 사용자 입력 인터페이스를 통해 캐릭터가 언제 어떻게 움직여야 하는지를 결정하고, 주어진 시간 안에 화면에 어떤 것들이 출력돼야 하는지 결정한다.

궁극적으로 이 책은 여러분이 아트나 캐릭터 애니메이션에 대한 배경지식이 없더라도 원하는 캐릭터를 만들고 이들을 원하는 대로 움직이게 하는 것에 초점을 맞추고 있다. 따라서 충분히 흥미로운 여정이 되리라 믿는다.

이제 캐릭터를 만드는 법을 좀 더 자세히 들여다보자.

⁝ 메타휴먼이란 무엇인가?

메타휴먼MetaHuman이란 실제 사람처럼 보이고, 사람처럼 움직이는 아주 복잡하게 구성된 캐릭터를 말한다. 사실 메타휴먼은 사용자와 아티스트가 편집하는 하나의 템플릿이다. 캐릭터 템플릿 편집은 웹 브라우저에서도 가능하며, 이를 통해 사용자는 자신이 설계한 캐릭터가 극도로 사실적으로 표시되는 것을 확인할 수 있다.

메타휴먼 크리에이터 개발의 대부분은 실시간 렌더링과 관련돼 있다. 일반적으로 CGI 캐릭터의 스킨 셰이딩skin shading에는 상당한 CPU 프로세싱이 필요하다. 특히 미묘한 빛의 반사나 모공, 모발, 솜털 등의 정밀한 디테일이 필요한 부분을 처리하려면 상대적으로 많은 부하가 가해진다. 메타휴먼 스킨 셰이더skin shader는 NVIDIA RTX 카드에 내장된 실시간 레이 트레이싱과 같은 최신 하드웨어 기술을 활용해 언리얼 엔진에서 실시간으로 동작한다.

메타휴먼은 실사에 가까운 스킨 셰이더를 제공할 뿐만 아니라, 강력한 페이셜 퍼핏티어링facial puppeteering을 가능하게 만드는 다양한 골격과도 조합할 수 있다. 이 기능들은 언리얼이 제공하는 실시간 페이셜/바디 모션 캡처와 연동될 수 있다.

이제 언리얼 엔진과 메타휴먼이 어떤 것인지 알았으므로, 이들을 시스템에 설치하고 구동해볼 차례다. 다음 장부터 바로 언리얼 엔진을 활용해볼 것이다.

⸪ 언리얼과 메타휴먼 크리에이터 설정하기

언리얼 엔진과 메타휴먼을 사용하기 전에 우선 몇 가지 설정이 필요하다. 이어지는 섹션에서 다음과 같은 과정을 살펴본다.

- 언리얼 계정 만들기
- 언리얼 엔진 5 다운로드하고 설치하기
- 언리얼 엔진 5 시작하기
- 퀵셀 브리지 설치하기
- 메타휴먼 크리에이터 설치하기

그럼 이제 시작해보자.

에픽 계정 만들기

언리얼을 사용하기에 앞서, 가장 먼저 에픽 계정을 만들어야 한다. 다음 과정을 거쳐 계정을 생성한다.

1. 에픽게임즈 웹 사이트(https://epicgames.com/)에 방문한다.

2. 에픽게임즈 웹 사이트에 접속한 다음 언리얼 엔진 링크(https://www.unrealengine.com/ko)로 이동한다.

3. 오른쪽 상단에 위치한 **로그인**을 클릭한다(아직 로그인을 위한 별도 수단이 없더라도 우선 클릭한다).

4. 이메일 계정과 비밀번호를 사용하는 것을 포함해 다양한 로그인 수단을 확인할 수 있을 것이다. 소셜 미디어 계정과의 연동이나 에픽게임즈 계정과도 연동을 제공한다. 기존에 사용하는 계정이 없고 메일로 새로운 계정을 생성한다는 가정하에 새로운 이메일 주소를 입력한다.

그림 1.1 다양한 로그인 수단

5. 그다음 페이지에서 최종 이용자 라이선스 계약에 모두 동의한다. 특히 이용 약관의 경우 전문을 스크롤 다운해야 동의 버튼이 활성화되니 주의하자.

6. 그다음 창에서 국가, 성명, 표시명, 이메일 주소, 비밀번호를 입력한다.

그림 1.2 에픽에 로그인하기

7. 이 과정이 완료되면 입력한 이메일 계정으로 확인 메일을 보낼 것이다. 링크를 클릭하면 성공적으로 계정 생성 과정을 마무리할 수 있다. 이제 원할 때 언제라도 이 계정으로 로그인해 엔진을 사용할 수 있다.

다음으로, 언리얼 엔진 5를 다운로드하고 설치해야 한다.

언리얼 엔진 5 다운로드하고 설치하기

언리얼 계정을 사용해 언리얼 엔진 5를 다운로드하고 설치한다. 우선 먼저 에픽게임즈 런처Epic Games Launcher를 설치해야 한다. 런처를 통해 엔진을 설치하고 업데이트할 수 있을 뿐만 아니라 플러그인과 스크립트, 모델이나 에셋asset 같은 다양한 기능과 콘텐츠에도 접근할 수 있다. 다음 과정을 따라가보자.

1. 에픽에 로그인한 다음, 언리얼 엔진 페이지에 접근하면 다음과 같은 화면을 볼 수 있다(첫 페이지의 화면은 자주 변경된다).

그림 1.3 에픽 스플래시 화면

오른쪽 상단에서 당신의 이름과 함께 **다운로드** 버튼을 확인할 수 있을 것이다. 이를 클릭해 다음으로 넘어가자.

그림 1.4 라이선스 옵션

이 책은 독자 여러분을 게임 도메인이 아닌 영화나 애니메이션 업계 종사자로 간주한다. 이 책을 읽는 대부분의 독자는 학생이나 교육자, 혹은 개인적으로 언리얼 엔진과 메타휴먼에 대해 공부하려는 사람들일 것이다. 이런 경우라면 표준 라이선스만으로도 충분하다.[1]

2. EULA 라이선스를 읽고 동의했다면 **런처 다운로드**를 클릭한다.

3. EpciInstaller-14.6.2-unrealEngine-**.msi와 같은 인스톨러를 설치할 위치를 선택한다. 해당 파일은 윈도우 인스톨러 패키지로, PC의 어느 곳에나 자유롭게 저

---

1 현재는 퍼블리싱 라이선스와 크리에이터 라이선스가 아니라 표준 라이선스, 엔터프라이즈 프로그램, 맞춤형 라이선스로 구별되고 있다. – 옮긴이

장 가능하다.

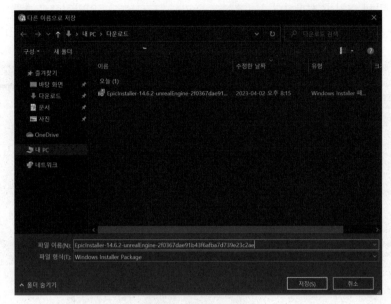

그림 1.5 인스톨러 다운로드

적합한 위치를 선택한 다음 **저장**을 클릭한다.

4. 다운로드한 파일을 더블 클릭해 설치를 시작한다.

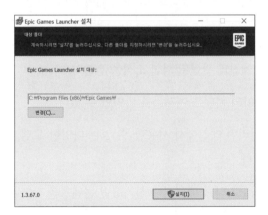

그림 1.6 에픽게임즈 런처 설치

5. **설치**를 클릭한다.

설치가 완료되면 데스크톱 화면에서 에픽게임즈 런처 아이콘을 확인할 수 있을 것이다. 이를 클릭해 런처를 시작한다(처음 실행할 때 어느 정도의 시간이 걸릴 수 있다). 일반적으로 처음 실행할 때는 전체 화면으로 표시되지 않는다. 런처의 첫 화면은 다음과 같이 보일 것이다.

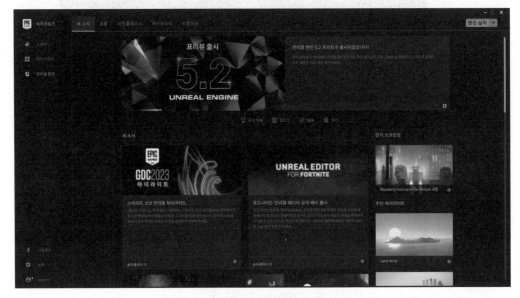

그림 1.7 에픽게임즈 런처 애플리케이션

왼쪽 상단의 에픽게임즈 아이콘 옆으로 몇 개의 탭이 있다. 일반적으로 다음과 같은 탭들이 표시된다.

- **새 소식**: 언리얼 엔진과 관련된 최신 소식을 전한다.

- **샘플**: 다양한 분야의 콘텐츠 예제들을 확인할 수 있다.

- **마켓플레이스**: 언리얼 엔진에서 사용할 수 있는 다양한 모델, 환경, 캐릭터를 구매할 수 있는 곳이다.

- **라이브러리**: 저장했거나 구매했거나 설치했던 콘텐츠를 찾아 활용할 수 있다.

- **트윈모션**: 건축에 특화된 에셋과 프리셋을 활용해 건축물을 실시간으로 시각화해 보여주는 애플리케이션이다.

엔진 설치를 클릭해 엔진을 설치할 수 있다. **라이브러리** 탭에서는 다운로드할 엔진의 버전을 확인할 수 있다. 엔진 버전의 **설치**를 클릭하면 설치 위치를 선택할 수 있는 창이 뜬다. 원하는 설치 경로를 설정하고 **설치** 버튼을 클릭한다.

그림 1.8 엔진 버전을 확인한다.

설치에는 다소 시간이 걸린다. 따라서 설치되는 동안 다시 이 책으로 돌아와도 좋다.

다음 섹션에서는 본격적으로 언리얼 엔진 5를 시작해본다.

언리얼 엔진 5 시작하기

앞서 살펴본 여러 과정을 거쳐 설치가 완료되면, **시작**Launch 버튼을 확인할 수 있다. 이제 언리얼 엔진을 시작할 준비가 완료된 것이다.

이어서 언리얼 엔진이 초기화되는 동안 작은 스플래시 화면을 보게 된다. 처음 언리얼을 실행하면 이 과정도 몇 분이 소요될 것이다. 모든 과정이 완료되면 다음 인터페이스를 확인할 수 있다.

그림 1.9 언리얼 프로젝트 브라우저

창의 왼쪽 부분에는 다음 항목들이 있다.

- **최근 프로젝트**

- **게임**

- **영화, TV 및 라이브 이벤트**

- **건축**

- **자동차, 제품 디자인 및 제조**

- **시뮬레이션**

각 항목은 선택 가능한 몇 가지 템플릿을 제공한다. 각각의 템플릿은 자동으로 설정을 로딩하고 해당 작업에 필요한 사전 설치된 플러그인을 활성화한다.

영화, TV 및 라이브 이벤트를 클릭하면, 다음과 같은 템플릿을 확인할 수 있다.

- 빈 프로젝트

- 버추얼 프로덕션

- DMX

- 인카메라 VFX

- nDisplay

실제 화면은 다음과 같이 보일 것이다.

그림 1.10 버추얼 프로덕션 템플릿

목록에서 **버추얼 프로덕션** 템플릿을 클릭한다. 그다음, 새로운 프로젝트의 이름과 저장할 위치를 설정해야 한다. 이 책에서는 D 드라이브에 위치한 Lost Girl 폴더를 만들고, 그 안에 Lost_Girl_SC_01이라는 이름으로 프로젝트 폴더를 생성할 것이다. 프로젝트 파일의 이름은 그 어떤 것이라도 상관없다.

파일이 위치할 디렉터리 역시 원하는 곳 어디에나 만들 수 있다. 단, 운영체제가 설치돼 있는 C 드라이브는 가급적 제외하는 것이 좋다.

생성을 클릭하면 프로젝트가 로딩되면서 다시 스플래시 화면이 뜨는 것을 확인할 수 있다. 이 역시 시스템 사양에 따라 몇 분이 소요될 수 있다. 이 과정이 완료되면 몇 개의 팝업창이 나타난다.

- 일부 플러그인이 해당 버전에 적합하지 않을 수 있다는 내용의 메시지가 출력되면서 진행 여부를 물어볼 수 있다. **예**(또는 **확인**)를 눌러 다음 과정으로 넘어간다.

- 프로젝트의 업데이트가 필요하다는 메시지가 출력될 수도 있다. 마찬가지로 **예**를 클릭한다. 1~2개의 업데이트가 추가로 진행될 수도 있다.

- 마지막으로, 플러그인을 관리할지 여부를 묻는 메시지가 출력될 수 있다. **예**를 클릭해 우선 플러그인 창을 닫는다. **아니오**를 선택하더라도 이후 캐릭터를 엔진으로 임포트하는 단계에서 플러그인을 활성화할 수 있다. 우선 현재 단계에서는 **예**를 선택하는 것을 권장한다.

그럼 이제 엔진이 구동되는 것을 확인할 수 있다.

그림 1.11 언리얼 엔진 인터페이스

이제 퀵셀 브리지를 설치할 차례다.

퀵셀 브리지 설치하기

메타휴먼 크리에이터는 퀵셀^{Quixel}이 제작한 온라인 애플리케이션이다. 메타휴먼 크리에이터 온라인 애플리케이션을 시작하려면, 우선 퀵셀의 웹 사이트를 방문해 '브리지^{Bridge}'라고 부르는 애플리케이션을 다운로드해야 한다.

처음에는 약간 복잡해 보일 수도 있다. 브리지 애플리케이션은 계정과 연동돼 하나의 에셋 매니지먼트 툴처럼 동작한다. 메타휴먼 프로젝트를 개인적으로 생성할 수도 있고, 메가스캔 트리^{Megascans Trees}나 풀, 빌딩과 같은 에셋들도 다운로드 가능하다. 또한 과거에 만들었거나 다운로드한 모든 에셋들을 탭으로 관리할 수도 있다.

메타휴먼 자체가 상당한 양의 하드 드라이브 공간을 차지하므로 만들어낸 창작물들을 클라우드에 저장한다면 어디에서나 이를 손쉽게 다운로드해 사용할 수 있을 것이다. 여기에 더해 브리지를 한 번 설치하면 언리얼 엔진의 플러그인처럼 활용할 수 있으므로, 에셋 관리가 한결 더 쉬워진다.

다음과 같이 브리지를 설치해보자.

1. 우선 퀵셀 웹 사이트(www.quixel.com)에 접속한다.

2. 첫 페이지의 가운데 위치한 브리지 이미지를 클릭한 다음, **DOWNLOAD BRIDGE** 버튼을 클릭한다(이 단계에서는 아직 로그인할 필요가 없다).

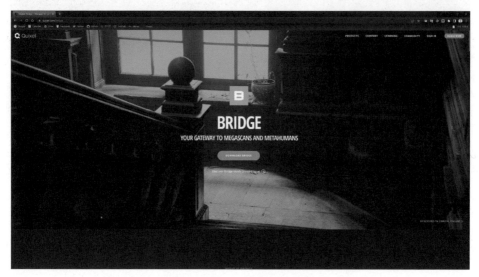

그림 1.12 퀵셀 브리지 다운로드하기

3. 설치 파일인 Bridge.exe 파일을 다운로드하고 나면, 더블 클릭해 실행한다. 자동으로 설치가 진행되고, 완료되면 다음과 같은 창이 출력될 것이다.

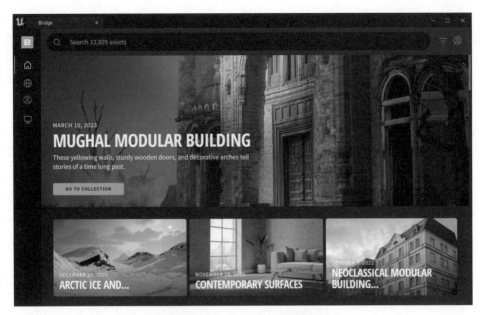

그림 1.13 퀵셀 브리지 팝업 애플리케이션

4. 오른쪽 상단의 사람 모양 버튼을 클릭해 로그인을 선택한다.

5. 대화 상자에서 **에픽게임즈로 로그인**을 선택한다.

로그인이 성공하면 사람 모양 버튼을 눌렀을 때 나오는 메뉴들이 변경된다. 이를 통해 성공적으로 로그인했음을 알 수 있다.

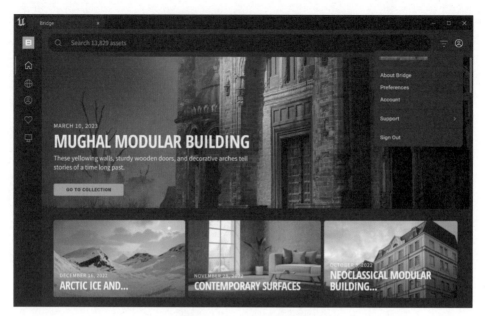

그림 1.14 로그인이 성공한 화면

이제 설정이 거의 완료됐다. 마지막으로, 메타휴먼 크리에이터를 설정해보자.

메타휴먼 크리에이터 시작하기

컴퓨터에 브리지를 다운로드해 에픽게임즈 런처에서 사용한 계정과 동일한 계정으로 로그인까지 성공했다. 메타휴먼 크리에이터를 사용할 준비가 완료된 것이다. 어려운 과정은 모두 끝났다. 이제 재미를 만끽하면 된다.

퀵셀 브리지는 메타휴먼 외에도 다양한 기능을 제공한다. 메가스캔과 같은 방대한 양의 3D 에셋 라이브러리에 접근할 수도 있고, 텍스처와 머티리얼로 구성된 2D 에셋에도 접근 가능하다. 대부분의 3D 에셋 라이브러리와 달리, 브리지는 스캔된 모델을 제공한다. 이는 곧 실제 오브젝트에 기반한 데이터가 제공된다는 것을 의미한다. 아주 사실적인 외관을 제공하지만, 상대적으로 용량이 큰 이유이기도 하다.

바로 메타휴먼을 시작해보자. 화면 왼쪽에 위치한 원형 안의 사람 모양 아이콘을 클릭한다.

그림 1.15 메타휴먼 아이콘을 클릭한다.

화면에 다양한 메타휴먼 템플릿의 썸네일이 나타난다. 썸네일을 클릭하면, 클릭한 캐릭터와 연관된 새로운 옵션이 파란색의 **START MHC**(메타휴먼 크리에이터^{MetaHuman Creator}의 줄임말) 버튼과 함께 출력되는 것을 확인할 수 있다.

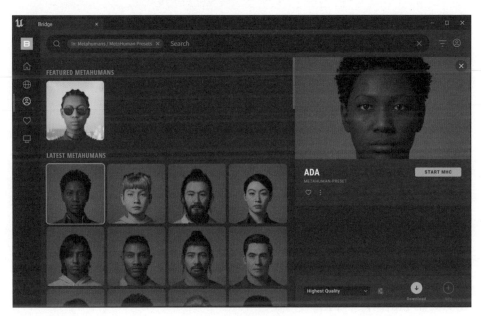

그림 1.16 STARTING MHC

파란색 버튼을 누르면 MHC 세션을 시작할 수 있으며, 구동에는 다소 시간이 걸릴 것이다. 부팅이 진행되는 동안에는 다음과 같은 화면이 나타난다.

그림 1.17 메타휴먼 크리에이터 온라인 세션에 연결하기

앞서 언급한 것처럼 MHC를 원활하게 사용하려면 안정적인 인터넷 접속이 가능한 환경이 필요하다.

요약

이 장에서는 언리얼과 메타휴먼에 대해 간략히 알아보고, 메타휴먼을 만들기 위해 필요한 소프트웨어 애플리케이션들을 설치해봤다.

다음 장부터는 본격적으로 메타휴먼 크리에이터 온라인 세션에 대해 알아본다. 다양하고 흥미로운 기능을 제공함과 동시에 애플리케이션이 매우 직관적이라는 사실을 알게 될 것이다. 오히려 1장에서 배운 내용들이 앞으로 배울 것보다 더 복잡하다고 느낄 수도 있다. 다음 장도 분명 흥미로울 것이다.

02

메타휴먼 캐릭터 만들기

앞 장에서 에픽게임즈 런처, 언리얼 엔진 5, 브리지를 설치하는 법을 배웠다. 그와 함께 퀵셀 브리지에 로그인하기 위해 필요한 에픽게임즈 계정을 생성하는 법도 함께 살펴봤다.

이 장에서는 메타휴먼 크리에이터MHC, MetaHuman Creator와 캐릭터 디자인의 모든 과정이 수행되는 온라인 세션을 꼼꼼하게 살펴본다. 얼굴, 헤어, 바디, 블렌드, 무브, 스컬프트 파라미터sculpt parameter와 같이 MHC 템플릿에서 편집 가능한 다양한 항목들을 살펴보고, 캐릭터 디자인 과정에서 이 항목들이 언제 활용되는 것이 가장 효과적인지도 알아본다.

2장에서는 MHC의 인터페이스와 캐릭터 디자인에 익숙해지고 효과적으로 툴을 사용하는 법을 배우는 것을 목표로 한다.

다양한 툴과 프리셋 에디터 외에, 스킨 셰이더에 적용된 과학적인 원리를 살펴봄으로써 어떻게 MHC가 가장 실사에 가까운 캐릭터 디자인 툴의 자리를 차지할 수 있었는지도 알게 될 것이다.

이 장에서는 다음과 같은 주제를 다룬다.

- 퀵셀 브리지 시작하기

- 메타휴먼 편집하기

- 무브와 스컬프트 툴 사용하기

- 캐릭터 다운로드하고 익스포트하기

기술적인 요구 사항

앞선 장과 마찬가지로 언리얼 엔진 5와 브리지, 작업 도중 접속이 끊기지 않는 인터넷 접속 환경이 필요하다. 각 캐릭터마다 1GB가 넘는 데이터를 다운로드할 수 있으므로 안정적인 인터넷 접속 환경은 그 무엇보다 중요하다.

퀵셀 브리지 시작하기

환경이 준비됐다면 퀵셀 브리지를 수행해 메타휴먼을 시작한다. 언리얼 엔진을 실행한 다음, 상단 메뉴에서 **창** 메뉴를 선택하고, **콘텐츠 구하기** 섹션에 위치한 **퀵셀 브리지**를 클릭한다. 그럼 그림 2.1과 같이 퀵셀 브리지가 실행될 것이다.

그림 2.1 브리지 시작하기

브리지 창에서 왼쪽 사이드바에 위치한 사람 모양 아이콘을 클릭한다. 그럼 MHC 세션을 시작하기 전에 선택할 수 있는 MHC 템플릿을 확인할 수 있을 것이다. 템플릿은 다양한 인종과 연령대의 남녀 메타휴먼으로 구성돼 있다.

프로파일을 선택하면 오른쪽에 패널이 하나 더 추가되고 선택한 캐릭터를 이름과 함께 더 큰 이미지로 보여준다. 그림 2.2를 참조하자.

그림 2.2 MHC 시작하기

패널 하단에 표시된 **Highest Quality** 같은 옵션도 확인할 수 있을 것이다. 이 부분은 이 장의 마지막에서 다시 한 번 살펴본다. 우선은 **START MHC**를 클릭해 첫 번째 캐릭터를 생성해보자.

START MHC를 클릭하면 그림 2.3과 같은 웹 브라우저가 표시될 것이다.

그림 2.3 메타휴먼 크리에이터 접속하기

세션이 부팅될 때까지 몇 분 정도 기다려야 할 수도 있다. 그렇다고 오랫동안 자리를 비워서는 안 된다. 몇 분 동안 사용자의 입력이 없다면 MHC가 타임아웃 처리되기 때문이다. 피치 못하게 세션 중간에 자리를 비워 세션이 종료됐다면, 웹 브라우저를 다시 시작해 원래의 세션으로 돌아올 수 있다.

세션 로딩이 완료되면 원하는 템플릿을 다시 선택할 수 있다. 앞서 작업하던 MHC 세션이 있었다면 자동으로 **나의 메타휴먼** 메뉴 아래에 저장돼 있을 것이다.

선택한 캐릭터가 마음에 든다면 **선택 생성**을 클릭해 다음 과정으로 넘어가자. 그림 2.4를 참조하자.

그림 2.4 생성 메뉴나 나의 메타휴먼 메뉴에서 캐릭터를 선택한다.

NOTE

지금까지 템플릿을 선택할 수 있는 기회가 두 번 있었다. 나이 든 아프리카계 미국인 남자와 같이 특정한 캐릭터를 디자인하고 싶다면 젊은 백인 여자 템플릿을 골라서는 안 될 것이다. 물론 어떤 프리셋을 선택해도 원하는 캐릭터를 만들어낼 수 있다. 하지만 선택한 캐릭터의 인종은 바꿀 수 있지만, 성별은 바꾸기가 쉽지 않다. 템플릿마다 변경할 수 있는 속성이 제한돼 있기 때문이다. 따라서 세션을 시작하기 전에 디자인하려는 캐릭터의 인종, 성별과 가장 유사한 템플릿을 선택하는 것이 중요하다.

선택 생성을 누르면 세션이 시작된다. 기본적으로 선택한 캐릭터가 살아 움직이는 듯한 화면을 보게 될 것이다.

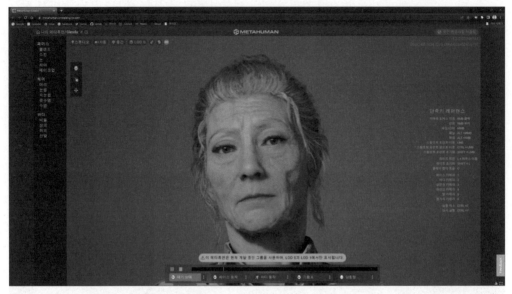

그림 2.5 편집 가능한 파라미터들

화면 하단에서 플레이어 컨트롤 바를 확인할 수 있는데, 기본적으로는 **대기 상태**가 선택돼 있다. **대기 상태**에서는 아직 캐릭터를 편집할 수 없다.

이 상태에서도 메타휴먼이 얼마나 사실적인지 알 수 있으며, 이 상태의 애니메이션 툴바에서 모두 5개의 옵션이 노출되는 것을 확인할 수 있다. 그림 2.6을 참조하자.

그림 2.6 애니메이션 툴바의 옵션들

각각의 메뉴를 눌렀을 때 나오는 메뉴바에서 가장 하단에 위치한 테크니컬 루프부터 살펴본다. 이들 옵션은 다음과 같다.

- **대기 상태**: 아주 작은 범위의 모션만 제공한다. 배경 캐릭터에 적합하다.

- **페이스 동작**: 프로젝트에서 얼굴과 표정이 드러나야 하는 경우에 적절하게 대응할 수 있도록 방대한 양의 얼굴 애니메이션을 제공한다.

- **바디 동작**: 다양한 몸의 모션이 필요한 경우에 대응할 수 있도록 방대한 양의 바디 애니메이션을 제공한다.

NOTE

MHC는 캐릭터가 움직일 때 어떤 모습일지 가늠할 수 있을 정도로 충분한 양의 모션을 제공한다. 하지만 MHC가 궁극적으로 애니메이션이 잘 동작하는지 여부를 검증하는 툴로 설계된 것은 아니다.

전통적인 3D 캐릭터 디자인 작업에 익숙하다면, 캐릭터가 효과적으로 동작할 수 있는 모든 범위의 모션을 고려하는 것이 좋다. 모델이나 메시^{mesh}는 필요한 형태의 움직임을 수행할 수 있어야 한다. 특정 애니메이션으로 인해 캐릭터의 일부 파트가 다른 파트와 교차할 때, 해당 메시가 변경되면 안 된다. 마른 사람이 걷는 애니메이션을 상상해보자. 걸어가는 움직임을 취할 때 손목 뼈는 골반 뼈에서 가까운 거리에서 움직일 것이다. 하지만 그보다 덩치가 더 큰 사람이라면 보폭과 걸음걸이가 똑같다고 해도 이 거리가 달라질 것이다.

MHC의 캐릭터들은 이런 기본적인 요소들을 포함해 다양한 보정을 거치게 된다. 마야나 3ds 맥스, 후디니^{Houdini}[1]에서 다양한 모션의 범위를 제공하기 위해 힘들게 수행했던 작업들이 MHC 세션에서는 자동으로 완성된다.

3장, '메타휴먼 블루프린트 살펴보기'에서 언리얼로 메타휴먼 캐릭터의 애니메이션을 만드는 과정을 소개할 때도 자세히 알아보겠지만, MHC 세션이 제공하는 모션 범위 안에서 충분히 원하는 수준의 캐릭터 속성을 추가할 수 있을 것이다.

원하는 각도 어디에서든 캐릭터의 모습과 모션의 범위를 미리 살펴볼 수 있는 기능을 제공하는 단축키에 대해 알아보자. 그림 2.7에서 보이는 **단축키 레퍼런스**를 살펴보면, 다양한 키보드와 마우스 조합을 사용해 대상을 자유롭게 탐색할 수 있다는 것을 알 수 있다.

---

[1] 영화의 CG나 VFX 영상에서 등장하는 폭발, 화염, 연기 등의 특수 효과를 제작하는 툴 - 옮긴이

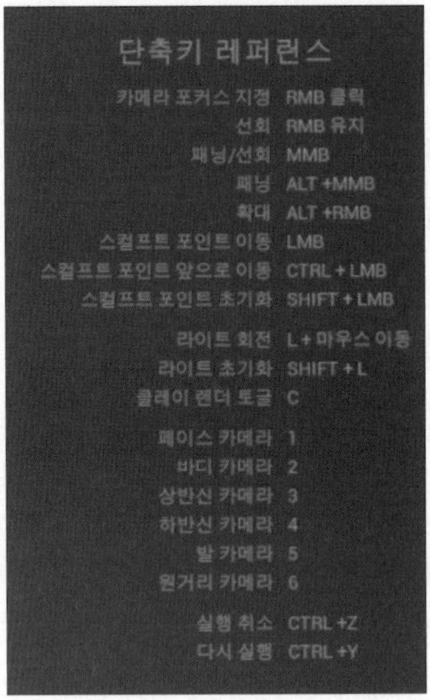

그림 2.7 단축키 레퍼런스

마야나 언리얼 같은 3D 애플리케이션을 처음 다뤄본다면, 일부 단축키가 툴과 상관없이 공통적으로 사용되고 있다는 점에 흥미를 느낄 것이다. 애니메이션이 실행되는 와중에도 뷰포트viewport를 옮겨보면서 간단히 MHC를 살펴볼 수 있다.

이번 섹션에서는 우선 메타휴먼 세션을 시작해봤고, 아울러 캐릭터 디자인에 드는 시간 중 가장 많은 시간을 할애할 인터페이스에 점차 익숙해지기 시작했다. 그다음 섹션에서는 얼굴을 자세히 살펴본다. 다음 섹션은 MHC의 인터페이스에 맞춰 다양한 하위 섹션으로 구성될 것이다.

⁘ 메타휴먼 편집하기

드디어 메타휴먼을 편집해볼 시간이다. 그림 2.8처럼 화면의 왼쪽 상단에서 편집 가능한 파라미터들을 볼 수 있다.

그림 2.8 페이스, 헤어, 바디

이후 이어지는 섹션들에서 모든 옵션을 살펴본다. 이들 옵션 하나하나가 강력한 편집 기능을 제공한다. 퀵셀과 에픽게임즈는 향후에도 더 많은 기능을 추가할 예정이다.

페이스

우선 메타휴먼의 페이스 중에서 편집 가능한 옵션을 살펴보자. **페이스** 항목 아래에는 다음과 같은 하위 카테고리가 있다.

- 블렌드
- 스킨
- 눈
- 치아
- 메이크업

이제 하위 카테고리 항목들을 하나하나 살펴보자. 우선 편집에 앞서 뷰포트의 애니메이션을 중지해야 한다. 이를 확인한 다음, 그림 2.9와 같이 **블렌드**를 선택한다.

그림 2.9 블렌드 선택하기

블렌드

우선 **블렌드** 기능부터 살펴보자. 이 기능을 간단히 설명하면, 우리가 선택한 템플릿을 다른 템플릿과 섞는 것이다. 매우 직관적인 인터페이스를 제공하므로, 모든 작업을 시작하는 첫 단계로도 손색이 없다. 예를 들어 우리가 템플릿에서 젊은 남자 캐릭터를 선택했다면, 이 기능을 통해 좀 더 여성스럽거나 더 나이 든 캐릭터로 만들 수 있다. 혹은 눈에만 집중해서 더 나이 든 캐릭터 템플릿의 눈과 혼합할 수도 있다.

그림 2.10은 왼쪽 상단에 위치하는 서클에 3개의 캐릭터 템플릿이 선택된 것을 보여준다. 메인 뷰포트의 중앙에 위치한 글렌다^{Glenda} 캐릭터는 이제 편집할 준비가 끝난 것이다.

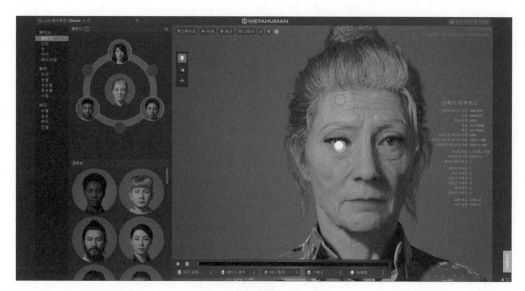

그림 2.10 편집 포인트

왼쪽 사이드바 옆에 위치한 3개의 아이콘 바 중에서 제일 상단에 위치한 얼굴을 클릭하면, 캐릭터의 얼굴 위에 작고 희미한 점들이 생기는 것을 관찰할 수 있다. 각 원들은 편집 가능한 부분을 나타낸다. 작은 원을 마우스로 클릭하고 왼쪽 사이드바에 추가한 3명의 캐릭터 중 하나의 방향으로 드래그하면, 메인 뷰포트에서 해당하는 부분과 블렌딩 처리된 부분이 나타날 것이다. 상단에 젊은 여성 캐릭터를 배치했으므로, 눈 부분을 클릭하고 이 원을 상단으로 드래그하면 젊은 여성의 눈과 블렌딩 처리된 눈이 나타날 것이다.

그림 2.11 클릭하고 드래그해 눈을 블렌딩한다.

NOTE

편집할 수 있는 포인트들이 눈에 잘 띄지 않을 것이다. 오른쪽의 메인 뷰포트에서 편집하려는 부위에 나타난 작은 원을 클릭한 다음, 왼쪽의 블렌드 뷰포트에 앞서 배치한 캐릭터 중 원하는 캐릭터의 방향에 따라 드래그하면 좀 더 쉽게 확인할 수 있다.

이 예제에서는 왼쪽의 **블렌드** 뷰포트에 3명의 캐릭터를 배치했다. 최대 6명까지 배치가 가능하지만, 3명까지 배치하는 것이 가장 효과적이다. 작은 원으로 표현된 3개의 두 번째 세트(현재는 비워져 있음)는 더 섬세한 블렌딩이 필요할 때 활용할 수 있다.

블렌딩을 통해 캐릭터를 디자인할 때는 계획이 필요하다. 디자인하려는 캐릭터와 최대한 닮은 캐릭터를 선택해야 하며, **블렌드** 옵션을 사용해 최대한 의도한 디자인에 맞는 템플릿을 만드는 것이 중요하다.

스킨

얼굴과 관련된 다양한 속성을 **블렌드** 툴을 사용해 변경할 수 있지만, 캐릭터의 피부 톤을 변경할 수는 없었다. 그림 2.12에서 보이는 **스킨** 편집기를 통해 피부 톤을 변경할 수 있다.

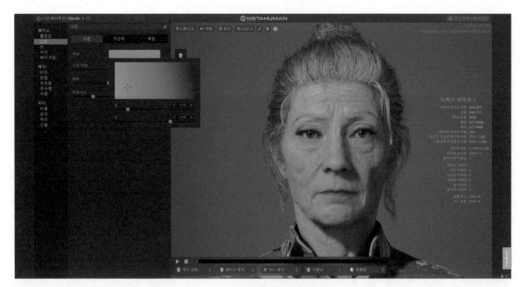

그림 2.12 스킨

스킨을 편집할 때 사용할 수 있는 기능은 다음과 같다.

- **스킨 타입**: 캐릭터의 피부를 나이 들어 보이게 하거나, 더 젊어 보이게 만들 때 중요하게 작용하는 부분이다. 피부의 미세한 선과 주름뿐만 아니라 피부의 처짐 같은 다양한 변형이 가능하다.

- **대비**: 캐릭터의 피부 나이와 관련된 또 다른 중요한 기능으로, 주름을 더욱 깊게 만들 수 있다.

- **러프니스**: CGI에서 '러프니스roughness'는 표면이 얼마나 밝고 빛을 얼마나 반사하는지 결정할 때 자주 사용되는 단어다. 거친 표면은 거울처럼 매끄러운 표면에 비해 빛이 덜 반사된다. 피부의 경우 표피의 유분으로 인해 매끄러운 표면을 가질 수 있으며, 이 기능을 통해 좀 더 현실적인 효과를 더할 수 있다. 아주 거친 피부 역시 파운데이션 메이크업을 통해 표현할 수 있다. 피부에 러프니스 효과를 표현하는 또 다른 방법은 표피의 미세 모낭을 활용하는 것이다. 실제 사람의 눈에는 거의 보이지 않지만 이와 관련된 작업이 수행됐다면 그 효과를 분명히 인지할 수 있을 것이다(책을 집필하는 시점을 기준으로 MHC에서 직접 피부와 미세 모낭의 러프니스를 편집할 수는 없지만, 언리얼 엔진의 고급 편집 기능을 사용하면 편집이 가능하다).

앞서 선택한 캐릭터 글렌다의 **스킨 타입, 대비, 러프니스**를 0으로 조정하면 그림 2.13과
같이 보일 것이다. **스킨 타입**과 **대비** 수치를 작게 설정할수록 캐릭터가 더 젊게 보인다.
또한 **대비** 값이 얼굴의 지오메트리(모양)에 많은 영향을 미친다는 것을 알 수 있다.

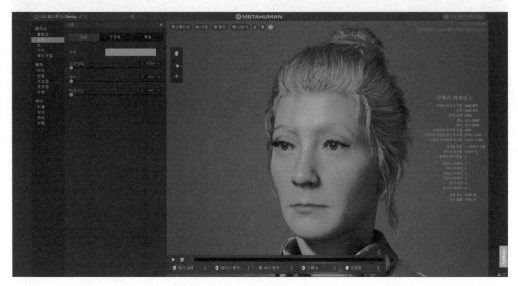

그림 2.13 스킨 타입, 대비, 러프니스

러프니스를 0으로 조정하면 의도했던 것과 달리 약간 비현실적인 느낌을 주게 되는데,
설정 값들을 상세하게 조정하면서 의도에 맞는 현실적인 느낌을 주는 것이 중요하다.

주근깨

그림 2.14는 글렌다의 템플릿에 주근깨 설정을 추가하고 **스킨 타입, 대비, 러프니스** 값을
다시 조정한 것을 보여준다.

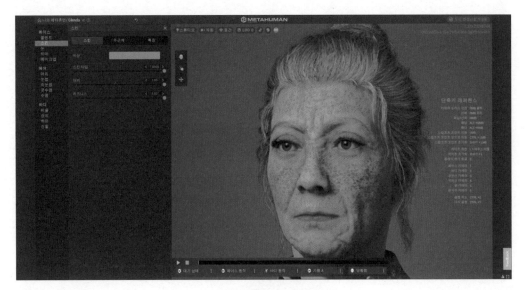

그림 2.14 주근깨

주근깨 패턴을 미리 보여주는 4개의 회색 이미지에 주목하자. 네 번째 이미지의 주근깨 패턴 밀도가 가장 높다. 예제의 이미지에서는 밀도 값을 최대로 설정했는데, 이 값을 세세하게 조정하면 좀 더 현실적인 결과를 얻을 수 있다.

채도와 세기도 원하는 대로 조정할 수 있다. 주근깨를 추가하는 경우, **스킨** 탭으로 돌아가서 추가하는 주근깨에 어울리게 **스킨 타입, 대비, 러프니스**를 다시 조정하는 것이 중요하다. 주근깨를 추가하는 것만으로도 캐릭터의 전반적인 스킨 톤이 변경되므로, 이를 **스킨** 탭에서 보정해주는 과정이 필요하다. 주근깨의 채도 값을 올리면 얼굴의 전반적인 채도도 높아진 것처럼 보인다.

HMC는 효과적으로 스킨 톤을 결정할 수 있도록 4개의 프리뷰 기능을 제공한다. 스킨 톤을 조정하는 것은 워낙 미묘한 작업이므로 이런 추가적인 기능을 통해 많은 도움을 얻을 수 있다. HMC가 제공하는 추가적인 기능들은 다음과 같다.

- 환경
- 카메라

- 렌더링 품질

- LOD

옵션들은 다음과 같이 표시된다.

그림 2.15 표시 옵션들

이제 옵션들을 하나하나 살펴보자.

환경

대부분의 MHC 라이팅에는 이미지 기반 라이팅^{image-based lighting}이 사용된다. 이미지 기반 라이팅이란 하나의 구^{sphere} 안에 이미지를 넣고 이를 전체 씬의 광원으로 사용하는 기법을 말한다. 아주 사실적인 결과물을 만들어낼 수 있으므로 언리얼도 동일한 기법을 사용한다. 현실 세계에서 이미지 기반 라이팅이 동작하는 법을 이해하려면 큰 종이를 모니터 화면 가까이에 대고 풀 프레임 비디오를 재생해보자. 모든 조명을 끄고 컴퓨터 화면 밝기를 최대로 설정한다. 화면에서 종이를 비추면서 비디오의 컬러와 강도^{intensity}가 모두 영향을 받는 것을 알 수 있으며, 종이가 더 많은 것을 반사할수록 더 많은 조명의 영향을 받게 될 것이다.

그림 2.15에서 보이는 **스튜디오** 항목을 클릭하면, 의도했던 분위기를 연출하도록 도와주는 다양한 라이팅 셋업을 확인할 수 있다. HMC는 그림 2.16과 같이 모두 13개의 라이팅 프리셋을 제공한다.

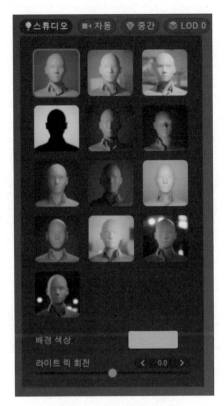

그림 2.16 다양한 조명 프리셋

각각의 항목들을 살펴보자.

- **스튜디오**(디폴트): 스튜디오에서 수행되는 사진 촬영 작업에 활용되는 조명을 모방해 구성된 설정이다. 디폴트 옵션으로 설정돼 있다.

- **실내**: 조명이 아닌 이미지를 활용하는 프리셋(앞서 설명한 이미지 기반 라이팅)이다. 모든 각도에서 캡처한 실내 이미지를 활용해 실사에 가까운 조명 효과를 얻을 수 있다. 창문에서 빛이 들어와 주변으로 부드러운 빛이 반사되는 일반적인 콘트라스트 레벨을 적용할 수 있다.

- **야외**: 실외 자연 경관의 조명을 구현할 수 있는 또 다른 이미지 기반 라이팅 옵션이다. 태양 직사광선의 강렬함, 그로 인해 발생하는 그림자 등을 캐릭터의 스킨에 구

현할 수 있다.

- **실루엣**: 캐릭터 디자인을 수행할 때 간과하는 중요한 기능 중 하나는 캐릭터를 실루엣으로 파악하는 것이다. 컬러나 반사, 그림자 없이 빠르게 캐릭터의 모양을 파악할 수 있다.

- **측광**: 스튜디오 프리셋과 비슷하지만 **측광**은 더 높은 콘트라스트 효과를 제공하며 캐릭터 피부의 투명함을 측정할 수 있을 정도로 조명을 집중할 수 있다. 이 프리셋은 강도가 높은 조명을 집중해 밝은 면과 어두운 면을 나눈다. 이는 사실적인 조명과 극적인 조명을 동시에 효과적으로 보여줄 수 있는 방법이며, 강렬한 밝음과 어두움으로 나누는 조명 스타일과 사실성을 모두 추구할 수 있다. 특히 스킨에 적용되는 고강도 조명과 그림자 영역을 처리하는 방식을 롤오프^{roll-off}라고 부르는데, 주로 시네마토그래프(영화 촬영) 영역에서 일반적으로 사용된다.

- **모닥불**: 측광과 비슷하게 높은 콘트라스트를 제공하지만, 불의 전형적인 특징인 점진적인 감쇠 효과를 얻을 수 있다. 또한 오렌지색부터 짙은 청색에 이르기까지 불을 통해 얻을 수 있는 색조를 추가할 수도 있다. **모닥불** 옵션을 사용하면 사용자가 밀도 있는 조명의 롤오프, 얼굴 주변의 그림자 설정, 스킨 표면의 디테일이 명확하게 드러나는 **측광** 프리셋보다 더 미묘한 스킨의 디테일을 표현할 수 있다.

- **달빛**: **모닥불**과 비슷하게 생생한 톤을 표현할 수 있다. 이 경우는 푸른 달빛을 사용한다. 강도는 낮지만 좀 더 부드러운 조명을 사용할 수 있다.

- **텅스텐 조명**: 텅스텐 램프의 일반적인 색조를 유사하게 구현함으로써 텅스텐 램프 조명에서 스킨 톤이 어떻게 보일지 관찰할 수 있다. 이와 같은 조명 프리셋을 통해 주근깨의 디테일이 얼마나 뭉개지는지, 혹은 돋보이게 되는지 확인할 수 있게 된다.

- **인물사진**: 실내와 실외의 조명을 모두 사용해 캐릭터 스킨을 설정할 수 있어 매우 편리한 프리셋이다. 그림 2.16에서 보이는 **라이트 릭 회전** 옵션을 사용하거나 **마우스 왼쪽 버튼 + L** 키 조합을 사용하면 **실내** 조명 프리셋에서 발견되는 배경 이미지 없이 창을 통해 들어오는 낮 시간대의 조명을 묘사할 수 있다.

- **붉은 랜턴**: 진한 파란색 배경 없이 좀 더 강렬한 붉은색의 조명 효과를 얻을 수 있다. 좀 더 드라마틱한 조명 설정에 활용할 수 있다.

- **GR22 루프탑**: 이미지 기반 조명을 아주 효과적으로 활용한 방식이지만 약간 흐린 조명을 제공한다. 낮에 빛이 많은 공간을 묘사할 때 간단히 사용할 수 있는 조명 프리셋이다. 높은 강도를 제공하는 영역도 존재하지만, 대부분의 경우 살짝 산란되는 조명을 제공한다. 이 산란된 조명은 현실과 비슷하게 주변의 빌딩과 대지에서 반사되는 직사광선에서 비롯된다.

- **도심 밤**: GR22 루프탑과 비슷하지만 이 프리셋은 밤을 묘사하고 있다. 길거리의 네온 조명과 자동차 불빛 같은 전기적 조명을 적용할 수 있다.

- **지하도 밤**: 도심 밤과 비슷하지만 좀 더 좁은 장소를 설정한 프리셋이다. 다양한 텅스텐 조명과 고정된 조명으로 구성된다.

MHC는 조명 프리셋의 배경 색상을 변경할 수 있는 옵션을 제공한다. 조명 프리셋에서 배경의 색상을 변경함으로써 더욱 강력한 효과를 얻을 수 있다. 일반적인 스튜디오 조명을 사용하지만 배경 색상을 다르게 했을 때 캐릭터가 어떻게 보이는지 알고 싶다면 이 기능을 활용할 수 있을 것이다. 그림 2.17은 다양한 조명 장치에서 글렌다 캐릭터가 어떻게 보이는지를 나타낸다.

그림 2.17 다양한 조명 예제

카메라

그림 2.15와 같이 카메라는 자동으로 **페이스**로 설정된다. 카메라 역시 다양한 카메라 앵글을 제공하는 프리셋을 제공하며, 키보드 단축키로도 선택 가능하다.

- 1: 페이스

- 2: 바디

- **3**: 상반신
- **4**: 하반신
- **5**: 발
- **6**: 원거리

카메라 프리셋을 사용하지 않고 마우스만으로도 쉽게 카메라의 거리와 각도를 변경할 수 있다. 카메라의 위치를 찾을 수 없다면, 키보드의 숫자 1 키를 눌러 캐릭터의 정면을 바라보는 **페이스** 카메라 프리셋을 불러올 수도 있다.

또한 언리얼 엔진에 존재하는 렌더링 품질 설정을 에뮬레이팅하기 위해 다양한 렌더링 품질 프리셋을 미리 확인해볼 수 있다.

렌더 퀄리티

MHC는 3개의 렌더링 품질을 제공한다.

- **중간(디폴트 설정)**
- **높음(레이 트레이싱)**
- **에픽(레이 트레이싱)**

레이 트레이싱을 지원하는 가장 높은 품질을 선택한다고 해도 현재 메타휴먼을 구동하고 있는 PC에는 아무런 부하도 가해지지 않는다. 선택한 고품질의 렌더링 처리는 실제로 클라우드에서 수행되기 때문이며, 의도한 조명하에서 다양한 렌더링 설정이 결과적으로 어떻게 보이는지 미리 확인할 수 있어서 유용하게 사용할 수 있다.

사실 렌더링 설정의 차이는 그리 크게 느껴지지 않을 수도 있다. 머리카락이 얼마나 뭉쳐 보이는지에서 그 차이를 다소 느낄 수 있을 정도다. 앞서도 언급했듯이, 이 설정은 언리얼 엔진과 대응하는 렌더링 품질을 설정했을 때 캐릭터가 어떻게 보이는지 파악하기 위한 용도로 사용하는 것이다.

LOD

LOD^{Level Of Detail}는 하나의 소스 오브젝트를 기반으로 다양한 메시와 텍스처 맵을 생성하는 것을 의미한다. 레벨별로 메시와 맵의 디테일이 달라진다.

LOD는 엔진 최적화를 위해 사용되는 기법이다. 실시간 렌더링은 게임 엔진의 핵심 원리 중 하나인데, LOD는 이 실시간 렌더링의 원활한 동작을 위해 필요하지 않은 메시와 트라이앵글, 텍스처 맵의 픽셀 수를 줄여주는 기법이다. LOD는 카메라의 거리에 따라 메시를 얼마나 복잡하게 표현할지 결정한다. 카메라가 오브젝트에서 멀어질수록, 현실감을 방해하지 않는 수준에서 정밀함을 떨어뜨리는 것이다.

메타휴먼의 얼굴을 클로즈업해서 보여준다면 가능한 한 최고의 품질을 보장해야 할 것이다. 이런 경우는 오리지널 메시와 텍스처 맵을 살펴봐야 한다. 일반적으로 MHC에서 사용되는 오리지널 메시는 약 35,000개의 트라이앵글로 이뤄지며, 너비가 8,000픽셀을 넘을 만큼 큰 텍스처 맵으로 구성돼 있다. 이 정도로 방대한 데이터가 필요한 상황이 아닌데도 렌더링을 수행한다면 엄청난 리소스를 낭비하는 것이다.

뷰포트에서 **페이스** 카메라를 활용하면 얼마나 캐릭터에 효과적으로 LOD가 적용됐는지 확인할 수 있다. 페이스 카메라 단축키로 지정된 숫자 1 키를 눌러 손쉽게 이 방법을 사용 가능하며, 이를 통해 클로즈업된 캐릭터를 확인해볼 수 있을 것이다. 그다음에는 LOD 0에서 LOD 7까지 다양한 LOD를 선택해 적용할 수 있다.

LOD 0과 LOD 1 사이에서는 큰 차이를 느낄 수 없을 것이다. 하지만 LOD 5, 6, 7로 내려갈수록 지오메트리와 텍스처 맵의 품질이 심각한 수준으로 떨어진다는 것을 알 수 있다. 그림 2.18에서 이 변화 과정을 살펴볼 수 있다.

그림 2.18 LOD 0부터 LOD 7까지의 변화

키보드에서 숫자 **6** 키를 눌러 **원거리** 카메라를 사용하면 이를 좀 더 멀리서 살펴볼 수 있

다. 아쉽지만 MHC에서 카메라가 가장 멀리 이동할 수 있는 범위는 여기까지다. LOD 를 6과 7 정도로 변경하면 그 차이를 확연히 느낄 수 있다. LOD 6과 7은 카메라가 아주 멀리 떨어져 있을 때 사용하도록 설계됐다.

원거리 뷰에서는 LOD를 3이나 4로 조정해도 큰 차이를 느끼지 못할 것이다. 따라서 35,000개의 트라이앵글과 8K 텍스처 맵으로 구성되는 LOD 0을 선택하는 것은 명백한 리소스 낭비에 불과하다. LOD가 없다면 컴퓨터는 군중은커녕 몇 안 되는 소수의 캐릭 터도 쉽게 처리할 수 없을 것이다.

메타휴먼과 언리얼에서 LOD는 대부분 자동으로 처리된다. 하지만 캐릭터를 언리얼로 가져올 때, 특히 헤어와 관련해서는 LOD를 수동으로 결정해야 하는 경우도 발생한다.

지금까지 스킨 편집에 대해 기본적인 것들을 알아봤다. 이후 언리얼 엔진에서도 얼마든 지 추가적인 편집이 가능하다. 그럼 다음 섹션에서는 '눈'에 대해 알아보자.

눈

MHC는 강력한 눈 편집 기능을 제공한다. 언리얼에서도 눈을 편집할 수 있는 추가 기능 을 제공한다. 예를 들어 홍채에 애니메이션 효과를 추가하는 것도 가능하다.

눈 편집기에서는 다음과 같은 속성들을 편집할 수 있다.

- 프리셋
- 홍채
- 흰자

각각을 하나씩 살펴보자.

프리셋

그림 2.19와 같이 MHC는 갈색과 푸른색, 녹색의 다양한 눈 프리셋을 제공한다.

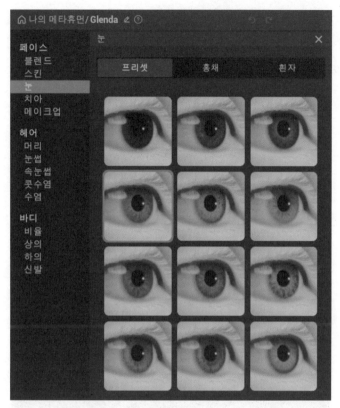

그림 2.19 눈 프리셋

대부분의 경우 준비된 프리셋을 활용해도 충분하지만, 건강한 눈부터 병약해 보이는 눈에 이르기까지 좀 더 구체적이고 사실적인 디테일을 추가할 수 있다(다음 섹션에서 이 부분에 대해 알아본다).

NOTE

> 캐릭터의 눈을 편집하기 전에 사용할 수 있는 최상의 조명 옵션을 준비했는지 확인해야 한다. 눈은 수많은 디테일이 모여 있는 부분이므로, LOD 0 수준으로 클로즈업해 최상의 품질로 렌더링할 수 있어야 한다.

홍채

다음으로 그림 2.20의 **홍채** 패널을 살펴보자. 가장 먼저 선택할 수 있는 항목은 오른쪽,

왼쪽 그리고 양쪽 눈이다. **기본 색상**을 선택하면 동공에 가장 가까운 부분을, **디테일 색상**을 선택하면 가장자리에 가까운 부분의 색상을 변경할 수 있다. **색상 비율**과 **색상 경계 부드러움**을 조정하거나, 9개의 홍채 패턴 중에서 하나를 선택할 수도 있다.

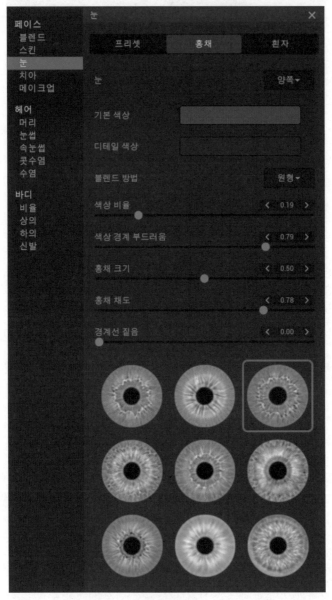

그림 2.20 홍채

스킨 톤과 마찬가지로 **홍채** 편집 기능 역시 어색하게 보이는 연출까지는 지원하지 않는다. 하지만 흰자를 어둡게 설정하거나 채도를 높게 설정하면 색다른 효과를 얻을 수도 있다.

흰자

홍채 편집을 통해서도 다양한 현실적인 효과를 얻을 수 있지만, 사실 현실적인 표현의 대부분은 그림 2.21에서 보이는 **흰자** 탭의 설정을 통해 구현된다. 이 탭을 통해 눈의 흰자를 설정할 수 있다. **색조** 옵션을 통해 푸른색과 노란색 사이에서 원하는 색을 설정할 수 있다. **색조**와 어울리는 **밝기** 옵션을 설정하면 눈을 통해 나이 듦을 표현할 수 있다.

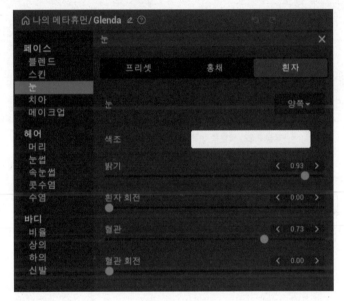

그림 2.21 흰자

혈관 슬라이더를 조정하거나 **혈관 회전** 옵션을 통해 혈관의 모양을 더 확실하게 파악할 수도 있다. 근거리에서 클로즈업을 하는 경우 큰 효과를 볼 수 있는 부분이므로, 메타휴먼을 익스포트하기 전에 충분히 시간을 들여 설정할 만한 부분이다. CGI 캐릭터의 흰자가 너무 깨끗하거나 밝으면 현실감이 떨어질 수 있다.

앞서 살펴본 설정들을 조합한 경우를 살펴보자. 그림 2.22는 **홍채** 탭에서 홍채의 경계선

부분을 밝게 설정하고, **흰자** 탭에서 일부 옵션을 설정해 오른쪽 눈과 왼쪽 눈이 다르게 보이도록 설정했다.

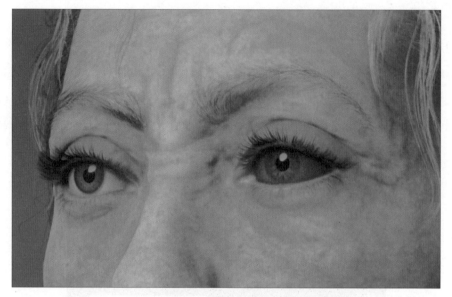

그림 2.22 오른쪽 눈과 왼쪽 눈을 다르게 설정한 예제

이런 조합을 통해 나이 들어 보이는 눈을 만들 수 있다. 이 예제에서는 설정을 다소 과하게 하는 바람에 캐릭터가 병원에 가봐야 할 것처럼 보인다. 결과적으로는 흰자가 완전히 흰색이 아니면서 여러 디테일이 적용된 오른쪽 눈이 좀 더 사실적으로 보인다.

치아

메타휴먼에 사실감을 더해주지만 간과하기 쉬운 툴 중 하나가 바로 **치아** 편집기다. MHC는 눈 편집기에서 그랬던 것처럼 다양한 레이어의 디테일을 추가하면서도 캐릭터를 완벽하게 만들지 않음으로써 훨씬 더 사실적인 캐릭터를 만들어낸다. 이를 약간 누렇게 만들거나 살짝 삐뚤게 설정하는 것이 여기에 속한다. 때로는 잇몸 자체의 위치를 조정할 수도 있다. MHC는 치아와 관련해서도 다양한 외관을 구현할 수 있는 편집기를 제공한다.

우선은 치아를 편집할 수 있는 적절한 환경이 준비됐는지 확인해야 한다. 그다음에는 캐릭터의 턱을 열어 치아를 편집하면서 변경 사항을 바로 확인할 수 있다. **턱 개방**^{Jaw Open} 슬라이더를 활용하면 손쉽게 이런 기능을 사용할 수 있다.

그림 2.23에서 확인할 수 있듯이, 우리가 만들고 있는 캐릭터 글렌다의 치아는 상태가 상당히 양호하다. 치아가 하얗고 모양이 균등하며, 치석 같은 다른 문제점들도 보이지 않는다.

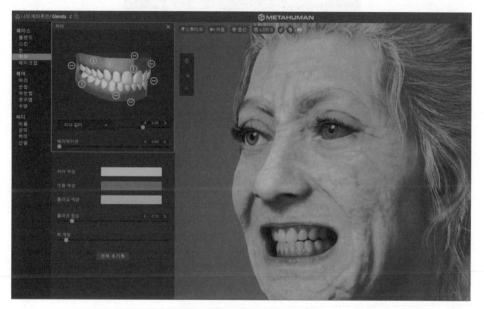

그림 2.23 설정하기 전의 치아

치아를 편집하는 데는 크게 두 가지 방법이 있다.

- 그림 2.23에 표시된 붉은색 박스 안의 설정을 사용해 시각적으로 편집하는 것이다. 치아 그림의 조그만 원들에 마우스를 올리고 클릭한 다음, 슬라이드 방향에 맞춰 슬라이드를 하면 해당 모양을 편집할 수 있다. 예를 들어 **치아 길이**, **치아 간격** 등을 설정할 수 있다.

- 그림 2.24에서 보듯이 드롭다운 목록을 사용해 편집할 수도 있다.

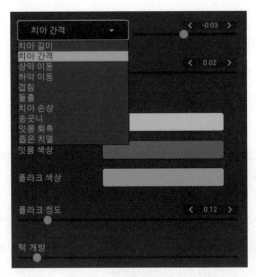

그림 2.24 치아 편집하기

개인적으로는 드롭다운 목록을 사용해 편집하는 것을 추천한다. 이 기능을 사용하면 더 직관적으로 세밀한 조정이 가능하고, **베리에이션**^{variation} 슬라이더를 활용할 수도 있다. 또한 현재 편집하고 있는 항목이 **치아 길이**인지, **치아 간격**인지, **겹침**인지 등을 바로 확인할 수 있다. 그림 2.25에서 보듯이, 왼쪽 상단에 있는 치아 모양의 비주얼 다이어그램에서도 슬라이더를 확인할 수 있다. 하지만 이 슬라이드를 통해서는 **겹침** 항목처럼 미리 주어진 값 사이에서만 조정이 가능하다.

그림 2.25에서 보이는 플라크^{plaque} 정도와 같이 다양한 설정 항목을 미세하게 조정해 사실감을 더할 수 있다. 드롭다운 메뉴와 슬라이더를 조합하면 아주 다양한 범위의 조정이 가능해진다.

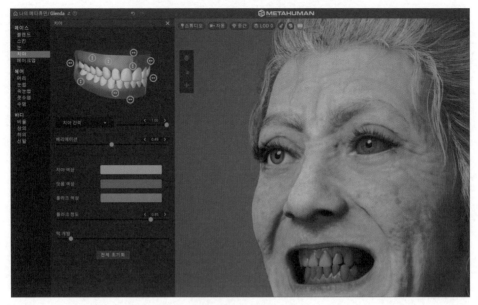

그림 2.25 치아 편집기

치아는 캐릭터의 전반적인 표현에 상당한 영향을 미치므로, 어느 정도의 변경이 있을 때마다 페이스 카메라를 통해 프리뷰를 확인해보는 것이 좋다. 잇몸이 어느 정도나 보이는지, 겹침(교합)이 어느 정도나 심한지는 얼굴 외관에 큰 영향을 미친다. 피개교합 overbite2은 턱이 덜 발달돼 있는 것처럼 보이게 만들고, 이를 통해 좀 더 부드러운 인상을 심어줄 수 있다. 부정교합underbite3은 상대적으로 턱이 잘 발달돼 있는 것처럼 보이면서 좀 더 근엄한 인상을 심어준다. 물론 이런 인상은 사람에 따라 다르게 해석할 수 있지만, 충분히 고려할 만한 요소가 된다.

치아의 설정이 캐릭터 디자인에 중요한 영향을 미치지만 간과되기 쉬운 부분 중 하나라는 사실을 다시 한 번 강조하고 싶다.

이제 MHC의 또 다른 강력한 편집 툴인 메이크업에 대해 알아보자.

---

2   아랫니보다 윗니가 훨씬 더 많이 튀어나온 상태 – 옮긴이

3   윗니보다 아랫니가 더 많이 튀어나온 상태 – 옮긴이

메이크업

MHC는 피부 톤을 조절하는 기능과 함께 놀라운 메이크업 기능을 제공한다. **메이크업** 편집기는 다음과 같이 4개의 탭으로 구성된다.

- **파운데이션**
- **눈**
- **볼터치**
- **입술**

이제 이 각각의 항목을 살펴보자.

파운데이션

앞서 언급했듯이 **메이크업** 편집기는 피부 톤과 함께 동작한다. 앞서 **스킨** 편집기 부분에서는 전체적인 피부 톤을 조절했다. 이 정보는 메이크업 **파운데이션** 편집기에 전달돼 앞서 선택한 컬러에 어울리는 컬러 팔레트color palette를 제공한다. 이 과정은 현실에서 실제로 수행되는 메이크업 과정을 시뮬레이션하는 것이다. 예를 들어 백인의 메이크업은 아프리카계 미국인의 메이크업과 다를 수 있다.

그림 2.26과 같이 캐릭터의 피부 톤에 맞춰 제한된 색깔의 컬러 팔레트가 보이는 것을 확인할 수 있다.

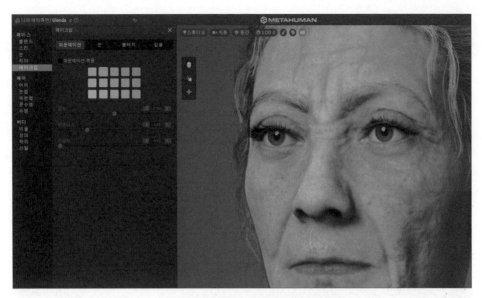

그림 2.26 파운데이션이 적용되지 않은 상태

파운데이션 적용을 체크하고 팔레트에서 보이는 컬러 중 하나를 선택해보자. 그다음에는 **강도, 러프니스, 컨실러** 옵션을 설정할 수 있다. **강도**는 그 단어 자체로 충분히 의미를 유추해볼 수 있는데, 이는 파운데이션을 얼마나 두껍게 바르는지를 결정한다. **러프니스**는 오일 기반의 파운데이션과 파우더 기반의 파운데이션 간 차이로 이해할 수 있다. **컨실러** 는 눈 아래 화장품의 도포 강도를 나타낸다.

앞서 살펴본 주근깨의 밀도와 강도를 더 높인다면 파운데이션 메이크업이 얼마나 두껍 게 도포됐는지 좀 더 쉽게 확인할 수 있다. 그림 2.27을 참조하자.

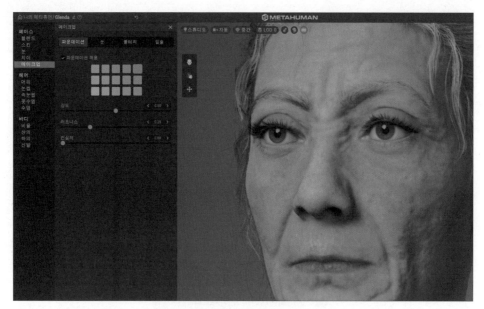

그림 2.27 새로운 팔레트가 적용된 파운데이션

이 예제에서는 메이크업을 과하게 하지 않았으므로 그림에서도 충분히 주근깨를 확인할 수 있다. 그림 2.26과 2.27의 팔레트 부분이 확연히 다르다는 사실을 알 수 있을 것이다.

눈

이전에 살펴본 눈 편집기와는 다른 항목이니 헷갈리지 말자. 그림 2.28은 눈 메이크업을 위한 프리셋 컬러를 보여준다.

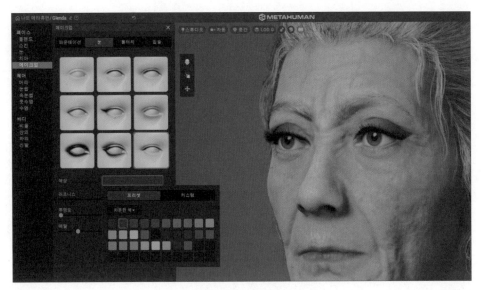

그림 2.28 눈 메이크업

앞서 살펴본 눈 편집기와 비슷하게 메이크업 모양을 선택할 수 있다. **프리셋** 패널의 상단에 위치한 얇은 라이너 프리셋부터 가장 아래쪽의 드라마틱한 스모키 프리셋에 이르기까지, 다양한 프리셋을 선택할 수 있다.

스킨 톤을 보완할 수 있는 팔레트를 그림 2.29처럼 여기서도 사용할 수 있다. **프리셋** 아래에 위치한 드롭다운 메뉴에서 **차분한 색, 짙은 색, 강렬한 색**으로 분류되는 추가적인 프리셋을 사용할 수도 있다. 캐릭터에 따라 선택할 수 있는 색의 범위가 달라지며 **커스텀** 팔레트를 통해 원하는 임의의 컬러를 지정할 수도 있다.

그림 2.29 눈 메이크업 팔레트 옵션

파운데이션 탭과 비슷하게 슬라이더를 통해 다음 항목들을 조절할 수 있다.

- **러프니스:** 눈 메이크업이 빛에 얼마나 반사되는지 결정할 수 있다. 이 값을 0으로 설정하면 빛을 아주 많이 반사하며, 반대로 1로 설정하면 빛을 전혀 반사하지 않는다.

- **투명도:** 앞서 살펴본 파운데이션의 강도와 동일한 방식으로 동작한다. 투명도가 낮다면 눈 메이크업이 더 두껍게 적용된다.

- **메탈:** 일종의 반사율을 의미한다. 이 값을 높게 설정하면 반사와 관련된 디테일이 높아진다. 이 값을 낮게 설정하면 빛이 선명하지 않게 반사된다. 표면의 메탈 값을 높게 설정하고 러프니스 값을 아주 낮게 설정하면 거울처럼 보이게 된다. 메탈 값과 러프니스 값을 모두 낮게 설정하면 광택은 있지만 거의 반사가 되지 않는다. 메탈 값이 낮고 러프니스 값이 아주 높다면 광택과 반사가 아주 낮은 점토나 석고처럼 설정된다.

앞서 살펴본 파운데이션과 마찬가지로 눈 메이크업 역시 아주 사실적인 결과물을 얻을 수 있다. 이 다음 섹션에서는 볼터치에 대해 알아본다.

볼터치

볼터치 역시 피부 톤과 같은 방식의 팔레트를 제공한다. 눈 편집기와 다르게 **볼터치** 팔레트는 피부 톤에 맞는 색깔의 팔레트 하나만 제공한다.

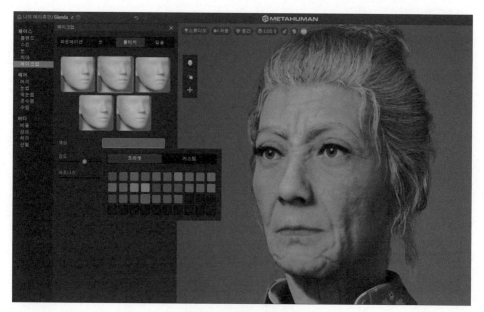

그림 2.30 볼터치 팔레트 옵션

왼쪽 상단에서 볼터치의 영향을 받는 부분을 선택할 수 있다. 그림 2.30에서 보는 파란 색 영역이 볼터치의 영향을 받는 부분이다.

이 옵션도 앞서와 마찬가지로 **강도**와 **러프니스**를 조절해 더욱 실물에 가깝게 캐릭터를 설정할 수 있다. **러프니스**를 낮게 설정하면 파운데이션이나 기본적인 스킨 톤과는 다른 느낌의 광택이 표현된다. 이런 미묘한 메이크업 조정을 통해 사실감을 추가할 수 있으 므로 충분히 시간을 들일 만한 가치가 있다.

입술

마지막으로는 그림 2.31에서 보이는 **입술** 편집기를 살펴보자. **볼터치**와 마찬가지로 아주 많은 옵션을 제공하지는 않는다. **러프니스**, **투명도**와 **색상** 옵션을 제공하며 이 옵션들을 통해 **볼터치**와 거의 비슷한 수준으로 입술의 디테일을 변경할 수 있다.

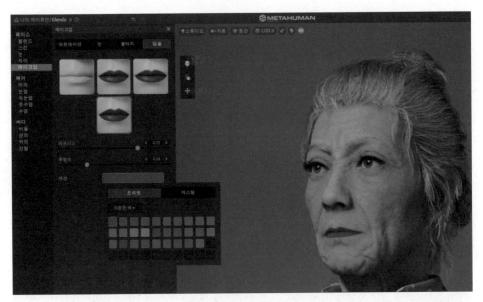

그림 2.31 입술 팔레트 옵션

회색 썸네일을 통해 립스틱 효과를 미리 파악할 수 있다. 첫 번째 썸네일은 립스틱을 바르지 않은 상태를 보여준다. 나머지 3개의 썸네일은 아주 미묘하게 다르다. 립스틱이 입술 영역을 살짝 벗어나거나, 입술 라인이 거의 눈에 띄지 않는 수준으로 바뀌는 정도의 차이밖에 없다.

다른 옵션을 좀 더 활용하면 활기차고 펑키한 인상을 줄 수 있다. **커스텀** 버튼을 통해 원하는 립스틱 컬러를 선택할 수 있다. 입술 역시 앞서와 마찬가지로 **러프니스** 슬라이더를 조절해 빛을 반사하는 정도를 선택할 수 있다. **러프니스**를 낮게 설정하면 씬의 조명을 실제로 반사하는 것처럼 만들 수 있다. 그림 2.32에서 보이는 입술의 하얀 부분은 광원의 빛을 반사하는 것이다.

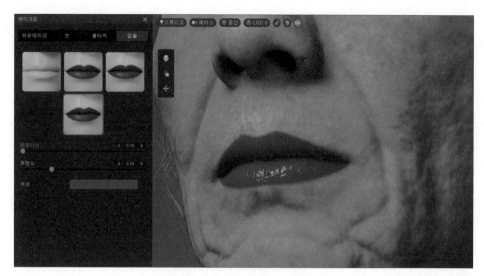

그림 2.32 러프니스를 0으로 설정한 입술

지금까지 얼굴의 다양한 부분을 아주 자세히 살펴봤다. 이어지는 섹션에서는 머리카락과 이에 적용되는 물리학 같은 개념들을 살펴볼 것이다.

헤어

MHC는 다양한 프리셋을 통해 사용자가 간단히 사전에 설정된 옵션을 선택할 수 있는 편의성을 제공하지만 원하는 대로 직접 커스터마이징할 수 있는 기능도 함께 제공한다. 앞서 다양한 메타휴먼 프리셋을 불러올 때 긴 머리카락을 가진 캐릭터를 불러오면 그 머리카락이 아주 사실적으로 움직인다는 사실을 알 수 있었을 것이다. 언리얼 엔진에서도 이와 동일한 수준의 효과를 기대할 수 있다.

헤어[4] 렌더링은 다음 두 가지 방식으로 구현된다.

1. **헤어 스트랜드**Hair strands 혹은 **스트랜드 기반 그룸**Strand Based Grooms: 머리카락 하나하나에 곡선 모양을 구현하며 좀 더 많은 머리카락이 있는 것처럼 보이도록 일종의 속임수를 사용한다. 스트랜드 기반 그룸에서는 좀 더 사실적인 외관을 얻을 수 있으며 머리카락이 움직이고 몸과 충돌하는 물리학이 더 사실적으로 구현된다.

2. **헤어 카드**: 여러 층으로 중첩된 머리카락 이미지를 다양하지만 간단한 모양으로 구현한다. 헤어 카드는 쉽게 렌더링할 수 있으므로, 낮은 LOD에서 디폴트로 출력된다.

MHC는 LOD 0과 LOD 1에서 기본적으로 스트랜드 기반 그룸을 사용하며, 클로즈업과 중간 거리의 샷(얼굴과 어깨가 보이는 샷)에도 사용된다. 캐릭터가 카메라에서 멀어지면 스트랜드 기반 그룸이 너무 복잡해지고 중첩되므로 헤어 카드를 사용한다. 아울러 MHC는 성능이나 프레임 레이트frame rate가 낮을 경우 헤어 카드를 사용할 수 있는 옵션을 제공한다.

NOTE

> 앞서 언급했던 것처럼, 아직 개발 중인 LOD는 소수의 프리셋만 제공하기도 하고 LOD 0이나 LOD 1에서만 활용 가능한 스트랜드 기반 그룸만 제공하기도 한다. 아직 이를 대체할 만한 헤어 카드가 유효하지 않기 때문이다. 언리얼 엔진에서 LOD를 0이나 1로 설정하지 않는다면 이런 캐릭터는 먼 거리에서 대머리처럼 보일 수 있다. 이후에 우리가 만든 캐릭터를 엔진에서 가져온 다음 어떻게 처리할지 배우게 될 것이다.

헤어 LOD를 설정할 때 한 가지 더 고려해야 할 것은 렌더링 품질이다. 앞의 '렌더 퀄리티' 섹션에서도 살펴봤지만, **높음(레이 트레이싱)** 옵션은 머리카락 내부에도 사실적인 그림자와 음영을 만들어낸다. 따라서 이 옵션은 헤어와 관련된 최상의 결과물을 제공해준다. LOD 1이나 LOD 2에서 작업을 진행하려면 **에픽(레이 트레이싱)** 옵션이 필요할 수도 있으며, 캐릭터를 클로즈업했을 때 사진에 가까운 실감을 제공해줄 것이다.

캐릭터와 카메라의 거리에 따라 렌더링의 품질을 낮추도록 선택할 수도 있다. 대신 렌

---

4   일반적으로 '머리털'을 의미하는 단어이지만, 여기서는 몸에 난 터럭을 모두 헤어로 지칭한다. 헤드 섹션에서 다루는 헤어가 우리가 일반적으로 '머리털'과 '헤어스타일'이라고 지칭하는 부분이다. – 옮긴이

더링이 수행되는 시간을 줄일 수 있다.

MHC는 머리카락 외에 눈썹, 속눈썹, 콧수염, 수염을 설정할 수 있는 기능도 제공하므로, 각각의 요소들도 이제 살펴본다. 각 섹션을 살펴보면 자연스럽게 많은 부분이 유사하다는 사실을 알게 될 것이다. 대부분이 공통적으로 **색상**과 **러프니스**, **흰머리**, **흰머리 밝기**의 옵션을 제공한다.

머리

머리 편집기는 그림 2.33과 같이 머리를 편집할 수 있는 다양한 기능을 제공한다. 다른 캐릭터 생성 툴과 달리, MHC는 언리얼에서 동작하는 물리 동역학^{Physics dynamics} 솔루션을 제공한다. 즉, 머리카락이 캐릭터의 어깨와 같은 오브젝트나 중력 또는 바람 같은 요소와 사실적으로 상호작용을 수행하는 것이다. 예를 들어 머리가 짧을수록 이 물리 동역학이 적용되는 범위도 같이 작아진다.

그림 2.33 머리 프리셋

그림 2.33에서 **스타일** 탭 하위에 있는 선택 가능한 여러 개의 프리셋을 확인할 수 있다.

예제의 캐릭터 글렌다는 우선 스타일 프리셋 중에서 짧은 픽시를 선택해 헤어스타일을 변경했다. 프리셋을 변경하면서 **색상**을 함께 변경할 수 있으며 **디테일** 탭에서는 좀 더 세밀한 옵션 설정이 가능하다. **러프니스** 슬라이드를 통해 머리카락의 광택 여부와 정도를 설정할 수 있고, **흰머리** 슬라이드에서 흰머리를 얼마나 많이 표시할지, **흰머리 밝기**에서 흰머리 색깔을 얼마나 밝게 표시할지를 결정할 수 있다.

그림 2.34는 클로즈업 상태에서 얼마나 디테일하게 머리카락을 표현할 수 있는지를 보여준다. 이 그림에서는 머리카락 한 올 한 올을 확인할 수 있을 것이다.

그림 2.34 머리카락 한 올 한 올을 확인할 수 있다.

앞서 메이크업 편집기와 마찬가지로 프리셋과 **커스텀** 탭을 통해 머리카락의 색을 정할 수 있다. **프리셋** 탭을 선택하면 그림 2.35와 같이 **차분한 색, 짙은 색, 강렬한 색**이 표시된 드롭다운 메뉴를 확인할 수 있고, **커스텀** 탭을 선택하면 훨씬 더 넓은 영역의 색을 선택할 수 있다.

그림 2.35 머리카락 색상 프리셋

썸네일에 포함돼 있는 경고 아이콘은 프리셋이 사용할 수 있는 LOD에 제약이 있다는 것을 알려준다. 그림 2.35와 같이 일부 썸네일의 오른쪽 아래에 표시되며, '이 메타휴먼은 현재 개발 중인 그룹을 사용하며, LOD 0과 LOD 1에서만 표시됩니다'와 같은 메시지를 출력한다. 이 메시지는 스트랜드 기반 헤어 렌더링을 최대로 사용하는 LOD 0인 상태와, 마찬가지로 스트랜드 기반으로 출력되는 LOD 1 상태만 출력할 수 있다는 것을 의미한다. 이는 또한 언리얼 엔진에서 카메라의 거리와 상관없이 헤어 렌더링을 최고의 품질로 수행한다는 것을 말한다. 엔진에서는 통상적으로 LOD 2부터 머리카락을 숨기기 시작한다. 그보다 더 높은 LOD에서는 아예 머리카락을 렌더링하지 않는다. 경고가 항상 유용한 것은 아니지만, LOD가 제한된 캐릭터를 사용한다면 엔진에서 LOD를 사용하지 않도록 이런 종류의 경고를 따로 기록해두자. 그렇지 않으면 엔진에서 카메라가 캐릭터로부터 멀어질 때 대머리처럼 보일 가능성이 있다.

눈썹

그림 2.36에서 보듯이 **눈썹** 패널에서 제공하는 프리셋의 개수는 **머리** 패널에서 제공하는 프리셋보다 적다. 눈썹 역시 앞서 살펴본 머리처럼 일반적인 컬러 팔레트와 **흰머리**, **흰머리 밝기**를 포함한 몇 가지 편집 가능한 파라미터를 제공한다.

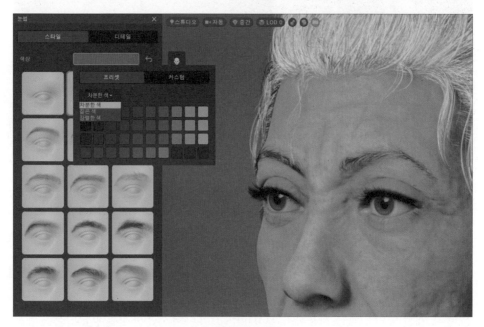

그림 2.36 눈썹

속눈썹

그림 2.37에서 보듯이, **속눈썹** 패널의 경우 프리셋의 숫자만 제외하고는 **눈썹** 패널에서 보이는 것과 모든 것이 동일하다. 언리얼 엔진에서는 이보다 더 다양한 부분을 편집할 수 있다.

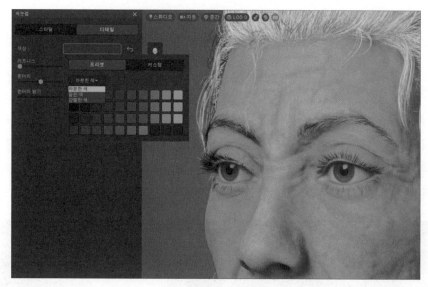

그림 2.37 속눈썹

콧수염

콧수염 패널 역시 다양하게 디테일을 설정할 수 있는 항목을 갖고 있다. 그림 2.38에서 보듯이 최상의 품질을 제공할 수 있는 스플라인^{spline} 기반의 헤어 솔루션을 제공하며, 앞서 살펴본 2개의 편집기와 동일한 파라미터를 편집할 수 있다.

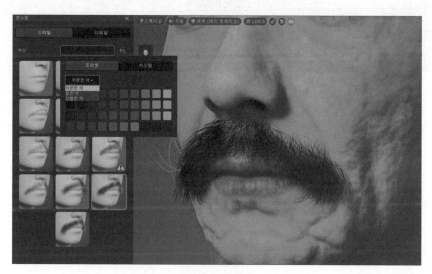

그림 2.38 콧수염

아주 많은 프리셋을 제공하는 것은 아니므로 모발의 길이나 형태는 다소 제한적일 수밖에 없으며, 속눈썹처럼 언리얼 엔진 안에서 좀 더 다양한 편집 기능을 사용할 수 있다.

수염

마지막으로 수염 편집기를 살펴보자. 그림 2.39처럼 다양한 프리셋을 선택할 수 있으며 편집에 유용한 몇 가지 슬라이더도 동시에 제공한다. **머리** 섹션에서 살펴본 것과 유사하게 수염 역시 가슴의 상부와 충돌이 발생할 때 반응하는 애니메이션을 사실적으로 처리하기 위해 동적 충돌이 구현돼 있다.

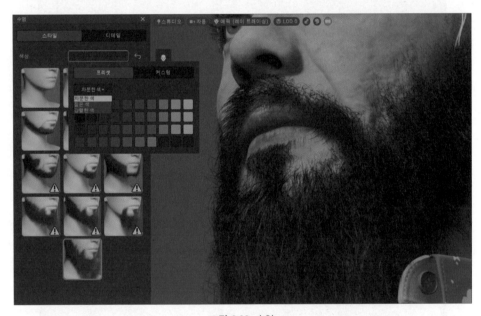

그림 2.39 수염

이 섹션에서는 MHC의 캐릭터 편집을 위해 제공되는 다양한 프리셋을 살펴봤다. 이전에 얼굴의 다른 부분을 편집하면서 확인했던 컬러 팔레트와 유사한 기능도 있었고, 모발에서 충돌이 발생할 때 이를 처리하는 동적 충돌 개념과 같이 새로운 콘셉트들도 등장했다. 언리얼 엔진에서 추가적인 편집이 가능하다는 것도 잊어서는 안 된다. 사실 드물기는 하지만, 원한다면 개별적인 물리 속성을 적용해 속눈썹에서만 동작하는 특정한 애니메이션을 구현할 수도 있다.

다음 섹션에서는 바디와 관련된 내용을 살펴본다.

바디

이번 **바디** 섹션에서는 캐릭터의 비율과 관련된 속성을 편집해본다. 옷과 신발도 함께 편집 가능하다. 한번 살펴보자.

비율

우선 MHC에서 설정 가능한 몸의 비율과 프리셋에 대해 알아보자. 그림 2.40을 참고한다.

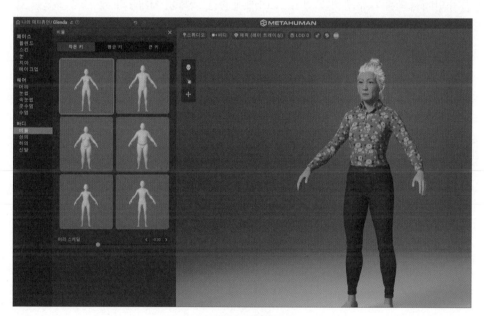

그림 2.40 몸의 비율

비율은 **작은 키**, **평균 키**, **큰 키**의 세 가지 옵션을 제공하며 각각 **남자**와 **여자** 옵션을 선택할 수 있다. 이들 각각은 다시 **저체중**, **중간**, **과체중**의 세 가지 타입을 제공한다. 얼굴과 달리 몸은 설정할 수 있는 옵션이 그리 많지 않다. 예를 들면 바디의 유형을 섞을 수 없다.

MHC는 전문적으로 캐릭터를 만드는 다른 툴에 비해 상대적으로 제약이 많은 편이다. 리얼루전Reallusion의 캐릭터 크리에이터Character Creator와 같은 툴이 몸과 관련된 물리나 피부 유형을 드라마틱하게 변경해 현실적인 사람뿐만 아니라 3D 애니메이션에 등장하는 초현실적인 캐릭터까지 만들어낼 수 있는 반면, MHC는 사실적인 인간을 만드는 데만 초점을 두고 있으므로 다른 툴과 비교하는 것은 무리가 있다. MHC로 더욱 사실적인 인간을 만드는 데도 여러 제약이 따르는 것이 사실이다. MHC는 계속해서 진화하고 있으므로, 미래에는 더 많은 기능을 즐길 수 있을 것이다. 아직은 성인 기준으로 무릎에서 엉덩이까지의 거리, 목 길이, 발 길이 정도의 비율만 설정할 수 있다.

MHC가 제공하는 성별에 따른 신체 유형도 충분히 활용 가능하다. 그림 2.40을 보면 편집기 안에서 **작은 키**가 선택돼 있고 그 아래에 **중간**, **과체중**, **저체중**의 세 가지 옵션이 표시되는 것을 확인할 수 있다. 키와 관련된 3개의 옵션(작은 키, 평균 키, 큰 키) 모두 이 3개의 하위 옵션을 제공하므로 모두 18개의 옵션을 선택할 수 있다. 피부의 무게감이나 의복과 관련된 물리학도 고려할 수 있지만 이 책에서는 다루지 않는다.

언리얼에서 캐릭터를 리스케일링rescaling하는 것도 캐릭터의 기능에 영향을 주지 않으면서 완벽하게 지원한다.

상의

그림 2.41에서 보이는 **바디** 섹션의 인터페이스를 살펴보면 캐릭터의 의상을 바꿀 수 있다는 것을 알 수 있다.

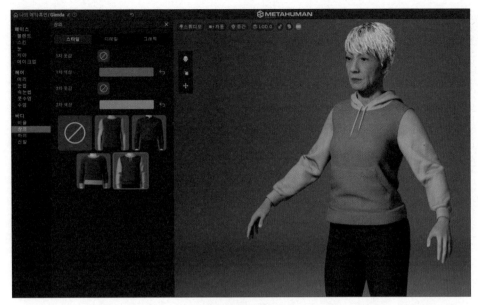

그림 2.41 상의

우선 옷의 색깔을 변경하는 것부터 시작해보자. 설정을 변경한 결과, 예제의 글렌다는 투톤 후디^{hoodie}를 입고 있다.

NOTE

> 다양한 의상을 표현하려면 얼마나 많은 옵션이 필요한지 상상할 수 있으며, 지금은 단지 에픽과 퀵셀이 의상과 관련된 더 많은 기능을 추가할 것이라고 추측할 수 있을 뿐이다. 마블러스 디자이너(Marvelous Designer)나 마야, 블렌더와 같은 서드 파티 소프트웨어를 활용해 정확한 물리 역학이 적용된 캐릭터 의상을 커스터마이징할 수 있다.

하의

그림 2.42에서 보듯이 **상의**와 유사하게 **하의**에서 수정할 수 있는 부분도 제한적이다. **상의**의 프리셋에 비교하면 **하의**의 프리셋이 3개 더 많다. 마찬가지로 적은 수의 옵션이지만 충분히 의미 있게 활용할 수 있을 것이다.

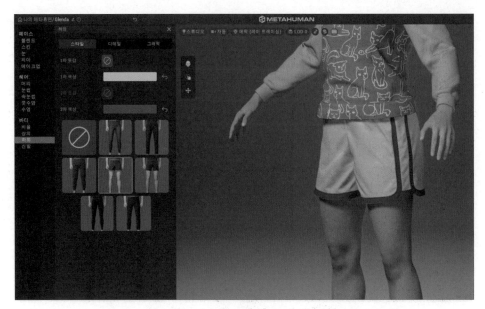

그림 2.42 하의

신발

상의나 **하의**와 마찬가지로 MHC에서 선택할 수 있는 **신발** 역시 아직은 많지 않은 편이다. 하지만 신발의 경우는 옷감을 시뮬레이션하는 데 필요한 웨이트 페인팅 작업을 크게 고려할 필요가 없으므로 메시나 지오메트리를 표현할 때 좀 더 여유 있는 편이다. 옷을 표현할 때는 몸의 움직임에 많은 영향을 받지만, 신발은 상대적으로 간단하게 표현이 가능하다. 신발은 캐릭터가 신고 있지 않을 때도 모양이 바뀌지 않지만, 셔츠는 입고 있지 않다면 모양이 크게 바뀔 것이다.

신발은 다른 의복에 비해 복잡하지 않아서 상대적으로 쉽게 모델링을 수행할 수 있다. 원하는 3D 모델을 구매해 언리얼 안에서 이를 구현하는 과정도 간단하다. 현재는 1차 색상과 2차 색상을 설정할 수 있는 소수의 신발만 제공된다.

그림 2.43과 같이 MHC는 신발의 1차 색상과 2차 색상을 설정하는 옵션만 제공한다. 그 밖의 다른 옵션은 제공되지 않는다.

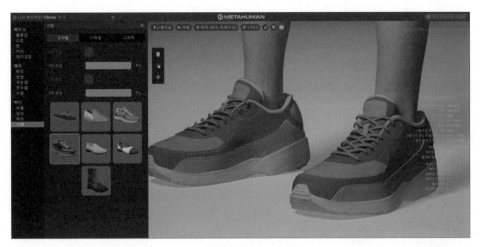

그림 2.43 신발

지금 살펴본 바디와 의복 편집기가 제공하는 옵션들이 앞서 살펴본 페이스나 스킨, 그 밖의 다른 부분들에 비해 많지 않다는 사실을 알 수 있을 것이다. 다음 섹션에서는 다시 페이스 편집기로 돌아가 더 복잡한 작업들을 수행해본다.

무브와 스컬프트 툴 사용하기

무브와 스컬프트를 이 장의 앞부분에서 소개할 수도 있었지만, 머리를 편집할 때만 사용되는 기능들이므로 지금 소개하는 것이 적절해 보인다. 지금까지는 MHC가 제공하는 아주 현실적이고 사실적인 옵션들을 살펴봤다. 블렌더를 사용해 얼굴을 커스터마이징할 수 있으며 때로는 어떤 특성이 좀 더 과장되거나 변형된 캐릭터를 만들어야 할 때도 있다. 약간 덜 대칭적이어서 오히려 현실에 가까울 수도 있고, 단순히 특정 부분을 과장해야 하는 경우도 있을 것이다.

스컬프트와 무브 툴에서는 프리셋이 제공하는 설정보다 좀 더 미묘한 설정을 할 수 있지만, 원하는 것을 얻지 못했을 때 그 전 과정으로 완벽하게 돌리기 쉽지 않다는 리스크가 존재한다. 따라서 다른 영역을 모두 편집한 다음 마지막으로 이 기능을 활용하는 것을 추천한다.

인터페이스에서 구별되는 무브와 스컬프트의 가장 큰 시각적인 차이는 컨트롤러다.

- 무브에서는 편집할 수 있는 얼굴의 영역이 가이드라인 형태로 제공된다. 가이드라인을 움직이면 해당 영역에서 변경이 일어나는 지점을 나타내는 여러 개의 점이 표시되면서 그 주변에 영향을 미친다.

- 스컬프트는 얼굴 위에 표시되는 점으로 작업을 수행하며 한 번에 하나의 점만 작업이 가능하다.

이 두 가지 방식이 모두 비슷하게 동작하고 그 결과물도 유사하므로 개인의 취향에 따라 작업 방식을 선택하면 된다. 그림 2.44를 보면, 왼쪽의 스컬프트 모드에서 표시되는 점은 잘 보이지 않지만 오른쪽의 무브 모드의 가이드라인은 훨씬 더 눈에 잘 띈다는 사실을 알 수 있다.

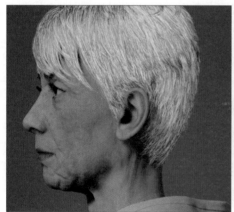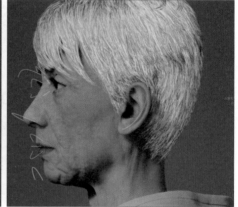

그림 2.44 스컬프트 포인트와 무브 가이드라인

무브와 스컬프트가 어떻게 다른지 알고 싶다면 페이스 카메라로 얼굴 정면을 볼 수 있도록 설정한 다음 눈썹을 편집해보자. **무브** 모드로 눈썹을 편집할 때는 편집 가능한 3개의 포인트가 동시에 움직인다는 것을 알 수 있다. **스컬프트** 모드에서는 한 번에 하나의 포인트만 움직일 수 있다. 하나의 포인트가 변경될 때 다른 부분에도 영향을 미치지만, 이 포인트가 가장 많이 영향을 받는다.

앞서 언급한 것처럼 때로는 비대칭으로 편집을 수행해야 하는 경우도 있다. 무브 가이드라인을 사용하면 대칭 효과를 켰을 때와 껐을 때의 차이를 명백하게 알 수 있다. 코와 입술은 하나의 가이드라인으로 묶여 있어 비대칭 효과를 적용하기 쉽지 않지만, 눈이나 귀는 왼쪽과 오른쪽이 각각의 가이드라인을 갖고 있어 비대칭으로 만들기가 용이하다.

대칭 효과를 제거하려면 그림 2.45처럼 메인 뷰포트의 메뉴바에서 **대칭 켜기** 버튼을 토글하면 된다.

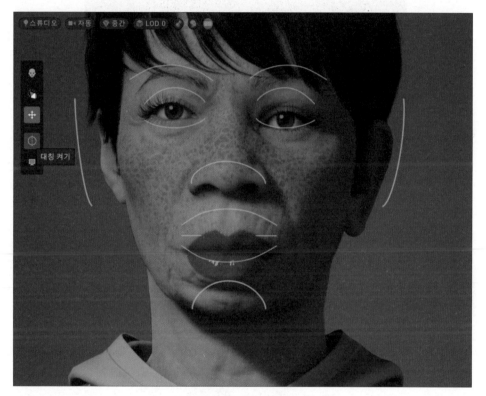

그림 2.45 대칭 비활성화

그림 2.46은 캐릭터를 다소 과하게 설정한 하나의 예를 보여준다. 스컬프트와 무브 툴의 대칭 옵션을 비활성화하고, 이를 극대화한 경우다.

그림 2.46 다소 비현실적인 캐릭터를 만들어낼 수도 있다.

> 사실적인 디지털 캐릭터를 디자인할 때 '비대칭'이라는 특성을 간과하기 쉽다. 실제 사람 역시 아주 미
> 묘한 수준이나마 좌우가 완벽한 대칭을 이루지 않는 부분이 있기 마련이다. CGI 캐릭터에게서 '불쾌한
> 골짜기(uncanny valley)'가 느껴진다는 이야기를 지금껏 많이 들어봤을 것이다. 이 불쾌함 중 다수가
> 자연에는 존재하지 않는 완벽한 대칭에서 비롯된다.

지금까지 MHC를 사용해 독특하고 고유한 캐릭터를 만드는 과정을 자세히 살펴봤다. 다음 섹션으로 넘어가기 전에 여러 캐릭터를 자유롭게 설정하고 만들어보길 권장한다. 그다음 섹션에서는 캐릭터 디자인이 완료됐다고 가정하고 이 캐릭터를 익스포트하고 다운로드하는 과정을 알아본다.

⫸ 캐릭터 다운로드하고 익스포트하기

이제 지금까지 만든 캐릭터를 다운로드해 MHC에서 언리얼로 익스포트해야 하는 시간
이다. 이를 위해 다시 브리지를 실행하고 캐릭터를 검색해야 한다. MHC를 처음 실행하
기 전에 이 과정을 거쳤던 것을 기억할 것이다. 캐릭터 편집 과정을 거쳤다면 브리지에
서 노출되는 캐릭터 역시 마지막으로 자동 저장된 모습으로 업데이트돼 있을 것이다.
그림 2.47은 브리지에서 가장 최신 버전으로 업데이트된 캐릭터 글렌다를 보여준다.

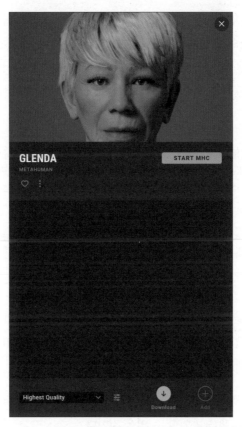

그림 2.47 MHC로 만든 캐릭터를 다운로드하고 언리얼에 추가하기 위한 화면

해상도 설정을 변경해 다운로드를 진행할 수 있다.[5]

---

5   언리얼 엔진 4.0대는 해상도를 변경하는 것 외에도 다운로드 설정과 익스포트 설정 옵션을 제공한다. – 옮긴이

해상도

그림 2.47에서 캐릭터의 텍스처 맵 해상도와 관련된 드롭다운 메뉴를 확인할 수 있다.

Highest Quality가 가장 높은 해상도로, 8,000픽셀 너비의 고해상도 텍스처 맵으로 다운로드할 수 있다. 하지만 8K의 경우 생성하고 다운로드할 때, 그리고 엔진에서 처음 컴파일을 수행할 때 너무 많은 시간이 걸리므로 2K 혹은 1K 해상도로 다운로드하는 것을 권장한다.

컴퓨터 화면이 4,000픽셀 이상을 표시할 수 있다면 8K 텍스처 맵을 무난하게 디스플레이할 것이다. 특히 8K의 페이스 텍스처라면 4K 모니터에서 클로즈업을 해도 충분히 디스플레이가 가능하다. 최고의 디테일을 묘사하려면 얼굴의 다양한 텍스처 맵들이 블렌딩돼야 한다. 글렌다의 경우 조합된 텍스처 맵의 용량이 무려 1.6GB에 달한다.

> **NOTE**
>
> 이후에 얼마든지 캐릭터를 교체할 수 있다. 따라서 처음에는 낮은 해상도의 캐릭터로 작업을 수행하고, 이후 프로덕션 단계에서 조명과 렌더링 작업을 수행할 때 8K 버전 캐릭터로 교체하는 것도 가능하다. 이 과정은 매우 간단히 수행할 수 있다. 다만 이 과정에서도 캐릭터를 다운로드하고 익스포트하는 데 가장 많은 시간이 소모될 것이다.

다운로드 설정[6]

MHC를 닫거나 사용을 중지하면 캐릭터는 브리지에서 다운로드할 수 있는 상태로 변경된다. 브리지가 열려 있는 상태에서 캐릭터가 선택된 상태라면, MHC 세션을 닫았을 때를 포함해 수시로 업데이트가 반영되는 것을 확인할 수 있다.

다운로드 설정을 변경하려면 그림 2.48과 같이 **Download Settings**를 클릭한다. **TEXTURES**와 **MODELS** 탭을 확인할 수 있을 것이다.

---

6 다운로드 설정과 익스포트 설정은 언리얼 엔진 5.0 이하의 버전에만 존재한다. – 옮긴이

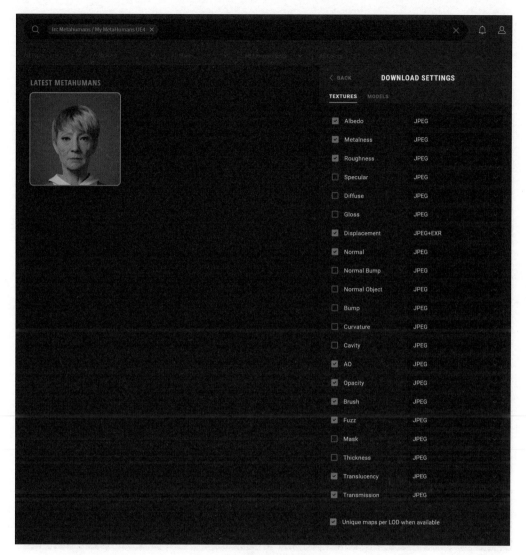

그림 2.48 텍스처 설정

TEXTURES 설정 중 절반 정도는 기본적으로 선택돼 있으며, 대부분의 경우는 기본 설정
으로 충분히 커버 가능하다. 이미지 포맷은 JPEG, EXR, JPEG+EXR 중에서 선택할 수 있
다. EXR을 선택할 경우 파일 용량이 급격히 증가하며, 이로 인해 다운로드 및 처리 시간
이 늘어난다. 결과적으로는 언리얼의 성능 이슈를 유발할 수 있으므로 기본적으로 선택
돼 있는 JPEG를 추천한다. 게다가 EXR 포맷을 사용할 만큼 충분한 픽셀 데이터를 제공

하지 못하는 경우가 대부분이다.

이제 **MODELS** 탭을 클릭해보자. 앞서와 다른 옵션이 노출되는 것을 확인할 수 있다.

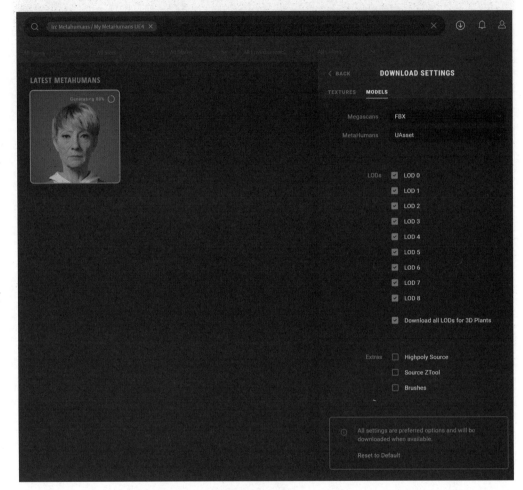

그림 2.49 모델 설정

브리지는 3D 모델을 만드는 옵션으로 **메가스캔**Megascans과 **메타휴먼**MetaHumans을 제공한다. 따라서 메타휴먼의 두 가지 옵션인 **UAsset**과 **UAsset + Source Asset**만 신경 쓰면된다.

UAsset + Source Asset을 선택하면 언리얼에서만 읽을 수 있는 포맷 혹은 좀 더 범용적인 FBX 포맷으로 캐릭터 메시를 다운로드할 수 있다. **UAsset**만 선택하면 익스포트하는 과정에서 자주 오류가 발생하므로, **UAsset + Source Asset**을 선택하는 것이 좀 더 안전하다(마야, 후디니, 혹은 블렌더에서 메타휴먼 작업을 수행하고 싶다면 더 많은 서드 파티 3D 프로그램 옵션을 제공하는 **익스포트 설정**을 변경해야 한다).

설정이 완료됐다면 **백** 버튼을 누른 다음, 그림 2.47의 패널 하단에 보이는 녹색 다운로드 버튼을 누른다. 지금까지 수정한 내역을 처리하고, 새로운 메시를 생성하고, 그 결과물을 새로운 언리얼 파일에 기록해야 하므로 다운로드 프로세스는 상당한 시간이 소모될 것이다. 다운로드 과정에는 파일의 압축과 해제도 포함된다.

이제 익스포트 설정 옵션을 살펴보자.

익스포트 설정

이제 익스포트 설정에 대해 알아본다(언리얼 엔진 4.x대 버전에서는 해상도 옆의 슬라이드 버튼을 클릭하면 **다운로드 설정**과 **익스포트 설정**을 변경할 수 있다). **익스포트 설정** 창은 다음 그림과 같을 것이다.

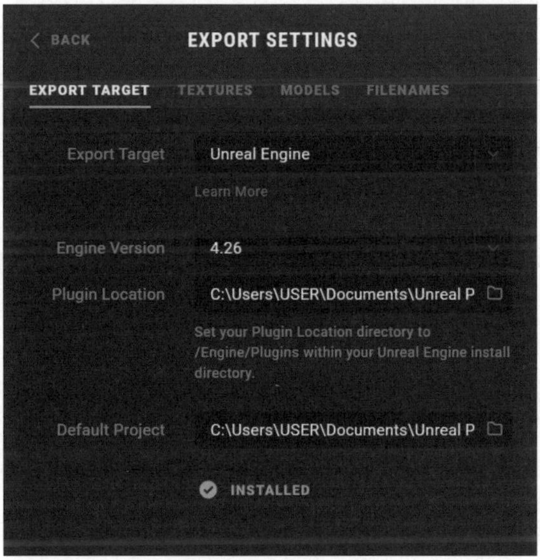

그림 2.50 익스포트 설정

다음과 같은 과정을 거쳐 캐릭터를 익스포트한다.

1. **Export Target**으로 **Unreal Engine**을 선택한다.

2. 설치한 엔진 버전에 맞게 **Engine Version**을 변경한다.

3. **Plugin Location**을 언리얼을 설치한 디렉터리로 설정한다(선택한 폴더에 브리지가 플러그인을 자동으로 설치한다).

4. **Default Project** 항목을 현재 프로젝트 폴더로 설정한다.

> **NOTE**
>
> 추후에 마야나 블렌더, 그 밖의 서드 파티 애플리케이션용으로 익스포트해야 하는 경우 브리지에서 다시 다운로드하되 **Export Target** 항목을 사용하는 애플리케이션에 맞게 변경하면 된다. 혹은 레벨 시퀀서를 사용해 언리얼에서 직접 FBX 포맷으로 캐릭터를 익스포트할 수도 있다.

설정이 완료되면 **다운로드** 버튼 옆에 **익스포트** 버튼이 활성화된 것을 확인할 수 있다.

언리얼 프로젝트에서 브리지 플러그인을 사용해 캐릭터를 안전하게 불러올 수도 있다. 브리지 플러그인은 언리얼 엔진 5에 자동으로 설치돼 있으며, 언리얼 내부에서 수행되는 간단한 버전의 브리지라고 할 수 있다. 언리얼 엔진에서 이를 사용하려면, 화면 하단의 콘텐츠 폴더에서 **+추가** 버튼을 클릭하면 된다. 화면에 출력되는 메뉴 중에서 **퀵셀 콘텐츠 추가**를 클릭한다. 그림 2.51은 이 과정을 보여준다.

이때 다시 로그인하라는 메시지가 표시될 수 있다. 에픽게임즈 로그인을 사용하면 메타휴먼 콘텐츠를 확인할 수 있으며, 현재 언리얼 프로젝트에 직접 캐릭터를 다운로드하고 추가할 수 있다.

이 방식을 사용하면 캐릭터를 엉뚱한 프로젝트 폴더로 익스포트하는 오류를 줄일 수 있다. 또한 필요한 플러그인이 설치돼 있지 않을 때도 **퀵셀 임포터**Quixel importer가 플러그인의 설치 여부를 체크하고 화면의 오른쪽 하단에 관련된 메시지를 출력해 자동으로 이를 설치할지 확인한다. 다음 섹션에서 이 부분을 더 자세히 알아보자.

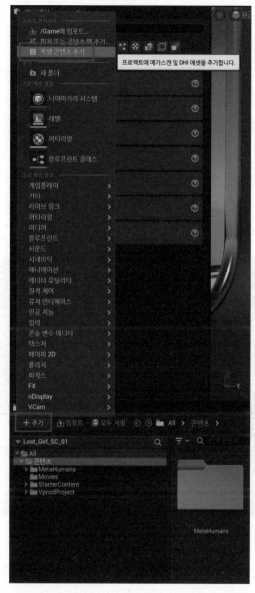

그림 2.51 언리얼 엔진의 콘텐츠 폴더에서 퀵셀 콘텐츠 추가하기

백그라운드 프로세싱

이제 언리얼 엔진 5가 머신에 다운로드한 파일을 언리얼 엔진으로 불러올 것이다. 이 과정을 간단히 설명하면 브리지가 언리얼 프로젝트의 콘텐츠 폴더에 포함돼 있는 MetaHumans라는 폴더에 관련된 파일을 저장하는 것이다. 헤어 그룹 플러그인과 같은 메타휴먼 플러그인을 미리 설치하지 않았더라도 걱정할 필요는 없다. 미니 브리지 플러그인이 이들을 자동으로 설치해줄 것이다.

그림 2.52와 같이 언리얼 엔진 화면 하단에 다양한 메타휴먼 플러그인 알람이 뜨는 것을 확인할 수 있다. 각각의 알림창에서 **누락된 세팅을 활성화** 버튼을 클릭해 필요한 플러그인을 설치하고 프로젝트를 적절하게 세팅한다.

그림 2.52 누락된 플러그인과 프로젝트 세팅

캐릭터가 엔진에 추가되는 동안 언리얼 엔진 5는 스킨 웨이트^{skin weight}를 계산하고 셰이더^{shader}를 컴파일하는 과정도 함께 수행한다. 이 작업을 수행하는 데 몇 분 정도 걸리며, 그동안에는 언리얼 편집기를 사용할 수 없다.

이 과정이 완료되면 그림 2.53처럼 언리얼 엔진의 **콘텐츠 브라우저**에서 MetaHumans 폴더가 생성된 것을 확인할 수 있다. 이후에 메타휴먼 캐릭터를 엔진에 추가한다면 이 폴더로 임포트될 것이다.

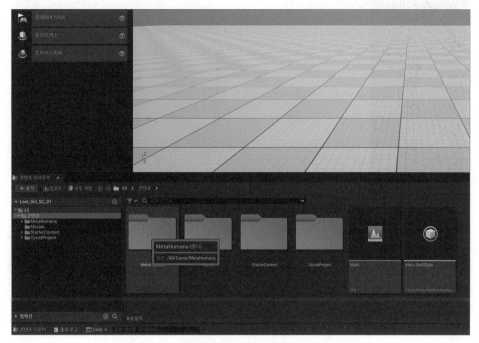

그림 2.53 메타휴먼 폴더

MetaHumans 폴더 안에 방금 생성한 캐릭터 이름의 폴더가 만들어졌다. 폴더를 열면 작은 썸네일이 포함돼 있는 것을 알 수 있다. 예제의 경우에는 BP_Glenda가 보인다(BP 는 Blueprint의 약자임).

그림 2.54는 캐릭터를 뷰포트에 옮긴 결과를 보여준다. 간단히 블루프린트 썸네일을 뷰 포트로 드래그 앤 드롭하면 된다.

그림 2.54 블루프린트 드래그 앤 드롭하기

NOTE

씬은 언제든지 편집할 수 있다. 그림 2.54에서는 기본 레벨을 활용하고 여기에 캐릭터를 드래그 앤 드롭했다.

뷰포트의 아무 곳에나 캐릭터를 드래그 앤 드롭한 다음 상태를 확인해본다. 아울러 캐릭터 폴더 안에 다음과 같은 폴더들이 생성됐는지도 함께 확인해보자.

- Body

- Face

- Female(남자 캐릭터라면 Male)

- FemaleHair(남자 캐릭터라면 MaleHair)

110

- Materials

- Previews

- SourceAssets

이 하위 폴더들 안에서 다양한 텍스처 맵들을 찾아볼 수 있을 것이다.

이 섹션에서는 언리얼 엔진에서 생성한 메타휴먼 캐릭터를 가져오는 과정을 자세히 살펴봤다. 다운로드와 엔진에 추가하는 시간을 통해 각각의 캐릭터마다 얼마나 많은 데이터가 포함돼 있는지 체감할 수 있었다. 언리얼 엔진과 캐릭터 관련 폴더 구조도 살펴봤다. 다음 장에서는 이 부분에 좀 더 익숙해질 수 있을 것이다.

⁑ 요약

이번 장에서는 MHC를 설치하고 실행하는 방법, 캐릭터를 커스터마이징할 때 사용할 수 있는 다양한 파라미터, 디자인 프로세스에 도움이 되는 몇 가지 사례 등을 살펴봤다.

텍스처와 셰이더가 동작하는 법과 이를 통해 특정한 결과를 제공하는 법도 가볍게 알아봤다. 디자인에 필요한 툴을 사용하는 것과 함께 LOD를 사용해 최적화하는 법도 다뤘다.

바디, 페이스, 눈, 헤어, 의상과 같이 편집이 가능한 여러 항목과 선택 가능한 프리셋도 살펴봤다. 무브와 스컬프트 기능을 활용해 좀 더 미세하게 캐릭터를 설정하는 법과 대칭에 대해서도 알아봤다.

마지막으로, 생성한 캐릭터를 다운로드하고 언리얼 엔진에 추가했다. 이 과정에서 발생하는 플러그인 이슈와 해결 방법도 알아봤다.

이제 캐릭터를 엔진에 불러오는 과정은 마무리됐다. 앞으로는 이 메타휴먼에 생명을 불어넣는 법을 배울 것이다. 이를 위해 다음 장에서는 블루프린트의 콘셉트를 소개하고, 블루프린트가 무엇이며 캐릭터에 생명을 불어넣기 위해 무엇을 해야 하는지를 살펴본다.

2부

블루프린트, 바디 모션 캡처, 리타기팅 살펴보기

2부에서는 언리얼 엔진의 블루프린트에 대해 알아보고 이를 메타휴먼에 적용하는 법을 살펴본다. 그다음에는 바디 모션 캡처를 수행하는 다양한 방법과 모션 캡처를 캐릭터에 리타기팅하는 방법을 알아본다.

2부는 다음과 같은 장들로 구성된다.

- 3장. 메타휴먼 블루프린트 살펴보기

- 4장. 애니메이션 리타기팅

- 5장. 믹사모로 애니메이션 리타기팅하기

- 6장. 딥모션으로 모션 캡처 추가하기

03

메타휴먼 블루프린트 살펴보기

2장에서는 퀵셀 브리지와 언리얼 엔진 5의 퀵셀 브리지 플러그인을 활용해 메타휴먼을 언리얼 엔진에서 확인해봤다. 이 과정에서 메타휴먼과 관련된 다양한 에셋을 엔진으로 가져왔다. 에셋의 대부분은 이미지와 메시로 구성되지만, 이들을 하나로 묶어주는 것은 바로 블루프린트다.

이 장에서는 블루프린트가 무엇이고 블루프린트를 어떻게 활용하는지 알아보며, 블루프린트를 사용해 메타휴먼에 애니메이션을 적용하는 방법도 다룬다. 또한 동일한 모션 캡처 데이터를 다른 캐릭터에 다시 설정하는 것도 필요하다. 그다음에는 메타휴먼과 언리얼 엔진 마네킹 양쪽의 스켈레톤에서 기능을 편집할 것이다.

이 장에서는 다음 항목들을 살펴본다.

- 블루프린트란 무엇인가?

- 블루프린트 열기

- 스켈레톤 임포트하고 편집하기

⇾ 기술적인 요구 사항

이 장을 진행하려면 1장에서 제시한 기술적인 요구 사항과 2장에서 언리얼 엔진으로 임포트한 메타휴먼 캐릭터가 필요하다.

⇾ 블루프린트란 무엇인가?

그럼 대체 블루프린트란 무엇일까?

블루프린트는 프로그래밍 언어인 C++로 작성된 템플릿을 시각적으로 표현한 것이다. 에픽게임즈는 언리얼에서 콘솔을 통해 C++ 코드를 작성할 수 있는 기능을 제공한다. 하지만 모든 사람이 능숙하게 C++ 프로그래밍을 할 수는 없으므로, 아티스트처럼 코드에 익숙하지 않은 사람들도 손쉽게 코드를 다룰 수 있도록 만든 것이 블루프린트다. 또한 블루프린트는 C++로 간단하게 필요한 툴을 만들 때도 활용된다.

블루프린트는 메타휴먼 캐릭터의 애니메이션 작업을 수행할 때는 필수 불가결한 요소다. 하지만 그렇다고 블루프린트에 많은 시간을 할애할 필요는 없다. 엔진에 의해 백그라운드에서 블루프린트가 수행되기 때문이다. 아티스트들도 반복적인 작업을 효율적으로 수행하기 위해 블루프린트의 기본적인 내용을 이해하고 있다면 많은 도움이 될 것이다. 아울러 블루프린트 없이는 수행할 수 없는 작업들도 존재한다.

블루프린트는 메타휴먼 캐릭터와 관련된 다양한 정보를 보유하고 있으며 이를 사용해 캐릭터에 변화를 가할 수 있다. 즉, 캐릭터를 어떻게 움직이느냐에 따라 블루프린트의 내용이 달라지는 것이다. 이번 장을 진행하면서 캐릭터를 원하는 대로 정확하게 움직이려면 블루프린트를 어떻게 편집해야 하는지 배우게 될 것이다.

블루프린트는 스켈레톤을 활용해 캐릭터의 메시를 움직이는데, 이는 앞선 움직임이 그다음으로 영향을 받는 요소의 움직임을 결정하는 방식이다. 우선 뼈가 움직이고, 그다음 이에 맞춰 피부가 움직이는 것이 이와 같은 방식이다. 동시에 몸을 둘러싼 옷도 역시 관련된 시뮬레이션이 수행돼야 하므로 피부가 움직이는 것에 따라 옷의 움직임도 달라진다. 피부의 움직임은 헤어의 움직임에도 영향을 미친다. 이 모두가 블루프린트에 의해 결정되는 것이다.

이런 연쇄적인 반응을 가장 먼저 결정하는 것은 무엇일까? 정답은 바로 '당신'이다. 당신이 캐릭터를 움직이는 데 필요한 설명을 블루프린트에 제공하고, 그다음으로 블루프린트가 사용할 다양한 애니메이션 모드를 지정하는 것이다. 적용할 수 있는 애니메이션 모드는 다음과 같다.

- **사전기록 데이터**: 모션 데이터를 갖고 있는 파일을 의미한다. 일반적으로 얼굴에 관련된 파일과 바디에 관련된 파일이 독립적으로 존재한다. 다양한 툴과 방식으로 이런 모션 데이터 파일을 만들어낼 수 있다. 언리얼 엔진 5의 3인칭 게임 템플릿과 함께 제공되는 애니메이션 파일을 사용하거나, 자체적인 모션 캡처 데이터^{이를 테이크^{Take}라고 한다}를 저장해 사용할 수도 있다.

- **라이브 모션 캡처 데이터**: 블루프린트는 다음과 같은 기기/소프트웨어에서 캡처된 라이브 데이터를 사용할 수 있다.

  - 페이셜 모션 캡처 기능을 제공하는 아이폰
  - 비디오 카메라를 사용하는 페이스웨어 스튜디오^{Faceware Studio}와 같은 소프트웨어
  - 서드 파티 소프트웨어를 통해 라이브 데이터를 제공해주는 모션 캡처 툴. 라이브 데이터는 주로 뼈의 변형 및 회전과 관련된 정보가 포함돼 있으며, 엔진으로 실시간 스트리밍될 수 있다.

- **애니메이션 블루프린트**: 주로 게임 로직에 많이 사용된다. 사전기록 데이터와 동일한 애니메이션 파일 유형을 사용할 수도 있고, 전통적인 3D 애니메이션 영화 촬영에 사용되는 라이브 모션 캡처 데이터를 활용할 수도 있다.

블루프린트는 게임 안의 플레이어 캐릭터로부터 데이터를 얻을 수도 있다. 플레이어가 어떤 행동을 취하느냐에 따라 적절한 애니메이션 파일을 활용하기도 한다. 예를 들어

게임 안의 플레이어가 달리면 블루프린트는 run 애니메이션 파일을 실행할 것이다. 이를 통해 캐릭터는 달리는 모습을 연출한다. 이 파일은 통상적으로 FBX나 BVH 포맷으로 사용된다. 이들을 보통 에셋^asset이라고 부른다.

그럼 이제 엔진에서 블루프린트를 살펴보자.

블루프린트 열기

언리얼 엔진 5로 메타휴먼 캐릭터를 성공적으로 임포트했다면 그림 3.1처럼 BP_ 접두사가 붙은 파일과 다른 폴더들을 확인할 수 있을 것이다. 이들 폴더에는 캐릭터 표현에 필요한 다양한 에셋이 포함돼 있다.

그림 3.1 콘텐츠 브라우저에서 확인할 수 있는 블루프린트

블루프린트 파일을 더블 클릭해보자. 캐릭터의 블루프린트가 열리고, 그림 3.2처럼 6개의 탭으로 구성된 화면을 볼 수 있다.

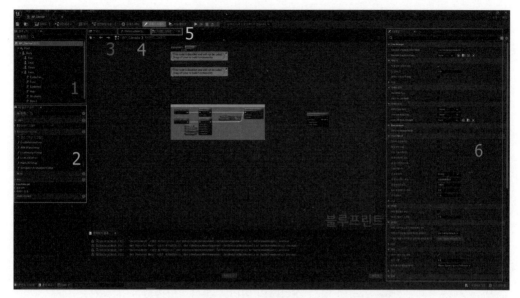

그림 3.2 캐릭터 블루프린트를 구성하는 6개의 패널

각각을 자세히 살펴보자.

1. **컴포넌트**: 메타휴먼의 어떤 부분을 편집할지 선택할 수 있는 곳이다. 메시, 카메라, 조명과 같은 컴포넌트를 추가할 수 있다.

2. **내 블루프린트**: 여기서는 ARKit 설정 같은 메타휴먼과 연관된 기능적인 요소들을 확인할 수 있다. 이를 활용해 페이셜 모션 캡처를 바로 캐릭터에 반영할 수도 있다.

3. **뷰포트**: 레벨의 다른 부분은 제외하고 캐릭터만 보여준다. 캐릭터를 복잡한 씬에 불러왔을 때 다른 번잡한 환경 요소의 방해 없이 효과적으로 캐릭터를 살펴보고 편집할 수 있도록 도와준다.

4. **컨스트럭션 스크립트**: 컨스트럭션 스크립트^{Construction Script}는 어떤 레벨을 사용하든 지 상관없이 엔진이 블루프린트의 데이터를 읽고 쓰게 해준다. 게임의 경우 캐릭터의 체력과 같은 데이터를 저장할 수 있으므로 컨스트럭션 스크립트를 유용하게 사용할 수 있다. 메타휴먼과 관련된 작업에서는 이 부분이 변경되지 않는다.

5. **이벤트 그래프**: **이벤트 그래프**는 이벤트와 관련된 중요한 정보를 저장한다. 여기서 말하는 이벤트는 게임의 시작이 될 수도 있고, 키보드의 특정 키를 눌렀을 때의 결과를 의미할 수도 있다. 메타휴먼의 관점에서는 카메라가 캐릭터에서 멀어지는 것도 하나의 이벤트로 볼 수 있다. 이는 캐릭터의 LOD 값을 0보다 큰 값으로 변경하는 트리거가 된다.

6. **디테일**: 편집 작업을 주로 수행하는 곳이다. **컴포넌트** 탭에서 어떤 것을 선택하느냐에 따라 다양한 정보를 표시한다. 예를 들어 페이스를 선택했을 때와 바디를 선택했을 때 보여주는 항목들이 아주 다를 것이다.

앞서도 언급했듯이 캐릭터를 편집하려면 **디테일** 패널의 다양한 에셋을 변경해주면 된다. 대부분의 에셋은 이미지 파일이지만, 많은 편집 툴이 캐릭터를 더 세밀하게 조정할 수 있는 기능을 제공한다. 언리얼 역시 캐릭터의 여러 부분을 편집할 수 있는 기능을 제공한다. 언리얼에서 MHC로 만든 캐릭터의 설정을 추가로 변경해 더욱 사실적인 캐릭터를 만들 수 있는 것이다.

이 기능들을 체험해보려면 **컴포넌트** 탭에서 **Face**를 선택한 다음, **디테일** 탭의 **머티리얼** 항목 중에서 **눈동자 머티리얼**을 더블 클릭해본다. 왼쪽과 오른쪽 중 어느 쪽을 택하느냐에 따라 이름이 다를 수 있지만, 대체로 **MI_EyeRefreactive_Inst_L**(혹은 R)이라고 표시될 것이다.

머티리얼 에디터가 열리면 MHC에서는 편집이 불가능했던 항목들도 편집이 가능한 것을 확인할 수 있다. 예를 들어 **CloudyIrisColor**를 검은색으로 설정하고, **CloudyIrisHardness** 항목을 0.530293으로 설정한다. 이어서 **IrisGenerator**의 **IrisColor1U** 항목을 1.0으로 설정하고, **IrisColor1V** 항목을 0.0으로 설정해 그림 3.3과 같이 눈동자의 깊이를 더할 수 있다.

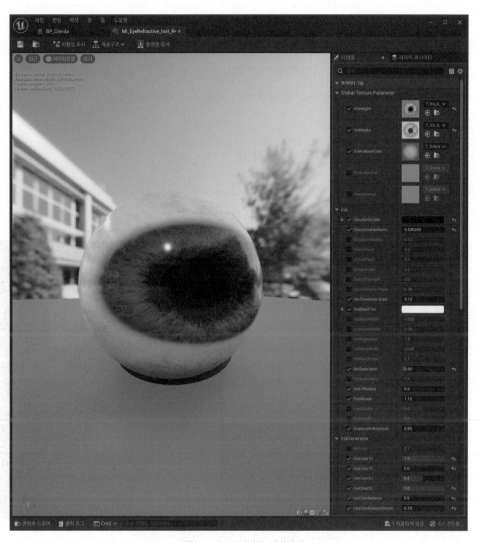

그림 3.3 눈 머티리얼 편집하기

NOTE

블루프린트의 다양한 파라미터를 사용해 캐릭터를 편집한다고 해도 원래 MHC에서 만들었던 캐릭터에는 영향을 미치지 않는다. 브리지를 통해 안전하게 백업 카피를 유지할 수 있다.

블루프린트는 운전사의 역할을 수행하고, 캐릭터 서브 폴더는 승객의 역할을 수행한다. 캐릭터 블루프린트를 통해 다양한 컴포넌트에 바로 접근할 수도 있다. 개별 서브 폴더에 들어가는 방식으로도 컴포넌트에 접근 가능하며, 한 번에 여러 폴더를 열어두고 작업할 수도 있다. 개인이 선호하는 방식에 따라 작업을 진행하면 된다.

폴더를 사용해 블루프린트 사용하기

폴더를 사용해 탐색하는 방법을 살펴보자. 그림 3.4와 같이 Hoodie 폴더를 클릭한 다음, 머티리얼 에셋을 더블 클릭해 컬러를 바꿔보자.

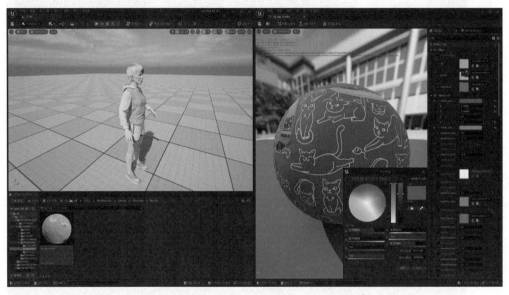

그림 3.4 폴더 구조를 활용해 직접 편집 수행하기

보다시피 MHC만으로 작업을 수행했을 때보다 더 많은 부분을 설정할 수 있다. 예를 들어 메타휴먼의 후디 컬러를 변경하기 위해 색 선택 툴을 사용할 수 있다. 2장, '메타휴먼 캐릭터 만들기'에서 살펴본 MHC에서는 간단한 컬러 툴만 제공했던 것을 기억할 것이다.

폴더를 사용하지 않고 블루프린트 사용하기

그림 3.5에서 2개의 에디터가 같은 영역을 편집하고 있다는 것을 알 수 있다. 이번에는
캐릭터 블루프린트를 사용해 에셋을 편집해볼 것이다. 앞서 살펴본 방법과 현재 사용하
는 방법 모두 효과적으로 사용할 수 있다.

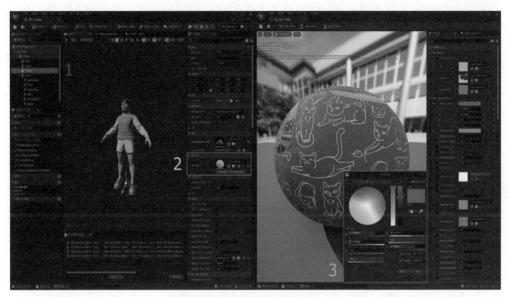

그림 3.5 캐릭터 블루프린트를 사용해 컬러 편집하기

그림 3.5는 다음과 같은 과정으로 작업이 진행되는 것을 보여준다.

1. **컴포넌트** 탭에서 **Torso**를 선택한다.

2. **머티리얼** 항목 슬롯에서 구의 형태로 보이는 머티리얼을 클릭해 머티리얼 에디터
   를 실행한다.

3. 현재 컬러를 클릭해 **색 선택 툴**을 활성화하고 컬러를 변경한다.

블루프린트는 캐릭터의 외관을 바꿀 수 있는 다양한 에디터를 제공한다. 에디터를 통해
제공되는 기능은 대부분 머티리얼 수정과 관련돼 있다. 이를 통해 최소한 컬러를 변경
하는 정도의 변경을 가할 수 있다.

너무 많은 것을 설정해야 하는 건 아닌지 지레 겁먹지 않아도 된다. 우선 블루프린트의 아주 작은 부분부터 시작해볼 것이다. 캐릭터가 어떤 애니메이션을 수행할지 결정하고, 다른 캐릭터에도 유사한 동작을 구현하기 위해 스켈레톤과 관련된 디테일만 변경하면 된다.

간단한 바디 애니메이션부터 시작하는 것이 효과적이다. 여기서는 언리얼 엔진 5가 제공하는 스타터 팩을 유용하게 활용할 수 있다. 리깅^{rigging}돼 있는 스켈레톤으로 구성된 마네킹^{Mannequin}이 포함돼 있는 3인칭 게임 스타터 팩을 사용해보자. 여기에는 캐릭터를 테스트할 때 유용하게 사용할 수 있는 간단한 애니메이션들이 포함돼 있다.

이번 장에서는 블루프린트에서 스타터 게임 팩으로 애니메이션을 구현하고, 다음 장에서 우리가 만든 캐릭터에 반영해볼 것이다.

스켈레톤 임포트하고 편집하기

이번 섹션에서는 프로젝트에 마네킹을 추가해볼 것이다. 하나의 캐릭터에서 다른 캐릭터로 애니메이션 리타기팅을 하려면 소스와 타깃 캐릭터 모두 스켈레톤을 갖고 있어야 한다. 다음 섹션에서 이들 스켈레톤에 대해 알아본다.

마네킹 캐릭터 추가하기

시작하려면 언리얼에서 기본적으로 제공하는 마네킹의 스켈레톤을 가져와야 한다. 프로젝트에 마네킹을 추가하려면 **콘텐츠 브라우저**에서 **+추가** 버튼을 클릭한 다음, **피처 또는 콘텐츠 팩 추가**를 선택한다.

그림 3.6 콘텐츠 팩 추가하기

피처 또는 콘텐츠 팩 추가를 클릭하면 다음과 같은 팝업창이 나타난다. **블루프린트** 탭을 선택한 다음, **삼인칭**을 클릭한다.

그림 3.7 프로젝트에 콘텐츠 추가하기

삼인칭 콘텐츠를 선택한 이유는 마네킹을 포함해 플레이 가능한 완벽한 캐릭터가 포함돼 있고 이를 다른 목적에 맞도록 손쉽게 재사용할 수 있기 때문이다. 이어서 **프로젝트에 추가**를 선택하자. **콘텐츠 브라우저**에서 프로젝트에 삼인칭 콘텐츠가 추가될 것이다.

콘텐츠 브라우저에 Mannequin과 ThirdPerson 폴더가 새로 만들어진 것을 확인할 수 있다.

그다음 단계로 마네킹 스켈레톤을 편집해야 한다. 이 작업을 진행할 때는 마네킹의 구조나 명명 규칙, 애니메이션 메서드 등의 이름이 반드시 메타휴먼과 동일해야 한다. 이를 통해 마네킹의 애니메이션을 메타휴먼에 정상적으로 반영할 수 있게 된다.

앞서 언급한 두 가지 방식으로 편집을 진행할 수 있다. 마네킹 폴더와 그 안에 위치한 스켈레톤 블루프린트를 찾아볼 수도 있지만, 좀 더 안전하게 메인 캐릭터 블루프린트를 찾아보고 여기서 스켈레톤 블루프린트를 활용해볼 것이다.

앞으로 다음 작업들을 수행할 것이다.

1. 마네킹 스켈레톤의 리타기팅 옵션을 편집한다.

2. 메타휴먼 스켈레톤의 리타기팅 옵션을 편집한다.

그럼 이제 시작해보자.

마네킹 스켈레톤 리타기팅 옵션 편집하기

이 섹션에서는 언리얼 엔진이 제공하는 마네킹 캐릭터의 스켈레톤과 메타휴먼 캐릭터가 데이터를 공유하는 방법을 알아본다.

그림 3.8과 같이 프로젝트에 **삼인칭** 콘텐츠를 추가할 때 새롭게 생성된 ThirdPerson 폴더에서부터 시작한다.

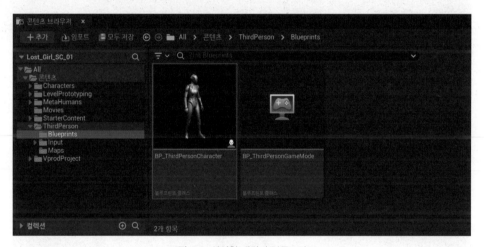

그림 3.8 삼인칭 캐릭터 블루프린트

ThirdPerson 폴더 아래에 Blueprints 폴더가 존재하며, 그 안에서 BP_ThirdPerson Character 파일을 편집할 것이다. 이 파일을 더블 클릭해 블루프린트를 열어보자.

그림 3.9와 같이 **컴포넌트** 탭에서 **메시(CharacterMesh0)**를 선택한다. 그림과 같이 오른쪽 **디테일** 탭이 변경되는 것을 확인할 수 있고, **메시** 항목 아래에 **Skeletal Mesh Asset** 항목이 보일 것이다. SKM_Quinn_Simple이라는 이름의 썸네일을 더블 클릭해보자.

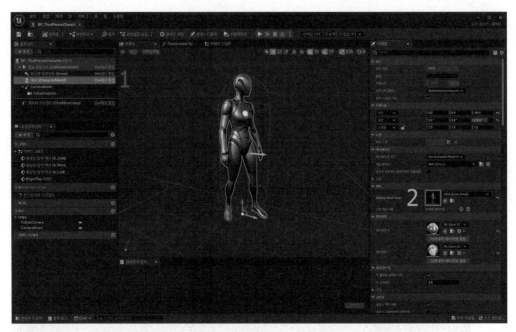

그림 3.9 스켈레탈 메시 에디터 탭으로 접근하기

2개의 탭과 가운데 뷰포트를 통해 마네킹과 스켈레톤을 보여주는 **블루프린트** 탭이 그림 3.10과 같이 열릴 것이다.

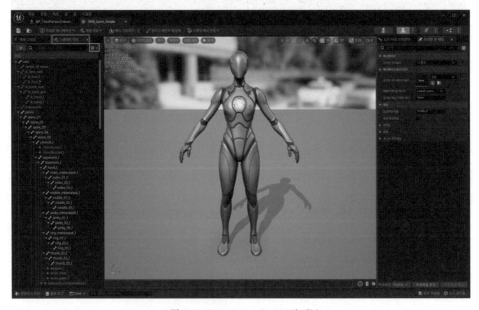

그림 3.10 SKM_Quinn_Simple의 내부

2개의 탭은 다음과 같다.

- **에셋 디테일:** 캐릭터에 애니메이션을 적용하기 위해 편집해야 하는 다양한 옵션을 제공해준다. 하지만 우리는 캐릭터의 릭과 애니메이션 부분에만 신경 쓸 것이다.

- **스켈레톤 트리:** 앞으로 수행할 대부분의 편집 작업이 수행되는 곳이다. 각각의 본bone들과 구조를 한눈에 보여준다. 모든 본은 루트와 연결돼 있다. 만일 루트가 제거되거나 회전하면 계층구조에 포함돼 있는 모든 본이 영향을 받는다. 단, 계층구조의 하위에 속할수록 영향을 적게 받는다.

그림 3.10의 **스켈레톤 트리** 탭을 살펴보면, 최상단의 루트에서부터 엄지 손가락에 이르기까지 모든 본이 이름을 갖고 있는 것을 알 수 있다. 리타기팅 옵션이 스켈레톤에 적절하게 설정돼 있는지 확인할 때, 영향을 받는 모든 본을 살펴볼 필요는 없다. 단 네 번의 마우스 클릭으로 충분히 작업이 가능하다.

1. 톱니바퀴 아이콘을 클릭한다.

2. **리타기팅 옵션 표시**를 선택한다.

3. 스켈레톤 트리에서 **pelvis**를 우 클릭한다.

4. 이어서 **트랜슬레이션 리타기팅 스켈레톤 재귀적으로 설정**을 좌 클릭한다.

각 단계를 좀 더 자세히 살펴보자. 우선 그림 3.11처럼 톱니바퀴 아이콘을 클릭한다.

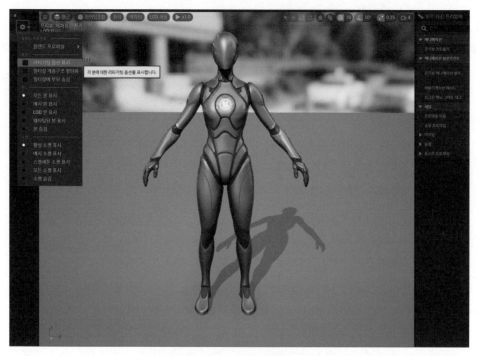

그림 3.11 리타기팅 옵션 표시

옵션 목록에서 **리타기팅 옵션 표시**를 클릭한다. 이를 통해 스켈레톤 계층구조가 각 본들의 애니메이션에 효과적으로 사용되는지 확인할 수 있다. 모든 본이 계층구조에 속해 있으므로, 하나의 본을 움직이면 연쇄 반응을 일으켜 전체 바디가 자연스럽게 대응하게 된다. 이를 역운동학$^{IK, Inverse Kinematics}$이라고 한다. 일부 애니메이션 데이터에서는 모든 본이 각자의 애니메이션 효과를 갖고 있어서 하나의 움직임에 연쇄 반응하는 스켈레톤 계층구조가 그리 중요하지 않을 수도 있다. 회전과 변형 같은 IK 애니메이션의 경우에는 모든 본이 동시에 움직여야 한다. 이런 경우 IK 솔루션은 전체 움직임의 핵심으로 자리 잡는다.

다음 단계에서 스켈레탈 계층구조의 장점을 알아본다. 메타휴먼 캐릭터가 이 방식으로 설계됐다. 스켈레탈 시스템 내부에 본 계층구조가 존재하므로, 간단한 리타기팅 옵션을 활용하면 전체 본의 변형과 관련된 속성을 빠르게 변경할 수 있다. 이런 경우 pelvis 본부터 시작해 스켈레톤을 대상으로 트랜슬레이션^{translation}을 설정할 수 있다.

이 작업을 빠르게 수행할 수 있는 팁이 있다. 그림 3.12처럼 **pelvis**를 우 클릭한 다음, **트랜슬레이션 리타기팅 스켈레톤 재귀적으로 설정** 옵션을 선택한다.

그림 3.12 트랜슬레이션 리타기팅 스켈레톤 재귀적으로 설정

이제 모든 설정이 완료됐다.

이런 방식으로 캐릭터가 스켈레탈 애니메이션을 사용하도록 하는 것 외에, 로테이션 데이터만 리타기팅할 수도 있다. 간단히 말하면 캐릭터 각각의 본에서 로테이션 애니메이션만 리타기팅을 수행하고 트랜스포메이션 데이터는 리타기팅하지 않는 것이다. 메타휴먼 스켈레톤처럼 원본 스켈레톤에서 새로운 스켈레톤으로 트랜스포메이션 데이터를

복사했다면, 본이 부자연스럽게 움직일 수 있다.

이 문제는 새로운 캐릭터의 비율이 원본과 다를 경우 두드러진다. 예를 들어 원본 스켈레톤이 키가 크다면, 작은 캐릭터와는 완전히 다른 트랜스포메이션 데이터를 갖고 있을 것이다. 이런 경우 원본 캐릭터의 본 길이는 작은 캐릭터에 비해 상대적으로 길 것이다. 트랜스포메이션 데이터를 복사하게 되면, 3D 공간에서 본을 복사하고 복사한 본과 동일한 영역을 점유하려고 할 것이다. 키가 큰 캐릭터에 작은 캐릭터의 트랜스포메이션 데이터를 복사한다면 본을 크기에 맞게 늘려서 적용할 것이다. 이로 인해 부자연스러운 움직임이 발생할 수 있다. 회전과 관련된 값들은 캐릭터의 키와 상관없이 상대적으로 편차가 적을 것이다.

그림 3.13에서 데이터 트랜스포메이션이 어떻게 적용되는지 확인할 수 있다. 3명의 캐릭터가 모두 메시의 변형이나 왜곡 없이 동일한 포즈를 공유하고 있다. 트랜스포메이션 데이터를 캐릭터 A에서 캐릭터 B로 그대로 이동했다면 캐릭터 B는 아마 캐릭터 A와 동일한 키로 늘어났을 것이며, 캐릭터 C 역시 캐릭터 A와 동일한 키로 찌그러졌을 것이다.

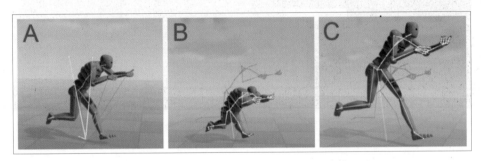

그림 3.13 모션 데이터의 정확한 트랜스포메이션

지금까지의 단계를 모두 정상적으로 완료하고 메타휴먼에 애니메이션을 잘 반영했다고 하더라도 정상적으로 동작하지 않는 경우도 더러 발생할 수 있다. 가장 흔한 실수가 블루프린트에서 작업 내용을 저장하지 않는 것이다.

그다음 단계는 우리가 만든 메타휴먼 캐릭터에 적용될 리타기팅 옵션을 설정하는 것이다.

메타휴먼 스켈레톤 리타기팅 옵션 편집하기

캐릭터 블루프린트에서 메타휴먼 스켈레톤의 리타기팅 옵션을 편집하려면 우선 **컴포넌트** 탭에서 **Body**를 선택한다. 그런 다음, **디테일** 탭에서 **메시** 섹션에 포함돼 있는 **Skeletal Mesh Asset**의 썸네일을 클릭한다. 메타휴먼의 썸네일이 정확하게 보이지 않더라도 걱정할 필요는 없다.

그림 3.14 메타휴먼 리타기팅 옵션 편집하기

썸네일을 더블 클릭하고 나면 그림 3.15와 같은 화면이 나타난다(앞서 마네킹 스켈레톤을 편집했던 그림 3.12와 동일하게 구성돼 있는 화면이다). 앞선 섹션에서 살펴본 과정과 동일한 과정을 수행하면 된다. 톱니바퀴 아이콘을 클릭해 **리타기팅 옵션 표시** 항목을 활성화하고, **pelvis**를 우 클릭한 다음 **트랜슬레이션 리타기팅 스켈레톤 재귀적으로 설정**을 선택한다.

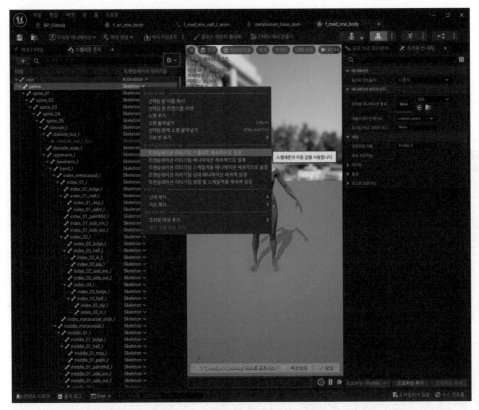

그림 3.15 메타휴먼 블루프린트에서 트랜슬레이션 리타기팅 스켈레톤 재귀적으로 설정하기

이 과정까지 완료하면 반드시 블루프린트에서 저장을 수행하자. 이제 마네킹과 메타휴먼 스켈레톤을 모두 편집하고 옵션을 리타기팅해 두 스켈레톤이 함께 동작하도록 만들었다.

⁑ 요약

이번 장에서도 많은 것을 살펴봤다. 가장 먼저 언리얼 블루프린트가 무엇이고 어떻게 활용할 수 있는지를 알아봤다. 언리얼 마네킹 캐릭터와 우리가 만든 메타휴먼 캐릭터를 사용해 기본적인 편집을 수행했고, 둘 다 트랜슬레이션 타깃을 스켈레톤으로 설정했다. 이 과정에서 IK를 살펴보고 이 솔루션이 어떻게 우리 캐릭터에서 동작하는지도 간단히 알아봤다.

다음 장에서는 다시 블루프린트로 돌아와 한 캐릭터에서 다른 캐릭터로 애니메이션을 리타기팅하는 과정을 살펴보고, 일반적으로 발생하는 문제들과 이를 해결하는 방법을 알아본다. 마네킹 캐릭터와 메타휴먼 캐릭터의 IK 릭을 만들고, IK 리타기터를 사용해 애니메이션 데이터를 다른 캐릭터로 익스포트해볼 것이다.

04

애니메이션 리타기팅

앞 장에서는 블루프린트를 살펴보고, 메타휴먼 블루프린트와 마네킹 캐릭터를 편집하고 설정을 공유하는 법을 알아봤다.

4장에서는 IK 릭 툴과 IK 리타기터 툴에 대해 알아본다. 이 툴들은 마네킹을 메타휴먼에 반영할 수 있도록 애니메이션 파일을 리타기팅하는 작업에 사용된다.

이 장에서는 다음 항목들을 살펴본다.

- IK 릭이란 무엇인가?
- IK 릭 생성하기
- IK 체인 생성하기
- IK 리타기터 생성하기
- 애니메이션 데이터 임포트하기

∷ 기술적인 요구 사항

이 장을 진행하려면 1장에서 제시한 기술적인 요구 사항과 2장에서 언리얼 엔진으로 임포트한 메타휴먼 캐릭터가 필요하다.

∷ IK 릭이란 무엇인가?

이 질문에 답하려면 우선 질문을 2개로 나눠볼 필요가 있다.

- 릭이란 무엇인가?
- IK는 무엇인가?

이제 이 질문들에 대한 답을 찾아보자.

릭이란 무엇인가?

3D 애니메이션 제작 과정에서 릭^{rig}이란 캐릭터의 동작을 제어하는 간단한 도구와 방법을 의미하며 주로 애니메이터들이 사용한다. 애니메이터가 직접 캐릭터의 본을 제어하는 대신, 릭을 통해 빠르게 어떤 것을 선택하고 움직여야 하는지 알 수 있게 된다. 다양한 3D 소프트웨어 애플리케이션이 사람과 동물을 위해 설계된 릭을 제공한다. 릭이 얼마나 복잡한 애니메이션을 연출하느냐에 따라 애니메이션의 복잡도가 달라진다. 릭을 사용하는 궁극적인 목적은 복잡한 애니메이션 제작 과정을 단순하게 만드는 것이다. 이 장에서는 단순한 릭을 사용해 애니메이션 데이터를 반영해볼 것이다.

메타휴먼에는 캐릭터 애니메이션을 위해 'IK 릭$^{IK\ Rig}$'이라고 부르는 시스템이 내장돼 있다. 실제로 애니메이터는 IK 컨트롤 릭을 통해 메타휴먼 캐릭터의 모든 애니메이션을 관장할 수 있다. 그림 4.1과 같이 릭을 통해 본을 간단히 조작할 수 있다.

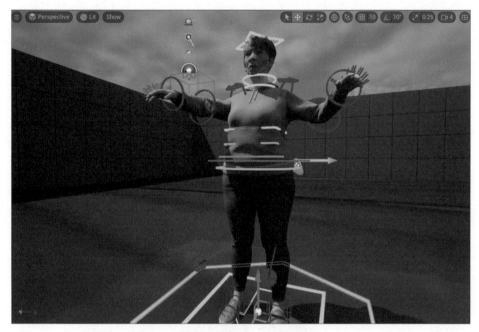

그림 4.1 메타휴먼 IK 컨트롤 릭

이제 릭이 의미하는 바를 알았으니 IK에 대해서도 알아보자.

IK란 무엇인가?

이 질문에 답하려면, 우선 캐릭터 애니메이션에 '본'을 활용한다는 사실을 먼저 알고 있어야 한다. 각각의 본은 동작에 필요한 다양한 '관계'를 갖고 있다. 이를 좀 더 기술적으로 표현하면, '본에는 고유한 운동학적인 개별 관계가 정의돼 있다'고 할 수 있다. 본들은 계층구조로 구성되며, 이들이 움직이는 방식은 이 계층구조가 순운동학^{FK, Forward Kinematics}에 속하는지, 혹은 역운동학^{IK, Inverse Kinematics}에 속하는지에 따라 달라진다.

모든 축 방향으로 움직일 수 있는 사람의 뼈는 극소수에 지나지 않는다. 더구나 모든 방향으로 360도 움직일 수 있는 뼈는 존재하지 않는다. 사람의 뼈와 달리 컴퓨터가 만들어낸 뼈는 선이나 실린더, 구나 피라미드, 캡슐 등의 간단한 형태로 표현된다. 컴퓨터가 만들어낸 뼈는 그 모양과 상관없이 뼈의 회전을 결정하는 1개 혹은 2개의 피봇 포인트를 가진다. 회전을 관장하는 포인트 외에도 뼈가 어떤 축을 기준으로 회전할지, 또 어떤 축으로는 회전이 불가능한지 결정할 수 있다. 그림 4.2를 통해 언리얼 엔진 5가 뼈를 어떻게 표현하는지 알 수 있다. 본[1]을 선택하면 각각의 본을 회전시키고 편집할 수 있는 기즈모gizmo를 보여준다. 기즈모를 활용해 애니메이션을 만들어내는 것은 결코 쉽지 않은 일이다. 하나하나의 본을 선택하고 또 이들이 어떻게 동작하는지 파악하는 일은 번거로운 일이 아닐 수 없다.

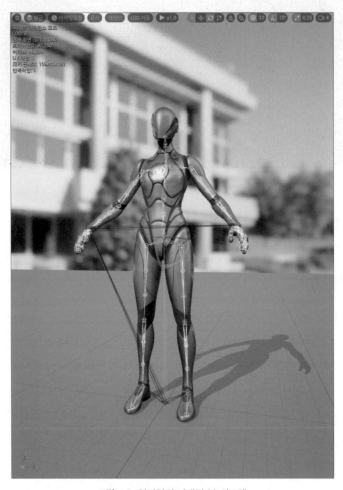

그림 4.2 언리얼의 마네킹 본 시스템

---

1   언리얼 공식 문서의 표현을 빌려 언리얼 엔진에서 다루는 뼈는 '본'으로 표현한다. – 옮긴이

예제에서 다루고 있는 숄더 조인트^{shoulder joint}를 한번 살펴보자. 우리는 실제로 팔을 특정한 방향으로 돌릴 수 있지만 또 어떤 방향으로는 움직임이 제한된다는 사실을 알고 있다. 조인트와 관련된 이런 제약 사항을 컨스트레인트^{constraint}라고 한다.

그림 4.3은 메타휴먼에서 확인할 수 있는 숄더 조인트를 보여준다.

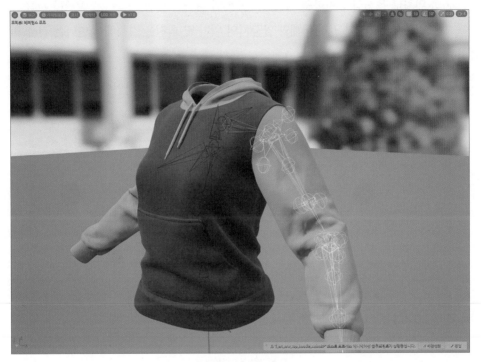

그림 4.3 숄더 조인트

이 그림에서는 어떤 본을 선택했는지를 명확히 알 수 없다. 이는 본을 직접 선택해 애니메이션 작업을 진행하는 것이 실용적이지 않다는 사실을 단적으로 보여준다.

다시 앞으로 돌아가서 FK와 IK가 어떤 것인지 살펴보자. 우선 FK를 제대로 이해하려면, 부모와 자식의 관계를 먼저 이해해야 한다(이 용어는 3D 그래픽과 로봇공학 분야에서 자주 사용된다). 자식은 부모가 가는 곳 어디든지 따라갈 수 있지만, 부모는 자식이 가는 곳에 항상 같이 갈 필요가 없다.

FK

부모-자식 관계라는 개념을 조인트(관절)에 적용해보고, 어깨의 예를 들어 FK에 대해서도 알아보자. 손이 움직이거나 회전하는 것은 어깨 조인트에 아무런 영향을 미치지 않는다. 어깨 조인트를 회전시키고, 그에 따라 팔꿈치의 조인트가 움직이며 이들의 움직임이 손의 위치나 움직임에 영향을 미친다. 즉, 손의 위치와 회전(엔드 이펙터end effector. 최종적으로 영향을 받는 부분)을 결정하려면 먼저 어깨와 팔꿈치의 위치 및 회전을 결정해야 한다는 것을 의미한다.

그림 4.4에서 조인트 01의 회전(왼쪽)과 조인트 02의 회전(오른쪽)을 확인할 수 있다.

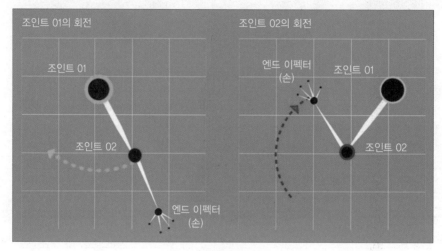

그림 4.4 FK

이 그림을 통해 조인트 01(부모)과 조인트 02(자식)의 회전에 따라 손의 위치가 달라진다는 것을 알 수 있다. 부모의 회전을 먼저 계산함으로써 모션의 문제를 해결할 수 있으므로, 이를 FK[Forward Kinematics](순운동학)라 부르며 부모에서 자식 방향으로 문제를 해결할 수 있다.

IK

IK[Inverse Kinematics](역운동학)는 FK와 달리 자식의 회전을 먼저 계산해 모션과 관련된 문제를 해결한다. 어깨의 예제를 다시 살펴보자. IK 솔루션을 사용하는 경우, 사용자가 엔드 이펙터인 손(계층구조에서 자식)의 위치를 조정하면 어깨의 회전이 결정된다. FK와 완전히 반대되는 방식이며 모션 문제를 자식에서부터 부모 방향으로 풀어나간다.

그림 4.5를 보면, 단순히 손을 원하는 위치로 움직였을 뿐인데 자연스럽게 조인트 01과 조인트 02 역시 회전하게 된다.

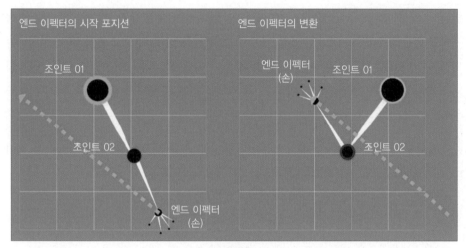

그림 4.5 IK

본질적으로 IK는 FK보다 다이내믹하며 다양한 문제를 풀어내는 데 더 적합하다. IK를 적용하면 캐릭터의 손을 마치 실제 사람의 손처럼 움직일 수 있으며, 연관돼 있는 다른 본들도 자연스럽게 함께 움직이게 된다.

NOTE

> IK 솔루션과 FK 솔루션 간의 전환은 애니메이션 작업에서 흔하게 발생한다. 대부분의 작업이 IK로 수행되며 워크플로의 일부를 자동화할 수도 있다. 반면 FK는 미묘한 변경이나 미세한 조정이 필요할 때 수행한다.

메타휴먼으로 작업을 진행할 때, 특히 모션 캡처 데이터를 활용할 때 IK와 FK를 완전히 이해할 필요는 없다. 하지만 이런 용어를 이해하고 있다면 작업을 원활하게 진행하는 데 도움이 될 것이다.

다음 섹션에서는 IK 릭을 만드는 방법을 알아본다.

⠿ IK 릭 생성하기

메타휴먼이 이미 IK 릭을 갖고 있는데, 왜 IK 릭을 만들어야 하는지 의문을 가질 수 있다. 하나의 캐릭터(소스)를 위해 디자인된 애니메이션을 리타기팅하고 이를 메타휴먼 캐릭터(타깃)에 최종적으로 반영하는 것이 목적이므로, 릭이 명명 규칙^{naming convention}을 잘 준수하고 있는지 확인해야 한다. 예를 들어 소스의 왼쪽 팔이 타깃의 왼쪽 팔과 일치하는지 확인한다고 가정해보자. 어떤 릭은 어깨^{shoulder}라는 말 대신 쇄골^{clavicle}이라는 단어를 사용할 수 있다. 이런 경우처럼 양쪽 릭에 동일한 명명 규칙이 적용되고 있는지 살펴봐야 한다.

소스에서 타깃으로 정보를 효과적으로 전달할 수 있도록 새로운 IK 릭을 만들어볼 것이다. 이 과정은 IK 체인을 통해 구체적으로 확인할 수 있다.

이제 소스의 IK 릭을 만들어보자.

1. 앞 장의 내용을 기억하고 있다면, **삼인칭** 옵션을 활용해 캐릭터를 가져온 것을 알고 있을 것이다. ThirdPerson 폴더 아래의 Blueprints 폴더를 연 다음, 폴더 내부 임의의 위치에서 우 클릭하고 **애니메이션**을 클릭한다.

2. **애니메이션**의 하위 옵션들이 출력될 것이다. 그림 4.6에서 보듯이, **IK 릭** 메뉴 하위에 위치한 **IK 릭**을 선택한다.

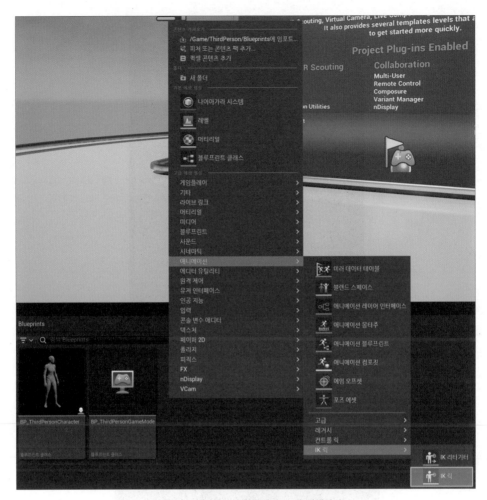

그림 4.6 애니메이션 항목에서 IK 릭 선택하기

3. **IK 릭**을 선택하면 **스켈레탈 메시 선택** 창이 나타난다. 이 창에서 소스 캐릭터와 관련된 스켈레톤을 선택해야 한다. 여기서는 그림 4.7과 같이 **SK_Mannequin**을 선택한다.

그림 4.7 소스 스켈레톤 메시 선택하기

지금까지의 과정을 잘 따라왔다면 그림 4.8과 같이 블루프린트 폴더 안에 IK 릭이 생성된 것을 확인할 수 있다. 새로 생성된 IK 릭을 SOURCE_Mannequin이라고 이름 붙인 것에 주의하자. 명확한 이름을 부여하는 것은 추후 검색을 더 쉽게 만드는 좋은 습관이다.

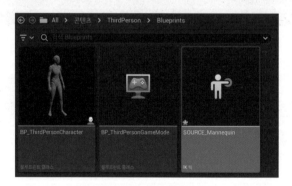

그림 4.8 소스 폴더에 생성된 IK 릭

소스 IK 릭이 생성됐으므로, 다음 단계는 타깃 IK 릭을 만드는 것이다.

4. 다시 메타휴먼 폴더로 돌아가 앞서와 동일한 과정을 수행해야 한다. Glenda 폴더 안에서 우 클릭한 다음, **애니메이션**을 선택하고 **IK 릭** 메뉴 하위의 **IK 릭**을 선택한다.

그림 4.9 타깃 IK 릭 만들기

5. 이제 타깃의 스켈레탈 메시를 선택해야 한다. 여기서는 f_med_nrw_body 메시를 선택한다. 이 메시는 중간 정도의 키에 중간 정도의 몸무게를 가진 여성 캐릭터인 글렌다에 대응하는 메시다. f는 여성female, med는 중간medium 정도의 키, nrw는 중

간 정도의 몸무게^{normalweight}를 의미한다. 적절한 메시를 선택해야 이후 발생 가능한 문제들을 사전에 방지할 수 있다.

> 다른 예로 남자이고 키가 작으며 몸무게가 적게 나가는 메시를 선택할 수도 있다. 이런 경우라면 아마 메시의 이름이 m_srt_unw_body가 될 것이다.

그림 4.10 타깃 IK 릭에 맞는 적절한 스켈레탈 메시 선택하기

이전과 마찬가지로 스켈레탈 메시를 선택하면 새로운 IK 릭이 캐릭터 폴더(예제의 경우는 글렌다) 안에 생성될 것이다. 그림 4.11과 같이 TARGET이라는 접두사를 써서 이름 붙인다.

그림 4.11 캐릭터 폴더 안에 타깃 릭이 생성된다.

이제 2개의 IK 릭을 동시에 열고 하나하나 작업을 수행해볼 것이다. 그림 4.12와 같이 소스와 타깃 2개의 IK 릭 윈도우를 병렬로 배치해 각각의 인터페이스가 최대한 가까이 붙도록 설정한다. 실수를 줄이고 작업한 내용을 즉시 확인할 수 있으므로 이 방법을 강력히 추천한다.

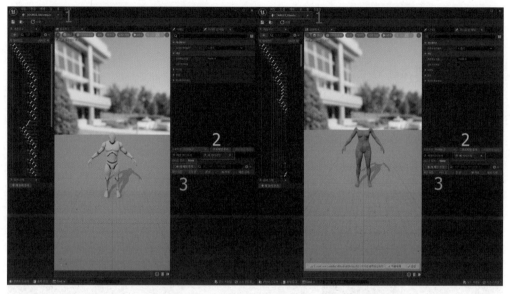

그림 4.12 소스와 타깃 릭 윈도우를 병렬로 배치한다.

화면을 분할하면 어떤 변경이 발생했을 때 소스와 타깃이 어떻게 반응하는지 시각적으로 쉽게 파악할 수 있다. 주의를 기울여야 하는 핵심적인 부분은 다음과 같다.

1. 화면의 왼쪽에 소스 IK 릭을 배치하고 타깃 IK 릭을 오른쪽에 배치한다. 이런 배치를 통해 시각적으로 쉽게 두 화면을 비교할 수 있다.

2. **IK 리타기팅** 탭을 활성화한다. 대부분의 편집 작업이 이 탭에서 수행되므로, 소스와 타깃 모두에 이 탭이 활성화돼야 한다.

3. **+새 체인 추가** 옵션을 통해 IK 체인을 추가하고 양쪽의 인터페이스에 적절한 레이블을 붙인다.

각 창의 왼쪽에 스켈레탈 계층구조가 표시되고 있지만 구조는 동일하지 않다. 예를 들어, 소스 IK 릭은 3개의 스파인spine을 갖고 있지만 타깃 IK 릭은 5개의 스파인을 갖고 있다.

양쪽 스켈레톤 모두 계층구조의 가장 윗부분에 루트 스켈레톤이 위치한다. 3D 캐릭터의 경우 일반적으로 계층구조의 최상단으로 루트를 많이 활용하지만, 골반Pelvis을 사용하는 경우도 많다. 언리얼과 메타휴먼에서는 골반을 계층구조의 최상단으로 활용하므로 약간의 편집이 필요하다.

이를 위해 다음과 같은 단계를 진행한다.

1. 그림 4.13과 같이 **pelvis**를 우 클릭한 다음, **리타깃 루트 설정**이라는 항목을 클릭한다. 이 옵션에 마우스 커서를 올리면 '리타기팅에 사용된 루트 본을 설정합니다. 보통 'Pelvis'입니다.'라는 메시지를 확인할 수 있다.

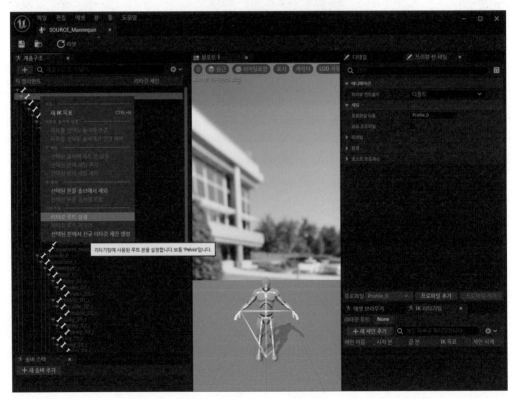

그림 4.13 소스 스켈레톤의 루트 설정하기

마우스 오버 메시지를 통해서도 통상적으로 골반이 루트로 사용된다는 것을 확인할 수 있다. 여기서도 **리타깃 루트 설정**을 클릭해 골반을 새로운 루트로 설정한다.

2. 다음으로 타깃에서도 동일한 작업을 수행한다. 예제에서는 TARGET_Glenda가 되겠다. 앞서 언급한 것처럼 골반을 루트로 설정해야 하므로, 그림 4.14와 같이 소스에서 했던 것과 동일한 작업을 진행한다.

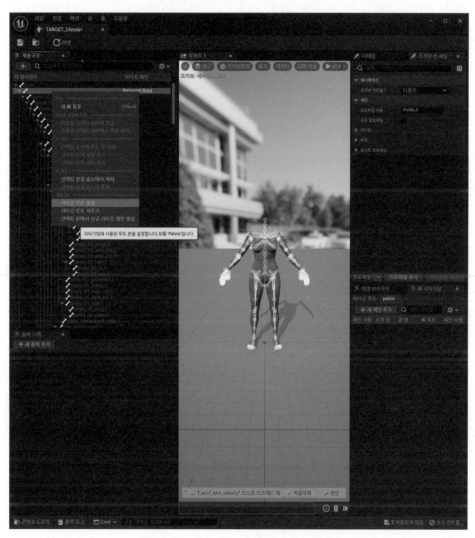

그림 4.14 타깃 IK 릭의 루트를 Pelvis로 설정하기

일부 캐릭터는 완전히 다른 본을 루트로 사용하기도 한다. 루트에 어떤 본이 설정됐는지에 따라 애니메이션 이슈가 발생할 수 있다.

지금까지는 소스와 타깃의 IK 릭 2개를 생성했고 그중 일부를 간단히 편집했다. 이제 소스와 타깃 캐릭터의 사지가 서로 잘 대응하는지 확인해야 한다. 이를 위해 가장 먼저 IK 체인을 살펴봐야 한다.

IK 체인 생성하기

자전거 체인처럼 체인에 포함돼 있는 링크는 그다음 링크와 어떤 관계를 가진다. 바디에 포함돼 있는 여러 본이 이런 체인의 링크처럼 동작한다고 보면 된다. 예를 들어 어깨부터 손까지 하나의 IK 체인을 형성한다.

모든 IK 릭은 다음과 같은 5개의 IK 체인을 통해 움직인다고 보면 된다.

- 척추에서 등뼈

- 왼쪽 어깨/쇄골에서 왼쪽 손

- 오른쪽 어깨/쇄골에서 오른쪽 손

- 왼쪽 허벅지에서 왼쪽 발

- 오른쪽 허벅지에서 오른쪽 발

여기서 작성한 순서대로 체인을 만들 것이며, 이 순서가 소스와 타깃 스켈레톤 모두에 적용된다.

다시 **IK 리타기팅** 탭을 살펴보자. 그림 4.15를 통해 5개의 IK 체인이 필요하므로 **+새 체인 추가** 버튼을 다섯 번 누른다.

152

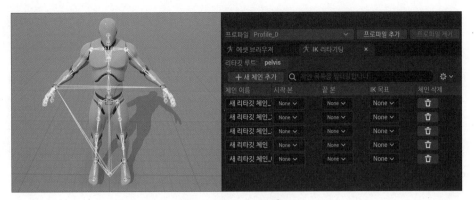

그림 4.15 소스의 IK 리타기팅 탭

기본적으로 **시작 본**과 **끝 본**은 **None**으로 설정돼 있다. **None**으로 표시돼 있는 부분을 클릭해 Spine을 입력한다. 해당 이름을 가진 선택 가능한 모든 본이 출력된다. 여기서는 Spine이라는 이름을 가진 3개의 스켈레톤을 확인할 수 있다. 그중에서 spine_01을 선택한다.

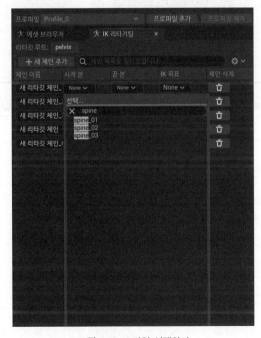

그림 4.16 스파인 선택하기

spine_01이 **시작 본**이 됐을 것이다. **끝 본**도 동일한 방식으로 선택하되 여기서는 **Head**를 선택한다.

IK 릭이 양쪽으로 배치돼 있고, 우리가 선택한 IK 릭이 파란색으로 변경되므로 손쉽게 시각적으로 확인할 수 있다. 체인을 선택하려면 필드의 아무 곳이나 선택하면 된다(통상적으로 **시작 본**과 **끝 본** 사이, 혹은 휴지통 아이콘 앞 등을 클릭한다). 그림 4.17은 각각의 에디터에서 **끝 본**의 옆 부분을 눌러 첫 번째 IK 체인을 선택한 상태를 보여준다. 이렇게 양쪽 뷰포트에서 해당 체인을 구별해 보여주는 것은 작업을 진행하는 데 시각적으로 많은 도움을 준다.

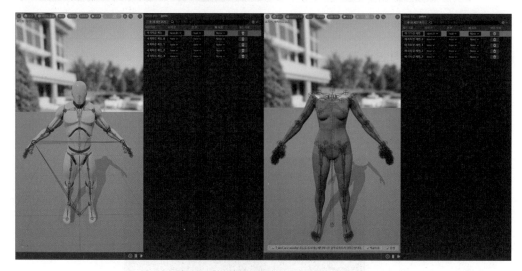

그림 4.17 첫 번째 IK 체인 시각화하기

스켈레톤은 약간 다르지만 양쪽이 모두 동일한 IK 솔루션을 갖게 됐다.

다시 이 섹션의 첫 부분으로 돌아가 두 번째 IK 체인을 만들어보자. 소스 IK 릭에서 **시작 본**으로 Clavicle Left를, **끝 본**으로 Hand Left를 설정한다. 그리고 나서 타깃 IK 릭에도 동일한 작업을 수행한다.

동일한 방식으로 나머지 3개의 IK 체인을 직접 만들 수 있다. 이 과정이 완료되면 그림 4.18과 같은 결과를 얻을 것이다. 그림에서도 확인할 수 있듯이, 마지막 IK 체인은 오른쪽 다리를 위한 것이다. 양쪽 릭의 **시작 본**으로 thigh_r을, **끝 본**으로 foot_r을 설정한 것이다. 양쪽 뷰포트에서도 캐릭터의 오른쪽 다리와 연관된 체인 부분이 하이라이트된 것을 확인할 수 있다.

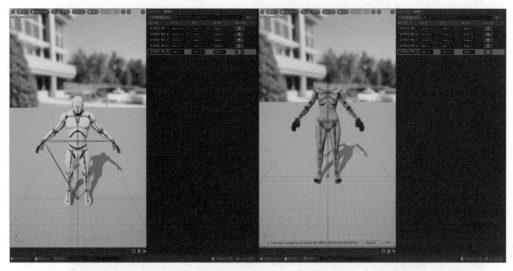

그림 4.18 소스와 타깃 릭을 병렬로 배치해 IK 체인을 시각적으로 확인할 수 있다.

애니메이션이 정확하게 변환되기 위해서는 소스와 타깃 릭이 정밀하게 매칭되는 것이 중요하다. 다음 섹션에서는 IK 리타기터에 대해 알아본다.

⁝❯ IK 리타기터 생성하기

이제 앞서 만든 2개의 IK 릭이 서로 대화할 수 있는 툴을 만들어야 한다. IK 리타기터[IK Retargeter]는 한 캐릭터의 IK 체인에서 다른 캐릭터로 애니메이션을 변환하는 작업을 수행한다. 예제에서는 다시 Glenda 폴더로 돌아가 리타기터를 생성해볼 것이다. 다음과 같은 단계를 따른다.

1. IK 릭을 생성했을 때와 마찬가지로 캐릭터 폴더(예제에서는 Glenda) 안의 임의의 장소를 우 클릭한 다음, **애니메이션**을 선택하고 **IK 릭** 메뉴 아래의 **IK 리타기터**를 선택한다. 그림 4.19를 참조하자.

그림 4.19 IK 리타기터 생성하기

2. IK 리타기터를 만드는 과정에서는 어떤 IK 릭에서 애니메이션을 복사해올지 선택
해야 한다. 앞서 만들어놓은 **SOURCE_Mannequin**을 소스로 선택한다. 그림 4.20
을 통해 이 과정을 확인할 수 있다.

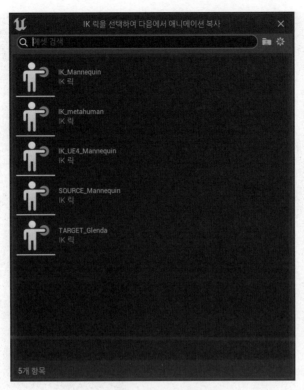

그림 4.20 소스 IK 릭 선택하기

3. 새로 생성한 리타기터를 더블 클릭해 열어보자. 그림 4.21에서 붉은색으로 하이라이팅된 것과 같이 **타깃 IK 릭 에셋**이 노출되는 것을 확인할 수 있다(녹색으로 하이라이팅된 부분도 바로 알아본다).

그림 4.21 IK 리타기터 대화 상자

드롭다운 리스트를 클릭해 선택 가능한 IK 릭을 살펴보자. 목록에서 **TARGET_ Glenda**를 찾아 타깃 IK 릭으로 설정한다.

그림 4.22 IK 리타기터 안에서 타깃 IK 릭 선택하기

타깃 IK 릭 에셋을 선택하면 메타휴먼 메시가 마네킹에 겹쳐서 보인다. **타깃 프리뷰 메시**가 자동으로 설정되는데, 이 부분은 그림 4.21의 녹색으로 하이라이팅된 부분에서 확인할 수 있다.

4. 그림 4.23과 같이 IK 리타기터가 뷰포트를 통해 마네킹 캐릭터와 메타휴먼 캐릭터를 동시에 보여준다. 화면의 오른쪽 하단이 **체인 매핑**과 **에셋 브라우저** 탭으로 구성돼 있는 것에 유의하자. **체인 매핑** 탭이 선택돼 있는 것을 확인한 다음, **자동 맵 체인**을 클릭한다.

그림 4.23 IK 리타기터에서 체인 매핑과 자동 맵 체인 옵션 선택하기

5. 이제 **에셋 브라우저** 탭을 선택해 활용할 수 있는 애니메이션을 확인해보자. 예제에
서는 Jog_Fwd 애니메이션만 선택 가능하다(캐릭터에 따라 더 많을 수 있다). 이 옵션을 더블
클릭하면 뷰포트에서 메타휴먼에 적용된 애니메이션을 확인할 수 있다.[2]

---

2   애니메이션을 좀 더 쉽게 확인할 수 있도록 뷰포트의 **캐릭터** 옵션에서 **본 그리기 > 없음**을 선택했다. – 옮긴이

그림 4.24 IK 리타기터에서 체인 매핑과 자동 맵 체인 옵션 선택하기

6. 이제 해당 애니메이션을 익스포트하고 메타휴먼에 리타기팅할 준비가 끝났다. 여러 개의 애니메이션도 익스포트할 수 있다. 익스포트하려는 애니메이션을 클릭한 다음, **선택된 애니메이션 익스포트** 옵션을 클릭한다. 그럼 어떤 경로로 익스포트할 것인지 묻는 대화 상자가 나타날 것이다. 그림 4.25와 같이 리타기팅된 애니메이

션을 적용할 메타휴먼 폴더를 선택한다. 예제의 경우는 Glenda 폴더를 선택한다.

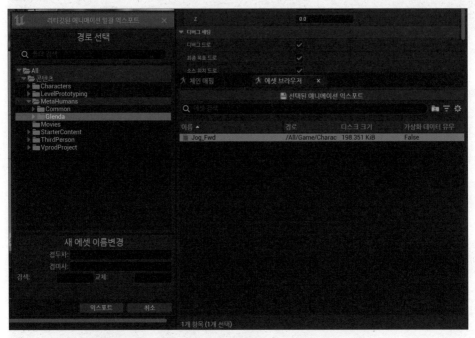

그림 4.25 리타기팅된 애니메이션을 저장할 디렉터리를 선택한다.

NOTE

폴더를 선택하고 **익스포트**를 누르면 IK 리타기터가 애니메이션 이름을 사용한 새로운 파일을 생성한다.
예제의 경우는 Jog_Fwd 파일을 생성한다. 경로를 선택하는 과정에서 새 에셋 이름에 접두사와 접미사
를 추가해 원본 애니메이션과 구분할 수 있다. 언리얼 4.x 버전에서는 이런 경우 Retargeted라는 접미
사가 자동으로 생성됐다.

앞서 메타휴먼 애니메이션을 잠깐 살펴봤지만, 지금까지는 IK 리타기터의 뷰포트
에서만 확인이 가능했다. 씬에서 애니메이션을 확인하려면 캐릭터 블루프린트를
열어야 한다(예제의 경우는 BP_Glenda).

7. 블루프린트를 열고 난 후 **컴포넌트** 항목에서 **Body**를 선택하고 **디테일** 패널에서 **애
니메이션** 섹션을 클릭한다. **애니메이션 모드**가 **Use Animation Asset**으로 변경돼 있
는지 확인하고 아래 **플레이할 애님** 항목에서 드롭다운 메뉴를 연다.

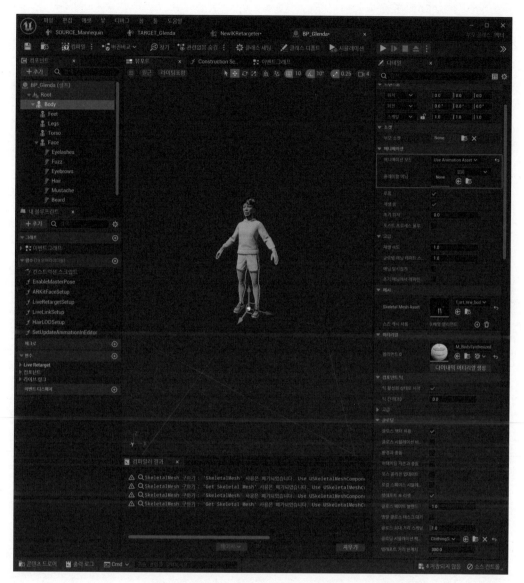

그림 4.26 캐릭터 블루프린트에 리타기팅된 애니메이션 적용하기

8. 그림 4.24와 비슷하게 이름을 입력해 애니메이션을 검색할 수 있다. 그림 4.27과 같이 Jog를 검색해 원하는 애니메이션을 선택한다.

그림 4.27 탐색 기능을 사용해 리타기팅된 애니메이션을 찾는다.

9. 모든 작업이 완료됐다면 메타휴먼 폴더의 BP_Glenda 파일을 언리얼 엔진의 메인 뷰포트로 드래그 앤 드롭해보자. 그다음에는 **플레이** 버튼을 눌러 뷰포트에서 애니메이션이 어떻게 동작하는지 살펴보자.

그림 4.28 뷰포트에서 플레이 버튼을 눌러 캐릭터 애니메이션을 확인해보자.

지금까지 소스 IK 릭과 타깃 IK 릭이 연동될 수 있도록 IK 리타기터를 만드는 작업을 살펴봤다. 지금까지는 하나의 애니메이션에만 집중해 작업을 진행했는데, 애니메이션을 더 추가해야 한다면 어떤 것을 해야 하는지 살펴보자.

⁛ 애니메이션 데이터 임포트하기

애니메이션을 추가하기 위해 언리얼 엔진 마켓플레이스를 방문해 애니메이션 스타터 팩^{Animation Starter Pack}을 검색해보자. 애니메이션 스타터 팩은 언리얼 엔진에서 동작하는 무료 애니메이션 팩으로, 프로젝트가 열려 있는 상태라면 바로 추가할 수 있다.

IK 리타기터를 활용하지 않고 애니메이션 스타터 팩을 사용해 애니메이션 리타기팅을 얼마나 쉽게 할 수 있는지 살펴보자.

1. 프로젝트가 열린 상태에서 에픽게임즈의 **마켓플레이스**를 방문하자.

2. **콘텐츠 검색** 창에서 Animation 혹은 Animation Starter Pack을 입력한 다음, **필터**에서 **무료**를 선택하면 바로 애니메이션 스타터 팩을 찾을 수 있다. 이를 클릭하면 그림 4.29와 같은 이미지가 나타난다.

그림 4.29 애니메이션 스타터 팩

3. **무료** 버튼을 클릭하면 **프로젝트에 추가** 버튼이 나올 것이다. 이를 클릭해서 프로젝트에 바로 팩을 추가해보자. 이 작업이 완료되면 프로젝트 콘텐츠 폴더에 Anim StarterPack 폴더가 생성될 것이다.[3]

4. 원하는 애니메이션 파일을 검색해 우 클릭하면 그림 4.30과 같은 메뉴를 확인할 수 있을 것이다. **애니메이션 에셋 리타깃**을 선택한 다음, **애니메이션 에셋 복제 및 리타 깃** 옵션을 선택한다.

---

3   2023년 5월 29일 기준으로 애니메이션 스타터 팩은 언리얼 엔진 5.0 버전까지만 지원한다. 5.1 버전 이상은 5.0 버전 을 선택해 설치할 수 있다. - 옮긴이

그림 4.30 리타깃 애니메이션 에셋을 우 클릭한다.

선택이 완료되면 그림 4.31과 같은 대화 상자가 출력될 것이다.

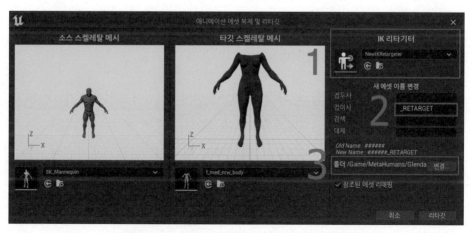

그림 4.31 애니메이션 에셋 복제 및 리타깃 옵션 대화 상자

여기서 세 가지 사항을 유의해야 한다.

- **IK 리타기터** 항목에서 **NewIKRetargeter**를 선택한다. IK 리타기터를 정확하게 선택했다면 양쪽의 뷰포트가 즉시 업데이트될 것이다. 예제의 경우 왼쪽의 소스 스켈레탈 메시에는 **SK_Mannequin**이 선택되고 오른쪽 타깃 스켈레탈 메시에는 **f_med_nrw_body**가 선택된다.
- **접미사** 옵션을 _RETARGET으로 설정했다. 이후에도 이런 접미사를 활용해 에셋을 쉽게 찾아낼 수 있을 것이다.
- 새로운 에셋을 저장할 디렉터리를 선택하고 **리타깃**을 클릭한다.

> **NOTE**
>
> 아주 간단한 미리 보기 형식이지만 그림 4.31의 뷰포트 아래 드롭다운 메뉴에서 소스와 타깃 스켈레톤과 관련된 메시를 미리 확인할 수 있다.

이제 IK 리타기터를 사용하지 않고도 캐릭터에 새로운 애니메이션을 추가할 수 있게 됐다.[4]

☰ 요약

4장에서는 IK와 FK의 개념을 간단히 소개하고 IK 릭과 IK 리타기터 툴을 자세히 살펴봤다.

IK 체인의 원리도 다뤘다. 소스와 타깃 IK 체인을 하이라이팅하는 시각적 기능과 IK 리타기터가 사용할 수 있는 효과적이고 정확한 IK 체인을 만드는 절차도 알아봤다.

또한 애니메이션을 효과적으로 리타기팅하는 방법, IK 리타기터를 사용해 씬에 이를 적

---

4   새로 추가한 애니메이션을 뷰포트에서 확인하려면, 메타휴먼의 **Body**를 선택한 상태에서 **플레이할 애님**의 드롭다운 메뉴에서 새로 추가한 애니메이션을 선택해줘야 한다. – 옮긴이

용하는 방법, 여기에 더해 애니메이션 에셋을 리타기팅하는 추가적인 방법도 살펴봤다.

다음 장에서는 믹사모를 사용해 다양한 바디 애니메이션을 활용하고 이를 메타휴먼에 적용하는 방법을 알아본다. 아울러 IK 리타기터를 사용해 애니메이션을 한 번에 리타기팅하는 방법도 다룬다.

05

믹사모로 애니메이션 리타기팅하기

4장에서는 애니메이션 리타기팅이라는 개념과 함께 IK 릭, IK 체인, IK 리타기터에 대해 알아봤다.

이번 장에서는 서드 파티 앱인 믹사모^{Mixamo}를 사용해 애니메이션을 만드는 방법을 살펴본다. 믹사모는 간단히 말해 웹 브라우저로 확인할 수 있는 모션 캡처 파일들로 구성된 라이브러리라고 할 수 있다. 동일한 애니메이션을 반복해 사용하면 결국 산출물의 품질이 떨어질 수밖에 없으므로, 다양한 애니메이션을 제작해 높은 품질의 산출물을 얻으려면 믹사모와 같은 외부 리소스를 활용하는 법을 잘 알고 있어야 한다. 이 장에서는 우선 믹사모를 사용해 바디 모션을 활용하는 법을 자세히 다룬다.

이 장에서는 다음 항목들을 살펴본다.

- 믹사모 알아보기

- 메타휴먼을 믹사모에 업로드하기

- 믹사모에서 캐릭터 조정하기

- 믹사모에서 애니메이션 탐색하기

- 믹사모 애니메이션 다운로드하기

- 믹사모 애니메이션을 언리얼로 임포트하기

기술적인 요구 사항

이 장을 진행하려면 1장에서 제시한 기술적인 요구 사항과 2장에서 언리얼 엔진으로 임포트한 메타휴먼 캐릭터가 필요하다. 이 둘 모두 언리얼 엔진에서 동일한 프로젝트 안에 존재해야 하며, 이 장을 진행하려면 언리얼 엔진 역시 구동된 상태여야 한다.

메타휴먼 메시를 업로드하고 다양한 애니메이션 에셋을 다운로드하기 위한 안정적인 인터넷 접속 환경도 필요하다. 서드 파티 소스에서 가져온 모션 캡처를 리타기팅하는 작업을 수행하는 동안 4장에서 작업했던 내용들을 여러 번 반복하게 될 것이다.

믹사모 알아보기

언리얼에서 메타휴먼을 활용하려는 아티스트들은 믹사모를 사용해 필요한 바디 애니메이션을 구현할 수 있다. 믹사모는 수많은 모션 캡처 전문가들이 수년에 걸쳐 작업한 다양한 모션 캡처^{motion capture(모캡mocap)} 파일들이 저장돼 있는 온라인 라이브러리이며, 모캡 파일뿐만 아니라 사전 제작된 다양한 캐릭터도 함께 저장돼 있다. 또한 믹사모 릭^{Mixamo Rig}과 스킨 웨이트^{Skin Weights}가 자동으로 적용되는 프로세스를 통해 캐릭터를 직접 제작하고 업로드할 수도 있다. 이 자동화된 프로세스 덕분에 마야나 3D 맥스 같은 프로그램에서 필요한 복잡한 작업을 수행하지 않아도 되는 장점이 있다. 하지만 이 작업들은 이 책에서 다루지 않을 것이다.

믹사모가 제공하는 애니메이션을 사용하면 온라인 세션 중에 다양한 문제를 해결할 수 있고 모캡 애니메이션을 더욱 정교하게 다듬을 수 있어 언리얼에서 수행해야 하는 작업의 수고를 덜어준다. 이미 MHC에서 온라인 캐릭터를 만들어본 경험이 있으므로, 믹사모를 활용해 캐릭터 애니메이션을 추가하는 작업을 좀 더 쉽고 빠르게 수행할 수 있을 것이다.

우선 가장 먼저 해야 할 일은 웹 사이트(www.mixamo.com)를 방문하는 것이다. 그림 5.1과 같은 랜딩 페이지를 확인할 수 있다.

그림 5.1 믹사모 홈 화면

믹사모 홈 화면의 왼쪽 상단에는 어도비^{Adobe} 로고가 있다. 포토샵과 애프터 이펙트^{After Effects}를 만든 어도비가 믹사모를 인수했지만 캐릭터 디자이너와 애니메이터들이 여전히 유용하게 사용하는 툴이라 운영 상태를 유지하고 있다.

오른쪽 상단을 보면 이미 로그인돼 있는 상태라는 것을 알 수 있다. 로그인을 위해 우선 믹사모 계정을 만들어야 하며, 어도비 계정을 이미 보유하고 있다면 해당 계정을 그대로 사용할 수 있다. 그렇지 않다면, 직접 이메일과 비밀번호를 입력하거나 구글, 페이스북, 애플 계정을 연동해 새로운 계정을 만들 수 있다.

로그인이 완료되면 다음과 같은 믹사모 인터페이스가 나타난다.

그림 5.2 믹사모 인터페이스

그림 5.2에서도 확인할 수 있듯이 믹사모의 주요 인터페이스는 **캐릭터**와 **애니메이션**이라는 2개의 탭으로 구성된다. 이 탭에는 각각 썸네일과 에셋이 표시되며, 이들은 뷰포트를 통해 사전에 확인할 수 있다. 이 책에서는 애니메이션과 관련된 부분만 다룰 것이므로 **애니메이션** 탭을 선택한다(어떤 탭을 선택하더라도 캐릭터 업로드는 가능하다).

애니메이션 탭을 선택하면 왼쪽 화면에 표시되는 썸네일들이 캐릭터가 아닌 애니메이션으로 교체되는 것을 확인할 수 있다. 이 부분을 제외하고는 이전과 인터페이스가 거의 동일하다. 대부분의 경우 썸네일 캐릭터들은 믹사모 마네킹 스타일로 표시될 것이다.

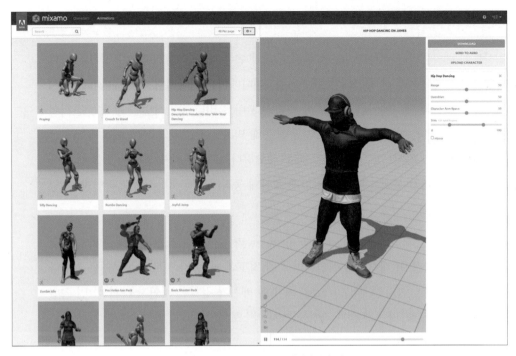

그림 5.3 믹사모 애니메이션 탭

그림 5.3의 화면 오른쪽을 구성하고 있는 뷰포트의 상단을 보면 HIP HOP DANCING ON JAMES라는 이름을 확인할 수 있다. 여기서 HIP HOP DANCING은 선택한 썸네일 애니메이션의 이름이며 JAMES는 뷰포트에서 출력되고 있는 캐릭터의 이름이다.

그림 5.3에서 하이라이팅된 톱니바퀴 아이콘을 클릭하면, 썸네일 이미지를 동적인 이미지로 출력할지 혹은 정적인 이미지로 출력할지 선택하는 옵션을 확인할 수 있다(이 옵션을 선택할 때 고려해야 할 첫 번째 요소는 인터넷 접속 환경이다. 가급적이면 **Animated Thumbnails**를 선택하는 것이 좋다).

믹사모에서 필요한 애니메이션을 다운로드하기 전에 좀 더 원활하게 작업을 수행하려면 우선 우리가 만들었던 메타휴먼 캐릭터를 업로드해야 한다. 다시 메타휴먼을 준비해보자.

✳️ 메타휴먼을 믹사모에 업로드하기

믹사모에 메타휴먼을 업로드하려면 우선 우리가 만든 메타휴먼 캐릭터가 정확한 바디 타입을 갖고 있는지부터 확인해야 한다. 4장, '애니메이션 리타기팅'에서 메타휴먼 메시 프리뷰를 활용해 애니메이션 에셋에서 캐릭터로 바로 리타기팅 작업을 수행했던 사실을 기억할 것이다. 이번에도 메시 프리뷰를 통해 믹사모에 각각의 본이 어떻게 영향을 미치는지 확인할 것이므로, 이 과정은 매우 중요하다. 또한 우리가 선택한 모션 캡처 애니메이션이 우리가 선택한 메시와 어떻게 조합돼 동작하는지 시각적으로 확인할 수 있다는 장점도 있다.

앞서 우리가 만든 캐릭터는 f_med_nrw_preview라는 이름의 스켈레탈 메시 파일을 갖고 있다. 이 이름은 이 캐릭터가 여성이며 중간 정도의 키, 중간 정도의 몸무게를 가졌다는 것을 의미한다. 언리얼에서 익스포트해야 할 메시가 정확한 것인지 다시 한 번 확인할 필요가 있으므로, 다음과 같은 과정을 거쳐 익스포트할 메타휴먼을 준비한다.

1. 우선 정확한 메시를 찾아야 한다. 우선 해당하는 캐릭터 폴더를 찾고 그 안에 Body 폴더가 존재하는지 확인한다. 예제의 경우는 MetaHumans 폴더 아래 **Glenda ➤ Female ➤ Short ➤ NormalWeight ➤ Body** 폴더가 된다.

2. Body 폴더 안의 스켈레탈 메시를 씬으로 드래그한다. 캐릭터가 정확하게 표시되지 않을 수도 있다. 메타휴먼은 다음의 메시들로 구성돼 있으므로 일부분만 표시되는 경우가 일반적이다.

   - 헤드 메시

   - 의복 메시

   - 풀 누드 바디 메시

3. 이 과정이 매우 중요하다. 씬에서 캐릭터를 선택한 다음 **디테일** 패널에서 **메시** 항목을 찾는다. **Skeletal Mesh Asset** 항목의 드롭다운 메뉴에서 어떤 메시를 표시할지 선택할 수 있다.

그림 5.4 탐색 창을 통해 프리뷰 메시 찾기

탐색 창에서 preview를 입력하면 사용 가능한 preview 메시를 확인할 수 있다. 앞서도 언급했듯이 이 과정이 매우 중요한데, 여기서 믹사모에서 사용할 정확한 메시를 선택해야 하기 때문이다. 믹사모는 얼굴과 관련된 애니메이션은 제공하지 않는 대신 바디와 관련된 애니메이션만 제공한다. 예제에서는 f_srt_nrw_body_preivew를 선택한다.

메시를 선택하면 뷰포트의 캐릭터가 머리가 없는 누드 바디로 변경되는 것을 확인할 수 있다. 앞서도 언급했듯이 믹사모는 바디 애니메이션만을 제공하므로 비록 머리는 없지만 믹사모에서 필요한 모든 것이 선택된 것이다.

4. 메시를 익스포트하기 전에 메시가 씬의 원점에 위치해 있는지, 즉 씬의 가장 중앙에 위치하고 있는지 확인해야 한다. 일반적으로 **콘텐츠 브라우저**에서 메시를 드래그 앤 드롭할 때는 마우스 커서의 위치에 따라 그 위치가 정해지므로 그 위치를 정확하게 알 수 없는 경우가 대부분이다. 캐릭터의 위치를 빠르게 수정해보자.

   디테일 패널의 최상단에 위치하고 있는 **트랜스폼** 섹션을 선택한다. 그다음에는 **위치** 항목에서 x, y, z 축 값을 0.0으로 설정한다. 그럼 캐릭터가 씬의 정중앙에 위치하게 되고, 익스포트할 준비가 마무리된다.

그림 5.5 트랜스폼 섹션에서 위치 값을 원점으로 설정하기

5. 메시를 익스포트하기 전에 씬에서 메시가 정상적으로 보이는지 다시 한 번 확인하자. 그런 다음, 최상단 메뉴에서 **파일**을 선택하고 **선택 익스포트**를 클릭한다.

그림 5.6 선택 익스포트 선택하기

프리뷰 메시를 FBX 파일로 익스포트하므로 씬에서 프리뷰 메시를 갖고 있어야 한다. 콘텐츠 패널에서
바로 에셋을 익스포트할 수는 없다.

6. 그다음, 익스포트한 파일의 이름과 경로를 선택한다. 파일 형식이 FBX로 돼 있는
   것을 확인하고 적절한 이름을 고른다(예제에서는 GlendaToMixamo를 입력했다).

7. 이어서 출력되는 옵션 창에서 제일 아래쪽에 위치한 **스켈레탈 모션을 루트에 매핑** 옵
   션이 선택되지 않은 것을 확인한다. 그림 5.7과 같이 모든 옵션을 디폴트로 설정하
   고 **익스포트**를 클릭한다.

그림 5.7 '스켈레탈 모션을 루트에 매핑' 옵션 선택하지 않기

이제 우리가 만든 캐릭터를 믹사모에 업로드하고 애니메이션을 적용할 준비가 끝났다.

8. 믹사모에서 **캐릭터** 혹은 **애니메이션** 탭을 선택하는 것과 상관없이, **UPLOAD CHARACTER** 버튼을 눌러 언제든지 캐릭터를 업로드할 수 있다. 버튼을 누르면 다음과 같은 화면이 나타난다.

그림 5.8 메타휴먼 프리뷰 메시를 믹사모에 업로드하기

9. 메시를 네모난 점선 안으로 드래그 앤 드롭하거나, **Select character file**을 선택해 직접 찾을 수도 있다. 파일을 업로드하는 과정에서 다소 시간이 걸릴 수도 있는데, 이런 경우 다음과 같은 화면이 나타난다.

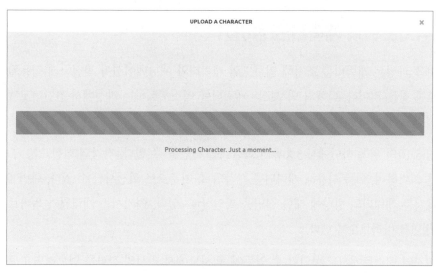

그림 5.9 믹사모에서 메시 처리하기

믹사모에서 메시를 처리하는 과정이 완료되면 그림 5.10과 같은 화면을 볼 수 있다.

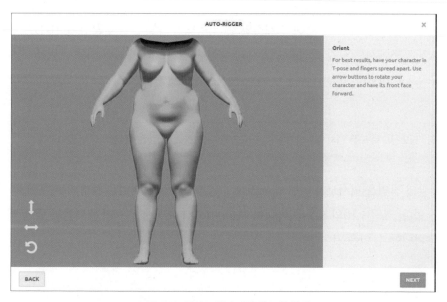

그림 5.10 믹사모 처리 과정 완료 후 화면

이제 우리 캐릭터의 메시가 믹사모에 잘 임포트된 것까지 확인했으므로 여기에 애니메이션을 구현하면 된다. 하지만 그에 앞서 몇 가지 조정하고 설정할 것이 더 있다.

⠿ 믹사모에서 캐릭터 조정하기

그다음 과정은 캐릭터를 조정해 믹사모의 캐릭터와 애니메이션이 적절하게 적용될 포인트를 찾는 것이다. 다행히 믹사모는 캐릭터를 익스포트하는 과정에서 간단하고 효율적인 툴을 제공해 이를 가능케 한다.

그림 5.10의 왼쪽 하단에서 3종류의 화살표를 확인할 수 있다. 각각의 화살표는 x, y, z 축을 의미하며, 이를 사용해 캐릭터를 각각의 축 기준으로 회전시킬 수 있다. 화면 오른쪽에서는 캐릭터의 방향에 대한 설명을 확인할 수 있다. 여기서는 캐릭터가 똑바로 서서 정면을 바라보도록 했다.

이미지의 텍스트에서도 확인할 수 있듯이, 믹사모에서 최선의 결과를 얻으려면 T-포즈를 취하는 캐릭터가 필요하다. T-포즈는 말 그대로 캐릭터가 몸통을 기준으로 양팔을 90도가 되도록 벌려 알파벳 T자 모양을 취하는 것이다. 예제와 같은 경우, 즉 메타휴먼이 기본적으로 제공하는 포즈는 A-포즈라고 한다. 이 포즈는 팔을 90도 각도로 벌리는 것이 아니라 45도 각도로 벌려 전체적인 몸의 형태가 알파벳 A자 모양이 된다. 믹사모는 A자 포즈에서도 보간 작업을 원활하게 수행해 믹사모의 캐릭터 릭을 프리뷰 메시에 성공적으로 정렬시킨다.

NOTE

> 6장, '딥모션으로 모션 캡처 추가하기'에서 A-포즈를 T-포즈로 수정하는 작업에 대해 알아본다.

대부분의 작업을 믹사모가 알아서 처리할 수 있지만, 일부 작업은 사람의 손을 빌릴 수밖에 없다. 그림 5.10의 오른쪽 아래에 보이는 **NEXT** 버튼을 클릭하면 다음과 같은 페이지를 확인할 수 있을 것이다.

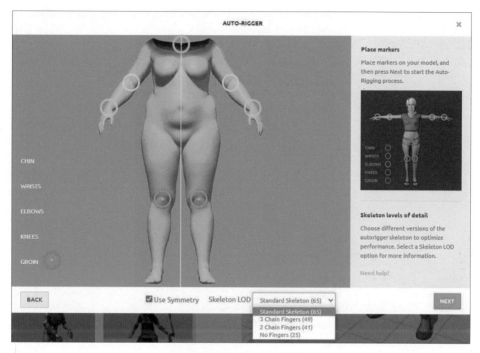

그림 5.11 오토 리거 마커 배치하기

이 툴은 믹사모의 캐릭터 릭과 메타휴먼 프리뷰 메시의 비율을 조정하는 캘리브레이션 calibration 기능을 수행한다. 화면 왼쪽에서 마커를 드래그해 옮기면 간단히 세밀한 조정을 할 수 있고, **Use Symmetry** 옵션을 활성화하면 훨씬 더 빠르고 정확하게 이 작업을 수행할 수 있다. **Skeleton LOD** 옵션을 기본 설정인 **Standard Skeleton(65)**로 설정하면 손가락 관절에 눈에 띄는 차이를 만들어낼 수 있다.

마커를 적절한 곳에 배치했다면 이제 **NEXT**를 눌러 다음 과정을 진행하자. 이 과정은 몇 분 정도 걸릴 수 있으며, 그동안 캐릭터가 회전하는 화면을 볼 수 있을 것이다.

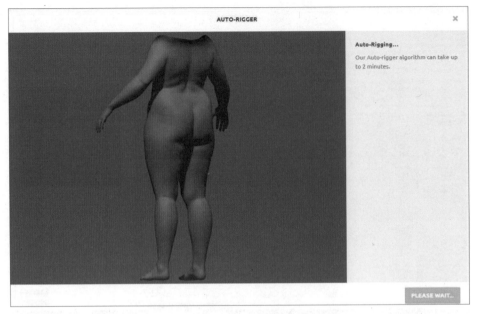

그림 5.12 오토 리깅 처리하기

이 과정 동안 백그라운드에서는 다음과 같은 일들이 발생한다.

- **캐릭터 프리뷰 메시의 비율에 맞는 믹사모 캐릭터 생성**: 이 장의 뒷부분에서 믹사모 캐릭터 릭을 사용할 것이다. 믹사모 캐릭터 릭은 언리얼 마네킹의 릭과 약간 다르긴 하지만 거의 유사하다는 장점이 있다. 앞 장에서 살펴본 IK 리타기팅과 같이 믹사모 릭과 메타휴먼 릭의 차이에 대해서도 알아본다.

- **메시 비율에 맞게 정렬된 릭을 고려해 스킨 웨이트 조정하기**: 이 책의 나머지 부분을 진행하면서도 스킨 웨이트[1]에 대해 자세히 알 필요는 없다. 믹사모가 이를 자동으로 처리해주기 때문이다. 수동으로 캐릭터 리깅 작업을 해본 사람이라면 스킨 웨이트를 부여하는 작업이 얼마나 고통스러운지 잘 알 것이다.

---

1 뼈(본)가 움직일 때 피부에 얼마나 영향을 주는지를 결정하는 값을 의미한다. 예를 들어 팔 관절이 움직일 때 상체의 다른 부분은 변화가 없지만 팔과 연결된 스킨은 변형이 많은 것처럼, 스켈레톤의 뼈와 관절의 움직임에 따라 어느 부분의 메시가 얼마나 변형되는지 결정하는 값이라고 보면 된다. - 옮긴이

이 작업들을 통해 메시가 본에 의해 받는 영향이 결정되는 것이다. 예를 들어, 발에 있는 본은 팔에 있는 메시에 대해 그 어떤 스킨 웨이트도 갖지 않을 것이다. 하지만 종아리를 덮는 메시에는 아주 작은 영향이라도 미칠 것이다.

오토 리깅 프로세스가 완료되면 그림 5.13과 같이 믹사모에서 제공하는 기본적인 애니메이션이 적용돼 움직인다.

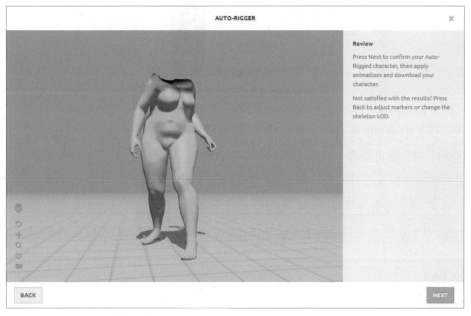

그림 5.13 오토 리깅이 완료된 모습

바디의 대부분이 녹색으로 표현되고 메시의 윗부분만 회색과 검은색으로 표현되는 것이 눈에 띈다. 이는 회색과 검은색으로 표현되는 메시의 영역이 다른 메시에 비해 믹사모 릭의 영향을 덜 받는다는 것을 의미한다. 메타휴먼 릭이 머리 부분에 영향을 미치고 믹사모를 통해 바디 애니메이션만 작업할 것이므로 개의치 않아도 된다.

리깅이 완료됐으니 **NEXT**를 눌러 다음 단계로 넘어가자. 이제 거대한 믹사모 모션 캡처 라이브러리의 애니메이션을 적용할 준비가 완료됐다.

믹사모에서 애니메이션 탐색하기

그림 5.14와 같이 믹사모 모션 캡처 라이브러리는 장르에 따라 구분된다.

그림 5.14 장르로 구분된 애니메이션

장르 구분도 유용하게 사용할 수 있지만 간단한 탐색 기능을 활용할 수도 있다. 아무 옵션이나 사용해 마카레나 댄스^{Macarena Dance} 애니메이션을 찾아보자. 이 애니메이션을 사용하는 이유는 플레이 시간이 상대적으로 긴 편이어서 캐릭터의 릭이 잘 동작하는지 확인할 때 매우 유용하기 때문이다. 선택한 애니메이션의 썸네일이 나타나면 이를 클릭해 보자. 이 단순한 스텝 하나로 썸네일의 애니메이션이 메타휴먼 메시에 바로 적용된다.

그림 5.15 손가락이 잘 동작하도록 작업이 완성된 릭

화면의 오른쪽에 있는 슬라이더를 사용해 애니메이션을 설정할 수 있다. 각각의 애니메이션마다 파라미터가 모두 다르다는 것에 유의하자. 예를 들어 마카레나 댄스의 경우 **Focus**가 첫 번째 파라미터이지만, 대부분의 다른 믹사모 애니메이션에는 이 파라미터를 사용하지 않는다.

Focus를 최소한으로 조정했을 때와 최대한으로 조정했을 때 그 차이를 크게 느끼기는 어렵다. 대부분의 경우 이 2개 모션 캡처 퍼포먼스의 중간 지점 어딘가를 사용한다. 이 경우 최솟값은 댄서가 춤에 집중하지 않는 경우, 즉 리듬과 타이밍에 맞지 않게 엉망으로 춤을 추는 것을 의미한다. 최댓값은 리듬에 맞춰 훌륭하게 춤을 추는 경우로 보면 된다. 각각의 모션 캡처 파일은 애니메이션의 특성에 따라 맞춤형 파라미터를 하나 이상 갖기도 한다.

거의 모든 애니메이션에서 다음과 같은 3개의 유용한 옵션을 찾아볼 수 있다.

- **Character Arm-Space**: 캐릭터의 팔과 몸통 사이의 거리를 결정한다. 믹사모의 뷰포트를 통해 메시의 퍼포먼스를 검토할 때 팔이 허리를 통과하는 것처럼 메시가

서로 겹치는 경우를 볼 수 있다. 이런 경우 이 공간을 넓혀서 문제를 수정할 수 있다. 마카레나 댄스의 경우, 모캡 세션 자체는 과체중인 글렌다보다 더 날씬한 체형의 캐릭터가 수행했을 가능성이 있으므로 메시의 교차가 발생할 가능성이 있다. 또한 모캡을 수행한 캐릭터가 비슷한 체형이라고 해도 무거운 옷이나 갑옷을 입게 되면 팔과 몸통 사이에 더 넓은 공간을 확보해야 할 필요가 있다. 이런 경우 이 옵션이 유용할 것이다.

- **Trim**: 애니메이션 클립을 얼마나 잘라낼지 결정할 때 사용한다. 기본 설정을 사용한다면 원본 애니메이션 중 일부만 편집 가능하다. 일반적으로 충분한 범위를 선택해 더 많은 프레임의 애니메이션을 확보하는 것이 좋다.

- **Overdrive**: 애니메이션의 재생 속도에 영향을 미친다. 오버드라이브overdrive는 단순히 더 빠르다는 것을 의미하므로, 더 빠른 속도로 애니메이션이 재생되길 원한다면 **Overdrive**의 슬라이드를 더 높게 설정한다.

설정이 완료됐다면 **DOWNLOAD**를 눌러 작업을 완료하자. 다음 섹션에서 더 많은 설정을 알아본다.

⠿ 믹사모 애니메이션 다운로드하기

앞 섹션의 마지막 부분에서 언급했듯이 **DOWNLOAD**를 누르면 그림 5.16과 같은 대화 상자가 출력될 것이다.

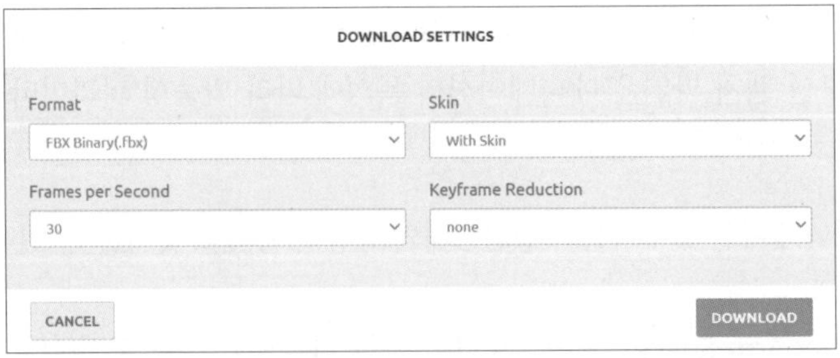

그림 5.16 다운로드 설정

각각의 옵션을 살펴보자.

- **Format**: FBX는 언리얼 엔진에서 캐릭터를 익스포트할 때 사용한 것과 동일한 포맷이다. 언리얼 믹사모 파이프라인에서는 이 포맷을 사용하는 것을 강력히 추천한다. **Format** 드롭다운 목록에서 다른 포맷들도 확인할 수 있으며, 목록의 대부분은 다양한 버전의 FBX 포맷으로 구성된다. DAE도 활용할 수 있지만, 이 포맷은 언리얼과 호환되지 않는다.

- **Skin**: 기본 설정은 **With Skin**으로 돼 있다. 이 옵션은 파일을 다운로드할 때 FBX 파일 포맷 안에 믹사모 릭과 애니메이션뿐만 아니라 오리지널 메시도 포함된다는 것을 의미한다. 캐릭터에 다양한 애니메이션을 구현하고자 한다면, 첫 번째 애니메이션을 다운로드할 때만 이 옵션을 선택하면 된다. **Without Skin** 옵션을 선택하면 애니메이션 데이터만 포함된다.

> **NOTE**
>
> 애니메이션을 처음 다운로드할 때는 모든 옵션을 기본으로 설정하는 것이 좋다. 첫 애니메이션을 다운로드할 때 스킨을 포함하게 되면, 같은 캐릭터에 애니메이션을 추가 다운로드할 때 스킨을 추가로 받을 필요가 없다.

- **Frames per Second**: 이 항목에서는 **24, 30, 60**을 선택할 수 있다. 느린 속도의 애니메이션을 의도적으로 구현하지 않는 이상 언리얼 엔진에서 애니메이션을 편집하기에는 높은 프레임 레이트가 더 적합하다. 대부분의 모션 캡처가 높은 프레임 레이트로 캡처되므로, 이후 작업에서 프레임을 낮추는 것은 문제가 되지 않는다. 따라서 언리얼 엔진에서 수행할 이후의 작업을 위해서라도 처음부터 높은 프레임 레이트의 애니메이션을 확보하는 것이 좋다. 아주 긴 애니메이션을 만들고 이를 사양이 좋지 않은 머신에서 실행해야 하는 경우라면 낮은 프레임 레이트가 더 적합하다.

- **Keyframe Reduction**: 기본 설정 상태를 유지하는 것이 가장 좋다. 파일의 크기나 언리얼이 이를 읽어들이는 성능은 키프레임 감소나 최적화와 관련이 없다. 키프레임 감소를 사용하지 않으면, 믹사모는 모든 프레임에서 관절의 회전과 관련된 키

프레임을 만들어낸다. 키프레임 감소를 사용하면 믹사모는 수학적인 방법을 통해 데이터의 크기를 줄이고, 이로 인해 애니메이션의 품질도 낮아질 수 있다. 언리얼 엔진을 통해 이를 제어하는 것이 가장 효과적이다. 언리얼 엔진에서 키프레임 감소가 필요하다면 더 나은 결과를 가져다줄 다양한 툴을 엔진에서 활용할 수 있기 때문이다.

DOWNLOAD를 클릭하면 FBX 파일의 다운로드가 시작된다. 기본적으로 설정돼 있는 다운로드 폴더로 다운로드가 완료되면, 이 파일을 프로젝트 폴더로 이동하는 것이 좋다.

프로젝트의 콘텐츠 폴더에 파일을 다운로드하거나 이동한 다음 언리얼 엔진을 구동하면, 임포트를 허용할 것인지 묻는 옵션이 뜨는 것을 확인할 수 있다.

프로젝트의 콘텐츠 폴더가 아닌 임의의 장소에 다운로드했다고 가정하고 이를 수동으로 임포트하는 과정을 살펴보자.

⠶ 믹사모 애니메이션을 언리얼로 임포트하기

FBX 파일을 다운로드했다면 이제 언리얼 엔진으로 이를 임포트해야 한다. 이를 위해 언리얼 프로젝트 안에 MIXAMO_ANIMATIONS라는 새로운 폴더를 생성하자. 폴더를 더블 클릭해 폴더 안으로 이동한 다음, 마우스를 우 클릭하면 다음과 같은 메뉴를 볼 수 있다.

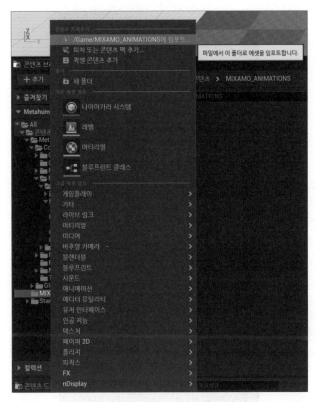

그림 5.17 FBX 애니메이션 임포트하기

애니메이션과 믹사모 릭을 임포트하려면 최상단에 위치한 임포트 항목을 선택해 명시된 폴더로 에셋을 임포트해야 한다. 그림 5.17에서도 보듯이 예제에서는 /Game/MIXAMO_ANIMATIONS 폴더로 에셋을 임포트할 것이다.

임포트할 파일을 선택하면 그림 5.18과 같이 **FBX 임포트 옵션** 창이 열린다.

그림 5.18 FBX 임포트 옵션

그림 5.18과 같이 임포트와 관련된 다양한 옵션을 변경할 수 있다. **FBX 임포트 옵션**을 통해 믹사모 릭, 믹사모 애니메이션, 메타휴먼 캐릭터의 지오메트리, 이와 관련된 스킨 웨이트를 임포트해야 한다. 우리가 만든 메타휴먼 캐릭터에 정확하게 애니메이션을 리타기팅하려면 이 모든 컴포넌트들을 적절하게 엔진으로 임포트하는 것이 필수적이다.

앞선 과정들을 잘 따라왔다면 이 단계에서 설정을 변경해야 할 것은 많지 않다. 다음 2개의 옵션을 제외한 나머지는 기본 설정을 따를 것이다.

- **메시 스켈레톤**: 믹사모 릭을 위해 어떤 스켈레톤을 사용할지 결정한다. 메타휴먼 스켈레톤은 너무 복잡해서 이를 믹사모 릭에 바로 사용하기는 어렵다. 대신 여기서는 **SK_Mannequin**을 선택한다. 그림 5.18과 같이 드롭다운 목록에서 선택이 가능

할 것이다.

- **애니메이션 임포트**: **애니메이션 임포트** 항목을 체크한다. 이를 통해 FBX 파일에 포함 돼 있는 애니메이션을 임포트할 수 있게 된다.

메시 스켈레톤과 **애니메이션 임포트** 항목을 확인했다면 **모두 임포트**를 클릭한다. 프로젝트 에서 이를 로딩하는 데 다소 시간이 걸릴 수 있다. 임포트가 완료되면 그림 5.19와 같이 새롭게 임포트된 에셋들이 나타난다.

그림 5.19 에셋 임포트하기

이제 메타휴먼 바디 메시에 적용될 수 있는 믹사모 애니메이션과 릭 그리고 스킨 웨이 트를 성공적으로 불러온 것이다. 그림 5.19에서 보듯이 왼쪽부터 오른쪽으로 다음과 같 은 에셋을 확인할 수 있다.

- **Fbx_Default_Material_0**: 믹사모로부터 익스포트된 기본 머티리얼이다. 믹사모의 애니메이션만 다룰 것이므로 크게 신경 쓰지 않아도 된다.

- **Macarena_Dance**: 우리가 필요한 스킨 웨이트가 포함돼 있는 믹사모 릭이다.

- **Macarena_Dance_Anim_mixamo.com, Macarena_Dance_Anim_Unreal_Take**: 각 관절이 갖는 실제 키프레임 데이터다.

- **Macarena_Dance_PhysicsAsset**: 임포트가 수행되는 동안 언리얼 엔진이 자동으로 생성하는 파일이며, 피직스 시뮬레이션^{physics simulation}은 이 책에서 다루지 않는다.

NOTE

> 언리얼 엔진의 피직스 에셋을 좀 더 자세히 살펴보고 싶다면, 웹 사이트(https://docs.unrealengine.com/5.2/ko/physics-asset-editor-in-unreal-engine/)를 참조하길 바란다.

이제 믹사모 릭은 준비됐으나 스켈레톤은 준비되지 않았으므로, 메타휴먼 블루프린트에 바로 믹사모 애니메이션을 적용할 수 없다. 앞서 4장에서 살펴본 것처럼 2개의 IK 릭을 만들어 **SK_Mannequinn**의 용도를 변경하고 메타휴먼에 애니메이션을 리타기팅해야 한다. 어느 정도 익숙한 과정일 수도 있지만, 새로운 믹사모 에셋을 대상으로 수행해야 하는 작업을 간단히 살펴보자.

1. Mixamo_Animations 폴더 안에 Source_RigMixamo라는 이름으로 새로운 IK 릭을 만든다. 그다음, Target_RigMeta라는 IK 릭을 생성한다.

   그림 5.20과 같이 **콘텐츠** 탭의 아무 곳에서나 우 클릭을 통해 **Animation**을 선택하고 IK 릭을 만들 수 있다.

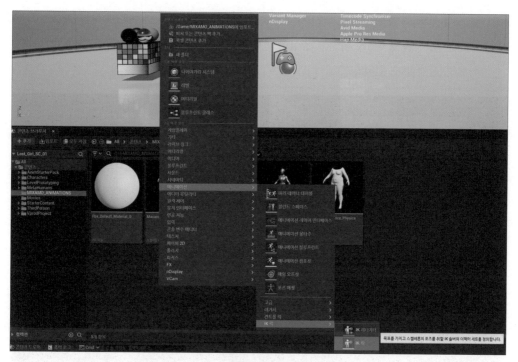

그림 5.20 IK 릭 생성하기

2. 2개의 IK 릭을 생성한 다음 각각 5개의 IK 체인을 만든다. 다음 순서대로 생성한다.

- 스파인에서 헤드까지

- 왼쪽 쇄골에서 왼쪽 손까지

- 오른쪽 쇄골에서 오른쪽 손까지

- 왼쪽 허벅지에서 왼쪽 발까지

- 오른쪽 허벅지에서 오른쪽 발까지

3. 소스의 스켈레탈 메시로 **SKM_Manny**를, 타깃의 스켈레탈 메시로 **f_med_nrw_body**를 선택한다.

앞 장에서도 그랬듯이 그림 5.21처럼 소스와 타깃 IK 릭을 병렬로 배치하는 것을 추천한다. 이를 통해 IK 체인을 생성하고 순서대로 나열하는 작업을 훨씬 더 효과적으로 진행할 수 있다.

그림 5.21 나란히 창을 배치해 IK 릭 작업하기

4. 이제 IK 리타기터를 만들어야 한다. MIXAMO_ANIMATIONS 폴더의 아무 곳에서나 마우스를 우 클릭한 다음, **애니메이션, IK 릭, IK 리타기터**를 순서대로 선택한다. 새로운 리타기터의 이름은 Mixamo_MetaRetargeter로 정한다.

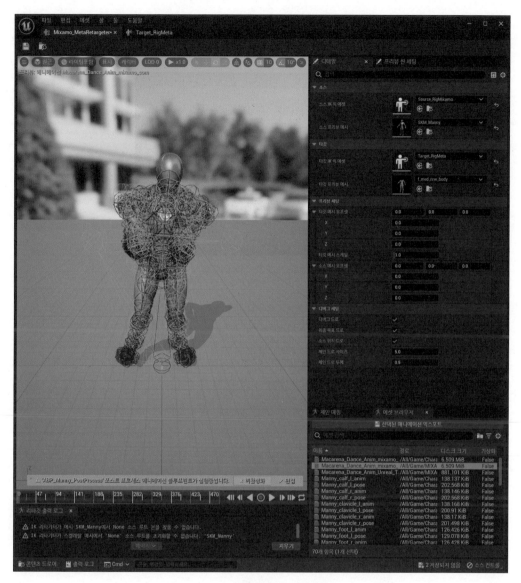

그림 5.22 IK 리타기터

5. 소스로 Source_RigMixamo를 선택하고 리타기터를 생성한다. 리타기터를 열어 보면 타깃이 비어 있을 것이다. **타깃 IK 릭 에셋**의 드롭다운 메뉴에서 **Target_RigMeta**를 선택한다.

6. **에셋 브라우저**를 선택해보면, 그림 5.23과 같을 것이다. 익스포트 가능한 애니메이션들은 녹색으로 표시된다. **선택된 애니메이션 익스포트**를 클릭하자.

그림 5.23 선택된 애니메이션 익스포트

선택된 애니메이션 익스포트를 클릭하면 언리얼이 새로운 애니메이션 파일을 생성할 것이다. 우선 그림 5.24처럼 이 파일을 저장할 경로를 선택해야 한다. 경로로 MIXAMO_ANIMATIONS를 설정하자. **새 에셋 이름 변경** 항목에서 이전에 리타기팅되지 않았던 애니메이션 파일들과 헷갈리지 않도록 Retargeted_라는 접두사를 붙여서 구별한다.

7. **익스포트**를 클릭하자. 믹사모 애니메이션의 리타기팅 작업이 완료됐고, 이제 메타휴먼 캐릭터에 이를 적용하면 된다.

그림 5.24 익스포트 경로 선택

8. 지금까지 만든 애니메이션을 테스트해보려면 우선 씬에 캐릭터 블루프린트를 배치해야 한다. 콘텐츠 폴더에서 뷰포트로 드래그 앤 드롭하면 간단히 배치할 수 있다. 그다음에는 캐릭터를 선택하고, **디테일** 패널에서 **Body**를 선택하자.

그림 5.25처럼 **애니메이션 모드**가 **Use Animation Asset**으로 설정돼 있는지 다시 한번 확인하자. 이 옵션의 애니메이션 에셋은 씬의 메타휴먼 블루프린트와 호환되는 모든 애니메이션을 의미한다.

그림 5.25 애니메이션 모드를 Use Animation Asset으로 설정한다.

9. 그다음으로 **플레이할 애님** 항목을 살펴보자. 드롭다운 목록에서 Retargeted를 검
색하면 우리가 방금 만들었던 리타기팅된 애니메이션 에셋을 더 쉽게 찾을 수 있
다. 예제의 경우는 'Retargeted_Macarena_Dance_Anim_mixamo_com'이다
('Macarena_Dance_Anim_mixamo_com'은 믹사모가 할당한 파일 이름이고, Retargeted는 IK 리타기터에서 할당한 접두사다).

10. 에셋을 선택한 다음, 뷰포트에서 **플레이** 버튼을 눌러보자. 그럼 애니메이션이 정상
적으로 수행되는 것을 확인할 수 있다.

애니메이션을 언리얼 엔진으로 임포트한 다음, 소스와 타깃 IK 릭을 활용해 리타기팅을
수행하고, IK 리타기터 툴을 활용해 성공적으로 믹사모 애니메이션을 메타휴먼에 반영
할 수 있었다. 이는 씬 안에서도 잘 확인할 수 있었다.

일정한 시간 동안 많은 애니메이션을 가져올 계획이라면 IK 리타기터를 자주 활용해야
할 것이다.

추가 애니메이션 작업하기

이제 믹사모에서 여러 애니메이션을 다운로드해보자. 그다음, 외부 폴더에서 콘텐츠 폴
더로 드래그 앤 드롭하거나 **파일 임포트** 옵션을 통해 여러 파일을 한 번에 선택한 후 임
포트한다.

여러 개의 FBX 파일을 임포트할 때 **FBX 임포트 옵션** 창에서 **모두 임포트**를 선택하면 임포
트하려는 모든 애니메이션에 동일한 옵션이 적용된다. 100개의 애니메이션을 갖고 있
다면 한 번의 클릭으로 동일한 스켈레톤을 100개의 에셋에 적용할 수 있는 것이다.

예제의 경우는 5개의 축구 애니메이션을 다운로드해 MIXAMO_ANIMATIONS 폴더로
임포트했다. 이 모든 애니메이션을 일괄적으로 리타기팅하려면 IK 리타기터를 열면 된다.

앞서 만들었던 IK 리타기터를 다시 열면 이 애니메이션과 스켈레톤이 메타휴먼 캐릭터
에 리타기팅할 준비가 완료된 것을 확인할 수 있다.

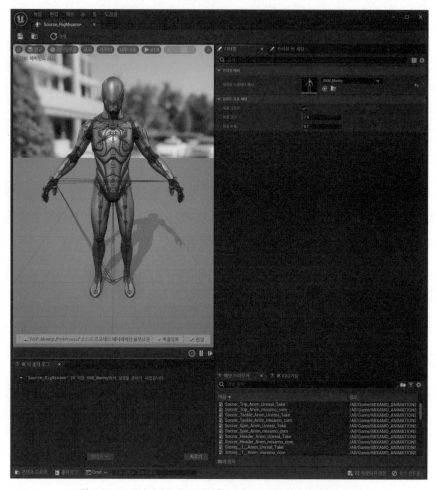

그림 5.26 IK 리타기터를 통해 다양한 애니메이션을 리타기팅할 수 있다.

새 애니메이션을 임포트할 때 믹사모 스켈레톤을 사용하도록 설정했기 때문에 이들이 자동으로 IK 리타기터 리스트에 보일 것이다. 그림 5.26의 에셋 브라우저에서 이들을 확인할 수 있다. 여기에 보이는 5개의 축구 애니메이션 모두를 선택한다.

선택된 애니메이션 익스포트를 사용하면 한 번에 여러 애니메이션을 일괄적으로 익스포트 할 수 있다.

애니메이션을 익스포트할 때는 IK 리타기터에서 앞서와 같이 이를 구별할 수 있는 접두사를 붙여주는 것이 좋다.[2] 이전과 마찬가지로 캐릭터 블루프린터를 선택한 다음, **플레이할 애님** 항목에서 새로운 애니메이션을 확인할 수 있다. 그림 5.27과 같이 soccer를 입력해 새롭게 임포트하고 리타기팅된 애니메이션을 찾을 수 있을 것이다. 이제 캐릭터 블루프린트에 새로운 애니메이션을 적용할 준비가 완료됐다.

그림 5.27 플레이할 애님 항목에서 리타기팅된 애니메이션을 확인할 수 있다.

이전 섹션에서 수행된 작업들 덕분에 이번 섹션에서는 여러 애니메이션을 일괄적으로 임포트하고 IK 리타기터에서도 일괄적으로 리타기팅을 수행할 수 있었다. 메타휴먼 캐릭터에 사용할 모션 라이브러리를 만들 때 이 방법을 효과적으로 사용할 수 있을 것이다.

요약

이번 장에서는 환상적인 소스들을 무료로 제공해주는 믹사모와 여기서 제공하는 다양한 애니메이션을 프로젝트로 불러오는 방법을 알아봤다. 믹사모를 최대한 잘 활용하기 위해 필요한 캐릭터 메시 설정을 살펴보고 IK 릭과 IK 리타기터를 수정해 활용하는 방법도 다뤘다.

---

2   언리얼 엔진 5.03 버전과 같이 최근 버전의 엔진에서는 자동으로 접두사나 접미사를 붙여주기도 한다. – 옮긴이

또한 캐릭터의 비율이 얼마나 중요한지 알아보고 스킨 웨이트라는 개념을 간단히 살펴봤다. 캐릭터 비율과 애니메이션 릭에 이들이 어떻게 연관돼 있는지도 알아봤다.

무엇보다, 강력한 애니메이션 툴이기도 한 언리얼 엔진을 통해 믹사모에서 다운로드한 여러 애니메이션을 일괄적으로 임포트하고 애니메이션을 리타기팅하는 방법을 배웠다는 것이 중요하다.

다음 장에서는 비디오 카메라를 통해 애니메이션을 만들 수 있는 딥모션에 대해 알아본다.

06

딥모션으로 모션 캡처 추가하기

5장에서는 믹사모의 모션 캡처 라이브러리와 언리얼 엔진에서 믹사모 애니메이션을 사용하는 방법을 알아봤다.

6장에서는 이 지식을 바탕으로 사람의 행동을 녹화해 분석하고 이를 모션 캡처 파일로 만들어주는 애니메이트 3D^{Animate 3D}라는 툴이 포함돼 있는 서드 파티 툴 딥모션^{DeepMotion}을 사용해 애니메이션을 만들어볼 것이다. 여기서는 비디오 카메라를 활용해 효과적으로 행동을 녹화하는 방법, 딥모션의 애니메이트 3D 기능을 사용해 맞춤형 모션 캡처 파일을 만드는 방법, 언리얼에서 이를 메타휴먼 캐릭터에 반영하는 방법 등을 알아본다.

믹사모와 같은 스톡 모션 라이브러리도 훌륭하지만, 때로는 창의적인 애니메이션을 만들어낼 필요도 있다. 딥모션의 애니메이트 3D는 고가의 모션 캡처 제품이 제공하는 결과물만큼 품질이 탁월하지는 않지만, 라이브러리 스톡 모션보다는 뛰어난 품질을 제공할 수 있다.

이 장에서는 다음과 같은 주제를 다룬다.

- 딥모션 소개하기

- 비디오 영상 준비하기

- 딥모션에 비디오 클립 업로드하기

- 딥모션의 애니메이션 설정 살펴보기

- 딥모션 모션 캡처 파일 다운로드하기

- 딥모션 모션 애니메이션을 언리얼로 임포트하기

- 딥모션 모션 캡처 리타기팅

- 위치 정렬 이슈 수정하기

기술적인 요구 사항

이 장을 진행하려면 1장에서 제시한 기술적인 요구 사항과 2장에서 언리얼 엔진으로 임포트한 메타휴먼 캐릭터가 필요하다. 이 둘 모두 언리얼 엔진에서 동일한 프로젝트 안에 존재해야 하며, 이 장을 진행하려면 언리얼 엔진 역시 구동된 상태여야 한다.

메타휴먼 프리뷰 메시와 비디오 파일을 업로드하고 다양한 애니메이션 에셋을 다운로드하기 위한 안정적인 인터넷 접속 환경도 필요하다. 또한 웹캠이나 스마트폰, 혹은 전문적인 비디오나 디지털 시네카메라^{digital cinecamera}와 같은 비디오 카메라가 필요하다. 하지만 HD보다 더 높은 해상도를 지원하는 비디오는 크게 장점이 없다는 점도 알아둬야 할 것이다.

딥모션 알아보기

아주 최근까지도 원하는 대로 모션 캡처를 만들려면 고가의 장비와 소프트웨어가 필요했다. 〈아바타〉, 〈반지의 제왕〉, 〈캐리비안의 해적〉 같은 영화를 찍으려면 연기자가 빛을 반사하는 공이나 적외선 센서가 달린 옷을 입어야만 했다. 하지만 이런 고가의 장비들은 거액의 투자가 가능한 대형 스튜디오에서나 활용 가능했으므로, 독립 스튜디오나 프리랜서 아티스트들은 앞서 살펴본 믹사모와 같은 모션 캡처 라이브러리에 의존할 수밖에 없었다.

최근 들어 영세한 아티스트들도 활용할 수 있는 좀 더 저렴한 솔루션들이 등장하면서 이런 분위기가 바뀌고 있다. 이 책을 쓰면서도 비용을 염두에 두고 모션 캡처 툴을 선택했다. 모션 캡처 수트와 적외선 센서 같은 최신 장비들은 대부분 일반적인 사람들이 사용하기에는 너무 비싸다. 따라서 그 대안으로 상대적으로 저렴하게 활용할 수 있는 딥모션 애니메이트 3D에 주목했다.

딥모션 애니메이트 3D는 마커 없이 모션 캡처를 수행할 수 있는 대표적인 툴이다. 특별한 수트나 마커 없이도 비디오 카메라를 사용해 사람의 동작을 캡처하고 처리할 수 있다. 촬영된 비디오 파일은 몸의 각 부위를 인식하고 추적하는 소프트웨어에 의해 분석된다. 이 과정은 머신러닝을 통해 진행되며, 오류를 방지하기 위해 라이브러리나 모션 데이터를 활용하기도 한다. 역운동학을 활용해 프로세스를 더욱 세분화하고 가다듬을 수도 있다. 머신러닝이 핵심적인 기능을 제공하고 있으며, 그 덕분에 이 기술은 아주 빠른 속도로 발전하고 있다.

딥모션을 통해 직접 촬영한 비디오를 온라인으로 업로드하고 언리얼(혹은 호환되는 다른 플랫폼)을 통해 모션 캡처를 처리할 수 있다. 머신러닝을 통해 이 과정이 수행되며, 딥모션이 이와 관련된 모든 것을 알아서 처리한다.

다음 섹션에서는 효과적으로 동영상을 촬영하는 법을 자세히 소개한다.

⁙ 비디오 촬영 준비하기

딥모션을 사용하기에 앞서, 비디오 녹화를 수행할 때 알아야 할 핵심적인 내용을 살펴본다.

- **카메라 품질과 위치**: 딥모션은 영상이 선명하고 안정적이며 높은 수준의 프레임 레이트를 보장한다. 또한 웹캠이나 오래된 스마트폰과 같이 성능이 좋지 않은 카메라에서부터 하이엔드 시네마 카메라에 이르기까지 다양한 범위의 카메라를 지원한다. 낮은 성능의 카메라들은 대부분 30fps 정도의 성능을 보장하지만, 좀 더 높은 프레임 레이트를 사용할 수 있다면 빠르게 움직이는 대상에 대해서도 더 양질의 결과를 얻어낼 수 있을 것이다.

  소프트웨어는 고정된 바닥을 기준으로 출연자의 움직임을 파악하므로 카메라는 고정돼 있는 것이 좋다. 출연자로부터 2미터 정도 떨어진 거리에 고정돼 있는 것이 가장 이상적이다.

- **고대비 촬영**: 마커를 사용하지 않는 모캡 솔루션들은 센서가 아닌 픽셀을 추적하므로, 가능하다면 배경과 출연자를 명확하게 구분해 소프트웨어가 좀 더 쉽게 출연자의 행동을 인식하도록 만들어야 한다. 따라서 배경과 출연자의 대비가 명확한 것이 좋다. 어두운 커튼과 같은 배경을 두고 촬영을 한다면, 출연자는 그와 대비되는 밝은색의 옷을 입는 것이 좋다. 헐렁한 옷도 종종 문제를 일으킨다. 예를 들어 출연하는 사람이 헐렁한 소매의 옷을 입고 있다면 팔과 소매를 구분하기 힘들 수 있다.

- **항상 머리부터 발끝까지 촬영해야 한다**: 딥모션은 허리 위의 영상만으로도 캐릭터의 움직임을 잘 표현할 수 있다. 하지만 필요한 것보다 더 많은 데이터를 확보하는 것이 좋다는 사실을 경험을 통해 알 수 있으므로, 가능하다면 출연자의 전신을 캡처하는 것이 좋다. 출연자의 발이나 머리가 샷에서 조금만 벗어나도 모션 캡처 전체 과정에 좋지 않은 영향을 미칠 수 있으므로, 이런 측면에서라도 출연자의 전신을 촬영하는 것이 중요하다.

- **보정 시간**: 촬영을 시작하거나 그 이후에 출연자가 카메라 앞에서 T자 모양의 포즈를 취하도록 한다. 이를 통해 딥모션이 출연자의 신체에 스켈레톤을 맞출 수 있는 시간을 확보할 수 있다.

- **교합**occlusion: 동영상을 촬영할 때 출연자의 신체 일부가 다른 신체 일부를 가리는

경우가 매우 많다. 일반적으로 출연자의 팔이 몸통 앞에 위치하므로 겹쳐 보일 수 있지만, 딥모션이 스켈레톤 스파인의 위치를 결정할 수 있으므로 이런 경우는 큰 문제가 되지 않는다.

하지만 반대로 몸통이 사지보다 앞에 위치하게 되는 경우에는 문제가 될 수 있다. 손이 몸이나 머리 뒤에 위치하게 되면, 딥모션은 손의 위치를 알려주는 픽셀을 인식할 수 없으므로 손의 위치를 추정할 수밖에 없게 된다.

또한 이 문제는 출연자와 카메라 사이에 오브젝트가 위치할 때도 발생한다. 예를 들어 나뭇가지나 가로등과 같은 물체가 방해할 수 있는데, 생각보다 많은 오류가 이런 방해물로 인해 발생한다.

따라서 출연자와 카메라 사이에 어떤 물체도 두지 않고 촬영해야 한다.

- **촬영 속도**: 딥모션은 빠른 모션을 인식하는 분야에서는 좋은 성능을 발휘하지 못한다. 예를 들어 탭 댄스나 복싱을 촬영한다면, 빠른 발의 움직임을 소프트웨어가 따라가기 힘들어 최종 산출물의 품질도 좋지 못할 것이다. 비디오 클립에서 모션 블러가 관찰된다면 좋은 품질로 이어지지 못할 가능성이 크다. 딥모션이 원활하게 분석하려면 클립을 슬로우 모션으로 재생해야 한다.

- **파일 크기**: 전문적인 비디오 파일 포맷은 더 높은 프레임 레이트를 제공해준다는 것 외에는 특별한 장점을 제공하지 않는다. MP4처럼 어느 정도 압축 손실이 있는 비디오 파일 포맷으로도 충분하며, 파일 크기를 200MB 이하로 유지하는 것이 중요하다. 파일의 크기가 클수록 업로드를 수행하고 분석하는 데 시간이 오래 걸린다. MOV 파일도 사용 가능하지만 MP4를 추천한다.

이 섹션에서는 출연자의 동영상을 녹화할 때 주의해야 할 요소들을 알아봤다. 비디오 자체가 갖고 있는 특성과 다양한 시나리오로 인해 여러 번 촬영을 시도하고, 그 과정에서 다양한 문제가 발생하는 것은 자연스러운 일이다. 처음부터 원하는 결과를 얻지 못했다고 실망할 필요는 없다. 언제든지 이 섹션을 다시 참조해 뭔가 놓친 항목이 있는지를 살펴보는 것도 좋다.

동영상을 직접 촬영하지 않아도 앞서 살펴본 내용들이 잘 반영돼 있는 다양한 비디오 클립을 스톡 라이브러리에서 다운로드할 수 있다. 이 책에서는 motionarray.com에서 비디오 클립을 가져왔다.

다음 섹션에서는 어떤 것을 촬영했다고 가정하고 딥모션에 비디오 클립을 업로드하는 과정을 알아본다.

딥모션에 비디오 업로드하기

이 섹션에서는 딥모션 사이트를 방문해 계정을 만들고 우리가 촬영한 비디오를 업로드하는 과정을 다룬다.

가장 먼저 해야 할 일은 웹 사이트(https://www.deepmiton.com/)를 방문하는 것이다. 랜딩 페이지 우측 상단의 **SIGN UP** 버튼을 클릭하면 그림 6.1과 같은 화면이 나타난다. 이 양식을 채워 프리미엄 계정을 만든다(우측의 **Features** 항목도 살펴보자).

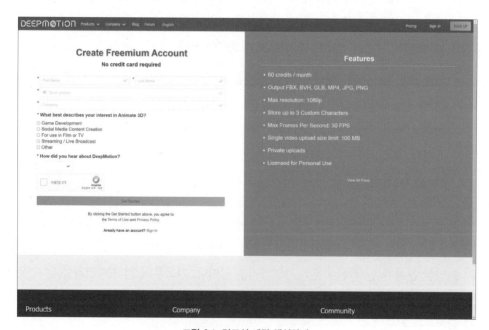

그림 6.1 딥모션 계정 생성하기

딥모션의 프리미엄 계정을 사용하면 10초 이하의 길이, 1,080픽셀 이하의 해상도, 30프레임 이하의 클립을 업로드할 수 있다. 무료 사용자 요금제를 사용하면 한 달에 최대 20초의 애니메이션을 업로드할 수 있다. 이는 사실상 평가판 서비스이므로, 더 많은 것을 사용하려면 추가 비용을 지불해야 한다. 더 높은 프레임 속도의 비디오 클립을 업로드할 수 있는 등 더 많은 기능을 갖춘 다양한 유료 요금제가 존재한다.

상세한 내용을 채웠다면 **Get Started** 버튼을 클릭하자. 입력했던 메일 계정으로 링크가 발송됐을 것이다. 계정을 활성화하고, 딥모션 랜딩 페이지의 우측 상단에 있는 **Enter Animate 3D** 버튼을 클릭하면 그림 6.2와 같은 포털 페이지를 확인할 수 있다.

그림 6.2 딥모션 포털 페이지

프리미엄 계정에서는 Animate 3D 기능만 사용 가능하다(다른 기능들은 잠겨 있다). **Animate 3D** 박스를 클릭하면 그림 6.3과 같이 Animate 3D 웰컴 페이지를 확인할 수 있다.

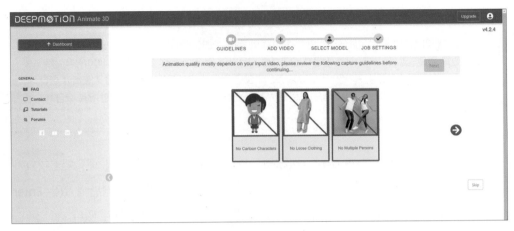

그림 6.3 Animate 3D 웰컴 페이지

가이드라인 화면의 오른쪽에 위치한 화살표를 눌러 주의 사항을 모두 열람하면 다음 과정으로 넘어가는 **Next** 버튼이 활성화된다. 버튼을 클릭해 ADD VIDEO 단계로 넘어가자. 화면 중간에서 업로드할 파일의 위치와 해상도, 크기 등을 보여주는 패널을 확인할 수 있다. 해당 패널 아래에 위치한 **Skip** 버튼을 클릭하자. 그럼 그림 6.4와 같은 대시보드를 보여준다.

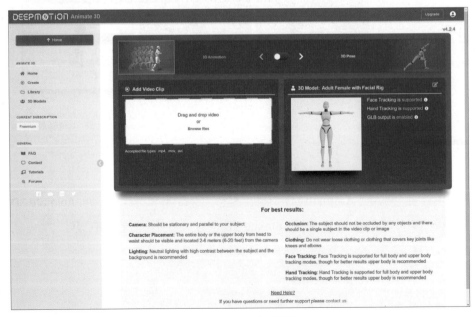

그림 6.4 Animate 3D 대시보드

이 화면의 최상단에서 **3D Animation** 버튼과 **3D Pose** 버튼을 확인할 수 있다. 3D 버튼으로 스위치가 설정돼 있는지 다시 한 번 확인한다.

그 아래 왼쪽에 보이는 인터페이스를 통해 폴더를 드래그 앤 드롭하거나 직접 찾아서 딥모션에 업로드할 수 있다. 그 아래 작은 글씨로 허용된 파일 유형도 확인할 수 있다. MP4, MOV, AVI 파일의 업로드가 가능하다. 만일 다른 유형의 파일을 업로드하고 싶다면 어도비 미디어 인코더^{Adobe Media Encoder}, VLC 플레이어^{VLC Player}나 퀵타임 프로^{QuickTime Pro}와 같은 인코더를 사용해 파일을 컨버팅해야 한다.

NOTE

> 원본 MOV 파일과 MP4로 변환한 파일을 비교했을 때 품질상에 큰 차이가 없다면, 업로드하고 처리하는 과정에서 시간을 줄일 수 있는 MP4 파일을 활용하는 것을 추천한다.

마지막으로, 동영상에서 최상의 결과를 얻을 수 있는 방법^(이 장의 앞부분에서 이미 자세히 설명했다)을 다시 설명하는 부분을 확인할 수 있을 것이다. 제한된 크레딧을 최대한 활용하기 위해 이 부분을 잘 읽어보길 바란다.

준비가 됐다면 이제 원하는 방법으로 비디오를 업로드해보자. 이제 비디오 설정을 확인해야 한다.

ꠞ 딥모션의 애니메이션 설정 살펴보기

비디오 클립을 업로드하면 바로 그림 6.5와 같은 **Animate 3D** 대시보드로 이동할 것이다. 웹 사이트^(https://motionarray.com/stock-video/happy-man-dancingvertical-814129/)에서 예제와 동일한 비디오 클립을 다운로드할 수 있다.[1]

---

1 예제로 사용된 클립은 구독을 해야 다운로드 가능하다. **Video** 항목 아래 **Free assets** 항목도 존재하므로, 적당한 에셋을 찾아 사용하기를 권장한다. – 옮긴이

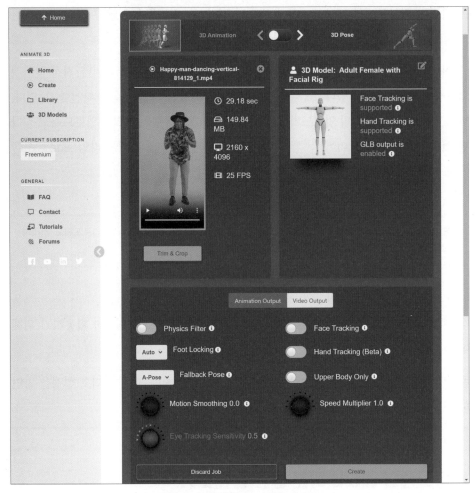

그림 6.5 동영상 업로드 이후의 대시보드

그림 6.5에서 클립 파일의 이름인 Happy-man-dancing-vertical-814129_1.mp4와 함께 썸네일을 확인할 수 있을 것이다. 썸네일의 오른쪽에서 다음과 같은 영상의 속성을 확인할 수 있다.

- **재생 시간**: 클립이 얼마나 오래 재생되는지 확인할 수 있다. 요금제에 따라 재생 가능한 시간의 한계가 달라지며, 이보다 더 긴 클립의 경우 오류가 발생할 수 있다. 따라서 요금제가 허용하는 시간보다 짧은 클립을 올려야 한다.

- **파일 크기**: 계정에서 허용한 크기보다 파일 크기가 크다면 마찬가지로 오류가 발생할 수 있다. 이런 경우라면 어도비 인코더 같은 압축 프로그램을 사용해 용량을 줄여야 한다. 업로드 도중에 오류가 발생한다면, 계정에 허용된 용량의 한계에 다다른 것일 수도 있다.

- **해상도**: 각 계정의 종류에 따라 최대 해상도 역시 달라진다. 허용된 것보다 더 높은 해상도를 사용할 경우 오류가 발생할 수 있다. 이런 경우 컨버터를 사용해 해상도를 낮춰야 한다. 예를 들어 클립이 4096×3112 정도의 크기라면 프리미엄 계정에서 사용할 수 있는 해상도보다 높다. 어도비 인코더와 같은 프로그램을 사용해 1920×1080 정도의 해상도로 낮춰야 한다.

- **프레임 레이트**: 프리미엄 계정을 사용한다면 200fps 정도의 높은 프레임 레이트를 사용하는 영상에서는 오류가 발생할 것이다. 일반적으로 웹캠은 25fps 정도의 영상을 만들어내므로, 웹캠으로 영상을 만들어 이런 오류를 회피하는 것이 좋다.

그림 6.5의 아래쪽 화면에서 **Animation Output**과 **Video Output**이라는 2개의 옵션을 확인할 수 있다. 이 책에서 **Video Output**은 다루지 않으므로, **Animation Output**을 선택하자.

사용할 수 있는 기능은 모두 9개에 이르지만, 계정의 유형과 모션 캡처의 복잡도에 따라 활용할 수 있는 범위가 달라진다. **Animation Output**의 하위 옵션은 다음과 같다.

- **FBX Output**: 애니메이션에서 사용할 파일 유형이다. 이후 언리얼에서 사용할 FBX 애니메이션이 필요하므로 아웃풋을 FBX로 설정한다(정적 포즈를 만들고 싶다면 다른 옵션을 사용해도 되지만, 이 내용은 이 책에서 다루지 않는다).

- **Physic Filter**: 관절의 제한을 강제하고 손이 몸통을 가리는 것과 같은 충돌을 제거한다. 업로드하는 영상에 큰 문제가 없다면, 이 필터를 적용했을 때 영상이 다소 인위적으로 보일 수 있기 때문에 처음에는 비활성화한 상태로 진행하는 것을 추천한다. 처음에 만족할 만한 결과를 얻지 못했다면, **Rerun** 옵션을 사용해 좀 더 나은 결과를 얻을 수도 있다.

- **Foot Locking**: 모션 캡처에서 가장 흔하게 발생하는 문제인 발이 지면에서 떨어졌다가 돌아오는 현상을 해결하기 위한 옵션이다. 정적인 모션 캡처의 경우에는 이 문제가 심각하지 않지만, 역동적인 움직임이 많은 모션 캡처에서는 발이 지면에 닿아 있는지 확인하기 쉽지 않은 경우가 많다. **Foot Locking**에는 4개의 옵션이 존재한다.
  - **Auto**: 일반적으로 가장 많이 사용되는 옵션이며 발이 지면에 붙어 있을 때와 떨어질 때를 자동으로 바꿔준다. 걷거나 춤을 추는 캐릭터에는 이 모드를 가장 많이 사용한다. 캐릭터의 발이 계속 지면에 붙었다 떨어졌다를 반복하기 때문이다.

> NOTE
>
> 프리미엄 계정에서는 **Auto** 설정만 가능하다.

  - **Never**: 수영을 하거나 공중에 매달려 있는 애니메이션처럼 캐릭터의 발이 지면에 닿지 않을 때 사용한다.
  - **Always**: 캐릭터의 발이 지면에서 거의 떨어지지 않을 때 사용하기에 가장 좋은 옵션이다. 캐릭터의 발이 지면에서 떨어지지 않고, 이때 사용할 수 있는 옵션이 **Auto**와 **Always** 2개라고 한다면 다소 뻔한 이야기이지만 **Always**를 선택하는 것이 좋다.
  - **Grounding**: 달리는 캐릭터처럼 발이 지면과 거의 비슷한 높이에 위치하지만 고정된 위치에 있지 않을 때 효과적으로 사용할 수 있다. **Auto**가 이와 비슷하게 작동할 수 있지만, 빠른 움직임에는 효과적이지 못하다. 캐릭터가 달리거나 스케이트를 타는 것처럼 슬라이딩 모션으로 발을 움직인다면, **Grounding** 모드가 최고의 선택이 될 수 있다.
- **Fallback Pose**: 애니메이션 파일을 저장할 때 스켈레톤을 보정하는 포즈를 의미한다. 소스 애니메이션의 보정 포즈와 타깃 캐릭터의 보정 포즈가 일치하는 것이 가장 이상적이다. 드롭다운 메뉴에서 4개의 옵션을 확인할 수 있다.

- **A-Pose**: 가장 일반적으로 사용되는 보정 포즈 중 하나다. 언리얼 엔진 5에서 메타휴먼을 표시할 때 사용하는 것과 동일한 포즈로, 팔을 45도 아래로 향하고 있다.

- **I-Pose**: 팔을 똑바로 아래로 내리고 있는 포즈로, 잘 사용하지 않는다.

- **T-Pose**: 또 다른 표준 포즈 중의 하나이며 언리얼 엔진의 마네킹에서 사용한다. 팔을 몸통 기준으로 90도 각도로 벌려 T자 모양을 만든 포즈다.

- **Sitting**: 캐릭터가 앉은 채로 **A-Pose**와 비슷한 팔 모양을 취한 포즈로, 이 역시 자주 사용되지 않는 포즈 중 하나다.

- **Motion Smoothing**: 이 옵션은 AI를 사용해 각 관절의 궤적을 추적함으로써 캐릭터의 움직임을 결정한다. 지속적으로 보정을 수행하면서 이로 인해 애니메이션에서 발생하는 지터^{jitter}나 노이즈를 제거한다. 원하지 않은 지터를 제거하는 데 유용하지만 인위적으로 보이는 움직임을 만들어내기도 하므로, 다이얼을 돌려가면서 원하는 결과를 찾아야 한다.

> **NOTE**
>
> 프리미엄 계정에서는 이 기능을 사용할 수 없다.

- **Root Joint at Origin**: 언리얼 엔진을 사용하는 아티스트에게 특히 유용한 기능으로, 두 발 사이에 위치하는 원점에 본을 생성한다. 이 본은 캐릭터의 루트 포지션^{root position}인 엉덩이와 연결된다. 언리얼 엔진에서 모션 캡처를 사용한다면 이 기능을 활성화할 것을 권장한다.

- **Face Tracking**: 이 책을 쓰고 있는 시점을 기준으로 딥모션이 제공하는 페이셜 캡처 기능은 이 책의 다른 장에서 언급하고 있는 툴만큼 실용적이지는 않다. 메타휴먼 페이셜 애니메이션의 근간인 ARKit 테크놀로지를 사용하고는 있지만, 딥모션의 정확도가 다른 솔루션에 비해 결코 좋다고 할 수는 없다. 8장과 9장에서 아이폰과 웹캠 솔루션을 이용하는 더 정확한 페이스 트레킹 툴에 대해 알아본다.

- **Hand Tracking**(Beta): 이 기능은 단순히 손의 움직임을 추적할 뿐만 아니라 손가락의 움직임까지 추적할 수 있다. 하지만 현재 이 기능은 '베타beta'라는 딱지를 붙이고 있다. 손이 아주 이상하게 움직인다거나 몸의 일부를 관통하는 것과 같이 심각한 문제가 있지 않는 이상, 디폴트 설정인 '끔off' 상태를 유지하는 것을 권장한다.

- **Speed Multiplier**: 상위 사용자를 위한 고급 기능으로, 더 높은 프레임 레이트(슬로우 모션)를 사용해 모션 캡처의 정확도를 올리는 기능이다. **Speed Multiplier**는 0~8배속을 지원한다. 만일 캐릭터가 절반 정도의 속도(슬로우 모션)로 움직인다면, 2배속으로 설정해 일반적인 속도와 동일한 결과를 얻을 수 있다. 프로페셔널과 스튜디오 계정에서는 최대 120fps에 이르는 영상을 사용할 수 있다. 이 정도 영상은 매우 느리게 재생되며, 대신 아주 정확하고 미묘한 동작까지 캡처가 가능해진다. 120fps는 실제 속도보다 5배 정도 느리므로, **Speed Multiplier** 값을 대략 5 정도로 설정하면 더욱 정확한 모션 캡처를 수행할 수 있다.

이제 모든 **Animation Output** 설정을 마쳤으니 **Create** 버튼을 클릭해보자(그림 6.5의 아래 부분에 위치하고 있다). 버튼을 클릭하면 그림 6.6과 같은 대화 상자가 나타난다.

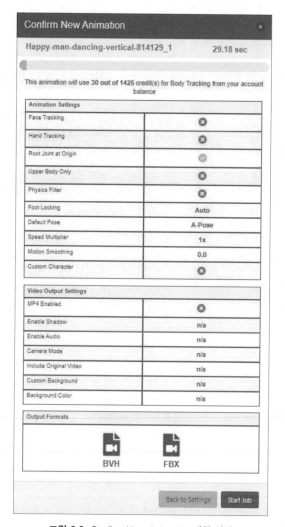

Confirm New Animation		✕
Happy-man-dancing-vertical-814129_1		29.18 sec

This animation will use 30 out of 1425 credit(s) for Body Tracking from your account balance

Animation Settings	
Face Tracking	⊗
Hand Tracking	⊗
Root Joint at Origin	✓
Upper Body Only	⊗
Physics Filter	⊗
Foot Locking	Auto
Default Pose	A-Pose
Speed Multiplier	1x
Motion Smoothing	0.0
Custom Character	⊗

Video Output Settings	
MP4 Enabled	⊗
Enable Shadow	n/a
Enable Audio	n/a
Camera Mode	n/a
Include Original Video	n/a
Custom Background	n/a
Background Color	n/a

Output Formats	
BVH	FBX

Back to Settings Start Job

그림 6.6 Confirm New Animation 대화 상자

이미지에서도 확인할 수 있듯이 **Root Joint at Origin** 설정을 활성화하고, **Foot Locking**
을 **Auto**로, **Default Pose**를 **A-Pose**로 설정했다. 다른 설정은 기본값으로 남겨둔다.
Video Output 설정에서는 **MP4 Enabled** 옵션을 비활성화하고 나머지는 **n/a**로 설정
한다.

이 설정으로 결과가 만족스럽지 않다면 프로세스를 다시 수행할 수도 있다. 첫 번째 시

도라면 **Start Job** 버튼을 클릭한다. 이어서 그림 6.7과 같이 **Starting job** 인터페이스를 확인할 수 있을 것이다.

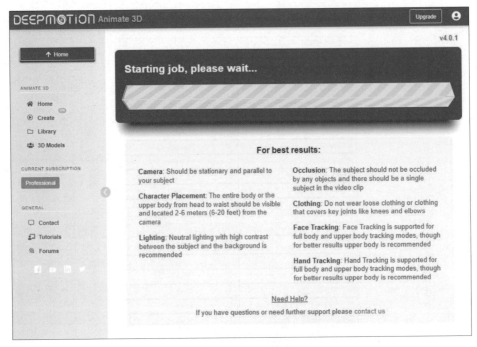

그림 6.7 작업 시작 화면

파일의 크기와 비디오 클립의 길이에 따라 처리 시간이 달라진다. 동영상에 다양한 모션이 포함돼 있다면 역시 처리하는 데 시간이 오래 걸릴 수 있다.

이 과정이 완료되면 이제 그 결과를 확인해야 할 때다. 그림 6.8에서 그 결과를 직접 확인할 수 있다. 물론 한 장의 이미지로 전체 결과를 정확하게 확인할 수는 없지만, 충분히 인상적인 결과를 얻었다는 사실을 유추해볼 수 있을 것이다. 값비싼 모션 캡처 수트와 센서가 아니라 카메라 한 대에서 얻은 모션 캡처라는 점을 생각하면 인상적이지 않을 수 없다.

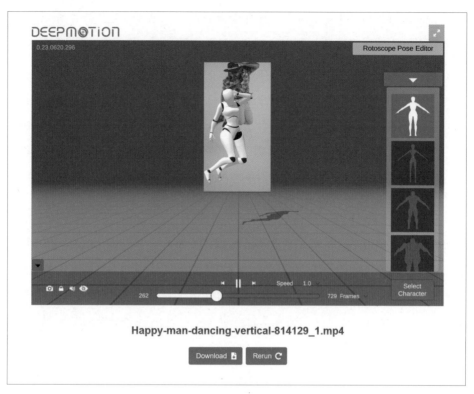

그림 6.8 모션 캡처 결과

이 화면에서는 다양한 각도와 속도로 결과를 탐색할 수 있는 역동적인 3D 뷰포트를 제공한다.

화면의 오른쪽에서 4개의 캐릭터 타입을 확인할 수 있다. 마른 체형, 뚱뚱한 체형, 남자, 여자로 구별된 이 캐릭터들은 메타휴먼의 프리뷰 메시와 비슷해 보인다. 이들 중 하나를 선택해 그에 맞는 애니메이션을 다운로드한다. 최적의 결과를 얻으려면 메타휴먼 캐릭터와 가장 비슷한 체형을 선택해야 한다. 예제에 등장하는 글렌다의 경우는 약간 과체중이므로 뚱뚱한 체형을 선택했다. 이 체형을 선택하면 몸통과 팔의 거리가 떨어지게 되는데, 이를 통해 몸통과 팔 사이에 발생하는 충돌을 방지할 수 있다(믹사모에서도 이와 비슷한 기능을 Arm Spacing이라는 이름으로 제공했다).

그림 6.8의 화면 하단에서 2개의 옵션을 확인할 수 있다.

- **Download**: 선택한 스켈레톤 메시에 맞춘 FBX 파일을 다운로드할 수 있다. 다른 메시를 선택해 그에 맞는 파일을 다운로드할 수도 있다.

- **Rerun**: 애니메이션의 품질을 향상시킬 수 있는 또 다른 기회다. 예를 들어 결과 화면이 전반적으로 만족스럽지만 약간의 지터가 보인다면, **Motion Smoothing** 옵션을 적용해 더 나은 결과를 얻을 수 있을 것이다. 또 다른 예로 우리가 원했던 만큼 캐릭터의 발이 지면에 붙어 있지 않다면 앞서 **Auto** 설정으로 따라잡기에는 움직임이 너무 빨랐을 수도 있다. 이런 경우는 **Auto** 설정을 **Grounding**으로 변경해 더 나은 결과를 얻을 수 있을 것이다.

두말할 필요 없이 **Rerun**은 첫 시도로 원하는 결과를 얻지 못했을 때 더 나은 결과를 얻도록 해주는 매우 유용한 기능이다. 딥모션에서 원하는 수준에 다다를 때까지 **Rerun**을 여러 번 시도해보는 것이 나중에 언리얼 엔진에서 어려운 작업을 진행하는 것보다 훨씬 효과적이다. **Rerun**을 충분히 수행해 경험을 쌓게 된다면 어떤 옵션을 어떻게 설정해야 할지 감을 잡게 될 것이다.

그림 6.9에서 Rerun Animation 대화 상자를 확인할 수 있다.

Rerun Animation 대화 상자가 그림 6.6에서 확인할 수 있는 **Confirm New Animation** 대화 상자와 다른 점은 가장 최근에 얻은 결과의 설정과 다음 작업에 적용할 새로운 설정을 동시에 보여준다는 것이다. 따라서 각각의 설정 값을 서로 비교하면서 다음 작업 설정에 도움이 되는 정보를 확보할 수 있다.

이제 모든 설정을 살펴보고 충분히 **Rerun**을 수행해 원하는 수준의 최종 산출물을 얻었다면 애니메이션을 다운로드할 차례다.

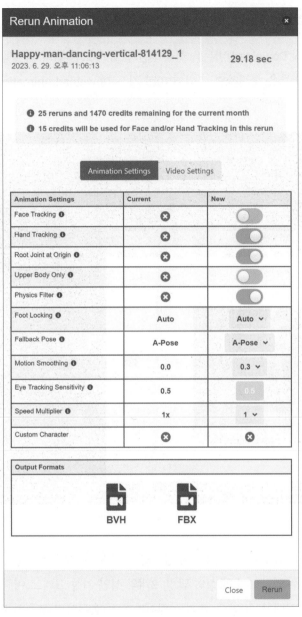

그림 6.9 Rerun Animation 대화 상자

ꙮ 딥모션 모션 캡처 파일 다운로드하기

Rerun 버튼 대신 **Download** 버튼을 클릭하면 딥모션 모션 캡처 파일을 손쉽게 다운로드할 수 있다. 버튼을 클릭하면 그림 6.10과 같은 **Download Animations** 대화 상자가 나타난다.

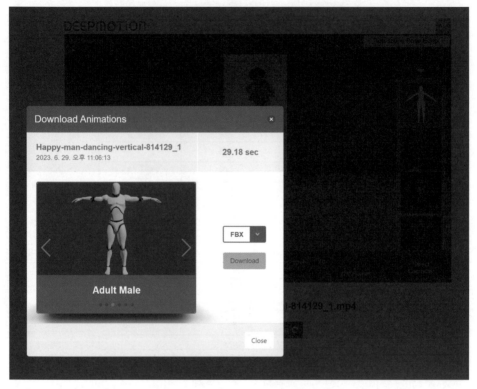

그림 6.10 Download Animations 대화 상자

애니메이션을 다운로드하기 전에 대화 상자를 통해 우리가 원하는 바디 타입을 다시 선택하고 결정할 수 있다. 2개의 성인 남성, 2개의 성인 여성 그리고 어린 남자와 일반적인 아동 유형을 선택할 수 있다. 프리뷰 메시가 마음에 든다면 우측의 드롭다운 메뉴에서 **FBX**를 파일 유형으로 선택한다(BVH와 DMPE 유형은 언리얼에서 우리가 원하는 대로 동작하지 않을 수도 있다). 파일 유형을 선택한 다음, 노란색의 **Download** 버튼을 눌러 프로젝트 폴더 내 임의의 장소에 파일을 저장하자.

애니메이션 파일을 다운로드하면 그림 6.11과 같이 2개의 FBX 파일을 확인할 수 있다.

그림 6.11 딥모션에서 파일을 다운로드한다.

파일 이름 끝에 TPose가 붙은 FBX 파일(Adult_Male(includeTPose))은 애니메이션의 첫 부분에 실제 T-포즈가 포함돼 있는 파일이다. 끝부분이 그냥 Adult_Male인 파일은 시작 부분에 T-포즈가 존재하지 않으며, 첫 프레임부터 바로 애니메이션이 시작된다. 애니메이션에서 언제든지 T-포즈 부분을 삭제할 수 있으므로 어느 것을 선택해도 큰 문제는 없다. 다만 리타기팅을 수행할 때 T-포즈가 매우 유용하다는 사실은 부정할 수 없다. 이 장의 뒷부분에서 이 부분을 좀 더 상세히 살펴본다.

적합한 파일을 다운로드까지 완료했으니, 다음 섹션에서는 딥모션의 모션 캡처 파일을 언리얼로 임포트하고 메타휴먼 IK 릭에 리타기팅하는 방법을 알아본다.

⠿ 딥모션 애니메이션을 언리얼로 임포트하기

이 장의 앞부분에서도 언급했듯이 이전 장에서 배운 내용에 기반해 이후 내용들이 진행될 것이다. 언리얼에서 캐릭터를 임포트하는 방법을 다시 한 번 간단히 살펴볼 것이므로, 앞 장의 내용이 잘 기억나지 않더라도 걱정할 필요는 없다.

가장 먼저 필요한 작업은 언리얼 프로젝트 폴더 안에서 Deepmotion이라는 이름의 폴더를 만드는 것이다. 앞 장에서 믹사모 캐릭터와 메타휴먼 캐릭터의 소스 및 타깃 IK 릭을 만들었던 곳과 동일해야 한다.

Deepmotion 폴더를 만든 다음, **콘텐츠 브라우저**에서 임의의 장소를 우 클릭해 출력되는 메뉴의 최상단에 위치한 임포트 메뉴를 클릭하고 새로운 딥모션 FBX 파일을 찾는다. 앞서 살펴봤던 다운로드 파일 중 TPose가 붙은 파일을 선택한다. 이 파일을 선택하게 되면 그림 6.12와 같이 익숙한 **FBX Import Options** 창을 확인할 수 있을 것이다.

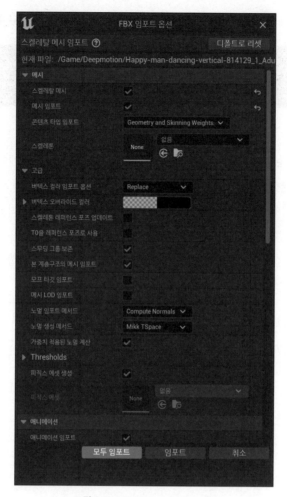

그림 6.12 FBX Import Options 창

여기서 두 가지 사항을 고려해 설정을 확인한다.

- 임포트할 파일에 임베디드돼 있는 스켈레톤을 사용할 것이므로, 임포트할 때 어떤 스켈레톤도 할당하지 않을 것이다. 따라서 **메시** 항목 아래 **스켈레톤** 항목을 **None** 상태로 유지한다. **스켈레탈 메시** 항목을 체크해 임포트하는 파일에서 스켈레탈 메시를 가져오도록 한다.

- 당연하지만 **애니메이션** 항목에서 **애니메이션 임포트**를 체크해야 한다.

설정을 완료했다면 **모두 임포트**를 클릭한다. 스무딩^{smoothing}과 관련된 오류 메시지가 뜰 수도 있는데, 무시해도 상관없다.

임포트가 완료되면 Deepmotion 폴더의 **콘텐츠 브라우저**가 그림 6.13과 같이 보일 것이다.

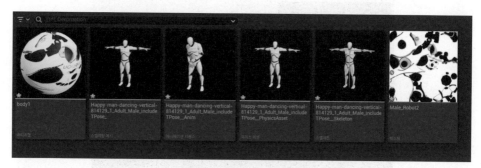

그림 6.13 딥모션 콘텐츠 폴더

대부분의 항목들이 익숙할 것이다. 폴더 안의 항목들은 왼쪽부터 오른쪽으로 다음과 같다.

- 바디 머티리얼 셰이더

- 애니메이션이 없는 T-포즈 스켈레톤

- 애니메이션이 있는 딥모션 스켈레톤

- 딥모션 스켈레톤 피직스 에셋

- 편집을 위해 애니메이션이 제거된 T-포즈 스켈레톤

- 앞서 언급한 바디 머티리얼 셰이더에 사용되는 텍스처 파일

이번 섹션에서는 언리얼 엔진으로 딥모션 파일을 성공적으로 임포트했다. 다음 섹션에서는 우리가 만든 캐릭터에 딥모션 애니메이션을 적용해볼 것이다.

⨳ 딥모션 모션 캡처 리타기팅

우선 앞선 장과 마찬가지로 소스로 사용할 IK 릭을 만들어야 한다. 딥모션 폴더에서 아무 곳이나 우 클릭한 다음, 그림 6.14와 같이 **애니메이션** 하위의 **IK 릭** 항목을 선택한다.

그림 6.14 IK 릭 만들기

혼선을 피하기 위해 이 IK 릭에는 Source_DM_Happy라는 이름을 붙이자.

이제 앞 장에서 수행했던 것과 동일하게 IK 체인을 만들어야 한다. 다음과 같이 6개의 체인을 만든다.

- 루트에서 엉덩이로 가는 체인

- 스파인에서 헤드로 가는 체인

- 왼쪽 팔 체인

- 오른쪽 팔 체인

- 왼쪽 다리 체인

- 오른쪽 다리 체인

명명 규칙을 제외하면 앞서 믹사모에서 모션 캡처를 가져올 때와 큰 차이가 없다. 딥모션의 명명 규칙은 그림 6.15에서 확인할 수 있다. 조인트의 약자인 JNS를 사용하고, 왼쪽과 오른쪽을 구별하기 위해 접두사 l_와 r_를 붙인다.

그림 6.15 IK 체인

root에서 hips_JNT로 연결되는 체인이 가장 먼저 설정되고 r_upleg_JNT에서 r_foot_
JNT로 이어지는 체인이 마지막으로 설정되는 순서에 유의하자. IK 소스와 IK 타깃에서
동일한 순서로 체인을 설정해야 오류가 발생할 가능성을 줄일 수 있다.

이제 새로운 IK 리타기터를 만들어야 한다. 새로 만든 IK 릭을 소스로 사용한다. 그림
6.16처럼 앞서 IK 릭을 만들 때와 동일한 순서로 IK 리타기터를 생성한다.

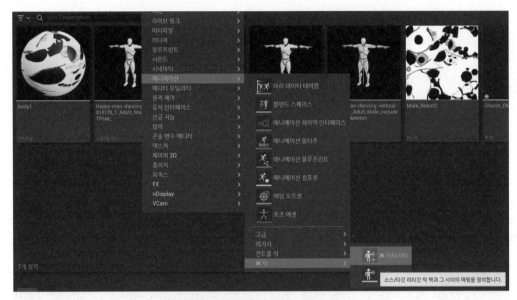

그림 6.16 새로운 IK 리타기터 생성하기

IK 리타기터를 선택하면, 이어서 **IK 릭을 선택하여 다음에서 애니메이션 복사** 창이 뜰 것이다.
그림 6.17과 같이 프로젝트 폴더에 저장돼 있는 선택 가능한 다양한 IK 릭이 노출된다.

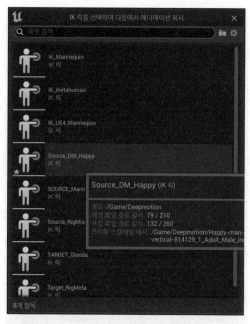

그림 6.17 'IK 릭을 선택하여 다음에서 애니메이션 복사' 창

리스트에서 Source_RigMixamo라는 이름의 IK 릭도 확인할 수 있다. 언리얼에서 작업을 수행하다 보면 다양한 소스 릭을 만들게 된다. 이번처럼 이전 작업을 수행할 때 만든 소스 IK 릭도 확인할 수 있을 것이다. 잘못된 파일을 선택하지 않기 위해서라도 IK 릭에 적절한 이름을 붙이는 것이 매우 중요하다.

여기서는 이전 장의 IK 릭을 활용하지 않으므로 **Source_DM_Happy**를 선택하자.

NOTE

> 만일 잘못된 IK 릭을 선택했다면, 리타기터를 삭제하고 새로운 리타기터를 생성하면 된다. 이 역시 IK 소스 릭의 명명 규칙이 중요한 이유 중 하나다.

Source_DM_Happy 릭을 사용해 IK 리타기터를 만들었다면, 이를 더블 클릭해보자. 다음과 같은 인터페이스를 확인할 수 있을 것이다.

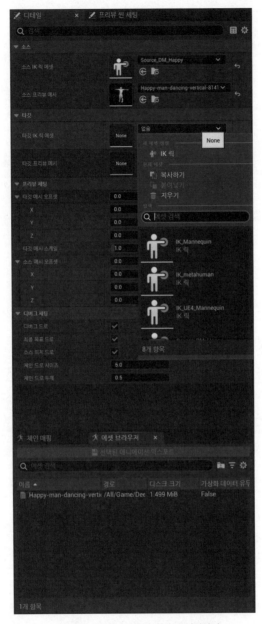

그림 6.18 IK 리타기터에서 타깃 설정하기

이제 딥모션 모션 캡처를 적용할 타깃을 설정해야 한다. IK 리타기터를 더블 클릭한 화면의 오른쪽 패널에서 **소스 IK 릭 에셋**이 **Source_DM_Happy**로 설정돼 있고, **타깃 IK 릭 에**

셋 항목에서 드롭다운 리스트가 보이는 것을 확인할 수 있다. 여기서 메타휴먼 타깃 릭을 선택한다. 예제의 경우는 **TARGET_RigMeta**를 선택했다.

여기서 적절한 타깃 프리뷰 메시를 선택할 수도 있다. 예제는 **타깃 프리뷰 메시**로 Female Medium Normalweight 메시를 선택했으며, 그림 6.19에서와 같이 f_med_nrw_body로 표시되는 것을 알 수 있다.

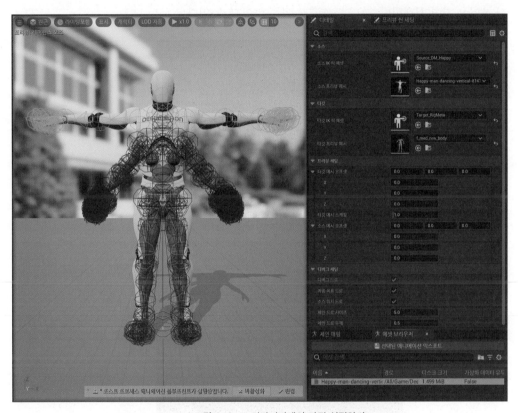

그림 6.19 IK 리타기터에서 타깃 설정하기

그림 6.19의 **에셋 브라우저** 하단에서 익스포트 가능한 딥모션 애니메이션을 확인할 수 있다. 녹색의 **선택된 애니메이션 익스포트** 버튼을 클릭해 익스포트를 수행하자.

선택된 애니메이션 익스포트를 클릭하면, 메타휴먼 캐릭터에 적용될 애니메이션 파일이 만들어진다. **리타깃된 애니메이션 일괄 익스포트** 창이 뜨면 에셋을 저장할 경로로 Deep motion 폴더를 선택한다.

그다음에는 **콘텐츠 브라우저**에서 메타휴먼 캐릭터를 선택하고, 이를 뷰포트로 드래그 앤 드롭해 씬에 메타휴먼 캐릭터를 추가한다. **아웃라이너** 패널에 메타휴먼 블루프린트가 선택돼 있는지 확인한다.

디테일 패널에서 **Body**를 선택한 다음, **애니메이션 모드**가 **Use Animation Asset**으로 설정돼 있는지 확인한다. 아래 **플레이할 애님** 항목에서 방금 작업했던 리타기팅된 애니메이션 파일을 찾아 선택한다. 그림 6.20에서 이를 확인할 수 있다.

그림 6.20 IK 리타기터에서 타깃 설정하기

애니메이션 파일을 선택한 다음, 뷰포트에서 **플레이** 버튼을 눌러보면 캐릭터가 움직이는 것을 확인할 수 있다.

동영상에서 모션 캡처 데이터를 만들고 이를 메타휴먼 캐릭터에 적용하는 전체 과정을 모두 살펴봤다. 다음 섹션에서는 일반적으로 마주할 수 있는 문제들과 그 해결책을 알아본다.

⫸ 위치 정렬 이슈 수정하기

애니메이션이 원본 동영상과 일치하기도 힘들뿐더러, 리타기팅 프로세스 역시 순조롭게 진행되기 쉽지 않다. 소스와 타깃 릭 사이에는 항상 미묘한 차이가 존재한다. 가장 일반적인 문제는 팔의 위치인데, 이는 대부분 T-포즈와 A-포즈의 차이로 인해 발생한다.

메타휴먼은 일반적으로 A-포즈를 취하지만 딥모션의 릭은 T-포즈로 설정돼 있는데, 이 설정의 차이로 인해 문제가 발생할 수 있다. 딥모션에서 T-포즈를 취했지만 이를 A-포즈로 바꿔야 한다면, 처음부터 다시 애니메이션을 다운로드하고 리타기팅 작업을 수행하는 대신에 간단하게 이 문제를 수정할 수 있는 방법이 있다.

그림 6.21에서도 볼 수 있듯이 IK 리타기팅 과정에서 문제가 발생한다. 소스가 되는 딥모션 캐릭터는 T-포즈를 취하고 있으며, 타깃이 되는 메타휴먼 캐릭터는 A-포즈를 취하고 있다. 이 시나리오에서는 팔이 제대로 정렬되지 않아 정상적으로 동작하지 않거나 몸통을 관통해서 움직일 수 있다.

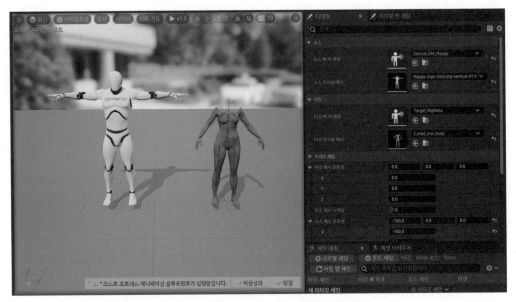

그림 6.21 IK 리타기터에서 확인할 수 있는 T-포즈와 A-포즈

메타휴먼의 포즈를 바꿈으로써 이 문제를 해결할 수 있다. 이를 위해 **계층구조** 창을 활성화하고, 해당 패널에서 수정할 에셋을 선택한 다음 **편집 모드**를 클릭한다. 그림 6.22를 참조하자. 이를 통해 IK 리타기터 안에서 메타휴먼 캐릭터의 관절을 회전시키고 포즈를 수정할 수 있다.

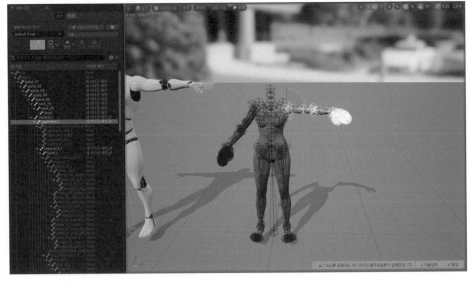

그림 6.22 IK 리타기터에서 포즈 편집하기

그림 6.22에서 하이라이팅돼 있는 것처럼 스냅 기능을 이용해 수정하는 것이 좋다. T-포즈와 A-포즈의 경우 팔의 회전이라는 측면에서 45도의 차이가 난다. 뷰포트상에서는 10도 단위로 조정이 가능하다. 원하는 각도로 수정해보자.

메타휴먼은 팔꿈치 관절도 조금 휘어 있어서 소스와 일치하도록 곧게 펴줘야 한다. 마찬가지로 스내핑^{snapping} 툴을 사용하면 좀 더 정확한 결과를 얻게 될 것이다. 카메라 앵글을 정면에서 변경해 팔꿈치 관절을 정확하게 수정했는지 확인해야 한다.

작업이 만족스럽게 완료됐다면 **편집 모드** 버튼을 다시 눌러 비활성화한다. 다시 애니메이션을 플레이해보고 리타기팅 작업이 잘 수행됐는지 확인해보자. 이런 조정을 여러 번 수행해야 마음에 드는 결과를 얻을 수 있다.

포즈를 정확하게 익스포트했더라도 애니메이션에서는 특정 부분에서 충돌이 발생하는 것처럼 사소하지만 다양한 문제가 발생할 수 있다. 딥모션에서는 특정한 메타휴먼 메시가 아닌 프리셋 프리뷰 메시를 사용하기 때문이다. 다음 장에서 이런 문제를 수정하는 방법을 알아본다.

⁝ 요약

이 장에서는 비디오 카메라 1대로 우리만의 애니메이션을 만드는 방법을 알아봤다. 우선 동영상을 녹화할 때 주의해야 할 점들을 살펴봤으며, 어떤 것들을 피해야 하고 좀 더 높은 정확도를 얻기 위해 무엇을 해야 하는지도 알아봤다.

그런 다음, AI 기능을 포함해 딥모션이 제공하는 다양한 애니메이션 설정에 대해 알아봤다. 이런 다양한 기능과 Rerun 기능을 사용해 최상의 산출물을 얻어내기까지의 과정도 함께 살펴봤다.

앞선 장에서 배웠던 것을 토대로 모션 캡처를 리타기팅하고 이를 메타휴먼에 적용시켜봤다. 그 과정에서 A-포즈, T-포즈에 관련된 이슈와 간단한 해결 방법도 함께 살펴봤다.

다음 장에서는 레벨 시퀀서와 컨트롤 릭에 대해 알아보고, 이를 활용해 모션 캡처를 더욱 정밀하게 만들어본다.

3부

레벨 시퀀서, 페이셜 모션 캡처, 렌더링 살펴보기

3부에서는 우리가 만든 애니메이션을 플레이하고 렌더링할 수 있는 레벨 시퀀서에 대해 알아본다. 우선 아이폰을 사용해 간단하게 얼굴 모션을 캡처하는 법을 살펴보고, 이어서 좀 더 전문적인 페이셜 캡처 솔루션에 대해서도 알아본다. 3부의 나머지 부분에서 렌더링을 좀 더 살펴보고, 이어지는 보너스 장에서는 메시 투 메타휴먼 플러그인을 살펴본다.

3부는 다음과 같은 장들로 구성된다.

- 7장. 레벨 시퀀서 사용하기

- 8장. 아이폰으로 페이셜 모션 캡처하기

- 9장. 페이스웨어로 페이셜 모션 캡처하기

- 10장. 레벨 시퀀서로 애니메이션 블렌딩하기와 고급 렌더링 수행하기

- 11장. 메시 투 메타휴먼 플러그인 사용하기

07

레벨 시퀀서 사용하기

앞선 장에서는 모션 캡처 데이터를 언리얼로 불러와 이를 메타휴먼에 리타기팅하는 방법을 배웠다. 하지만 때로는 문제가 발생해 수정해야 할 필요도 있고, 작업을 수행하면서 문득 떠오르는 아이디어를 반영해야 할 수도 있다.

바로 앞 장의 마지막 부분에서도 A-포즈와 T-포즈의 차이로 인한 이슈가 발생했으며, 이를 메타휴먼의 A-포즈를 편집해 해결할 수 있었다.

이번 장에서는 캐릭터의 포즈를 변경해 팔이 몸통과 충돌하는 등의 사소한 문제를 해결하는 방법과 캐릭터의 모션을 좀 더 다듬는 방법을 알아본다. 이를 위해 언리얼 엔진에서 애니메이션을 만들 때 사용하는 레벨 시퀀서^{Level Sequencer}를 살펴볼 것이다. 이 툴은 여러모로 비디오 편집 애플리케이션의 타임라인과 유사하다.

이 장에서는 다음과 같은 주제를 살펴본다.

- 레벨 시퀀서 알아보기
- 레벨 시퀀서 생성하고 캐릭터 블루프린트 임포트하기

- 캐릭터 블루프린트로 리타깃된 애니메이션 추가하기

- 컨트롤 릭 추가하고 편집하기

- 레벨 시퀀서에 카메라 추가하기

- 레벨 시퀀서에서 테스트 애니메이션 렌더링하기

기술적인 요구 사항

이 장을 진행하려면 1장에서 제시한 기술적인 요구 사항과 2장에서 언리얼 엔진으로 임포트한 메타휴먼 캐릭터가 필요하다. 이 둘 모두 언리얼 엔진에서 동일한 프로젝트 안에 존재해야 하며, 이 장을 진행하려면 언리얼 엔진 역시 구동된 상태여야 한다.

6장에서 사용한 리타깃된 모션 캡처 데이터를 다시 사용할 것이다.

레벨 시퀀서 알아보기

지금까지는 캐릭터 블루프린트에서 애니메이션을 미리 확인하거나 뷰포트에서 **플레이** 버튼을 사용해 애니메이션을 확인할 수 있었다. **플레이** 버튼을 통해 인터랙티브한 경험을 미리 시뮬레이션해볼 수 있었던 것이다.

레벨 시퀀서는 주로 게임을 만들 때 사용되지만 이 책의 목적에 맞게 모션 캡처 애니메이션을 만들 때도 사용할 수 있다. 레벨 시퀀서는 레벨 안에 타임라인으로 표시된다. 비디오 클립을 추가하는 대신 씬에 다양한 요소를 추가하고 이를 움직일 수 있는 속성으로 반영한다는 것을 제외하면 일반적으로 타임라인이 등장하는 편집 프로그램과 유사하다.

언리얼 엔진에서 애니메이션 작업을 수행할 때는 조명, 카메라, 액터, 차량과 심지어 오디오에 이르기까지 원하는 모든 것을 레벨 시퀀서에 추가할 수 있다. 또한 하나의 프로젝트는 1개 이상의 레벨 시퀀서를 가질 수 있다.

레벨 시퀀서의 장점은 오직 움직이는 오브젝트에만 집중할 수 있다는 것이다. 모션 캡처 데이터의 키프레임에 영향을 받지 않는 독립적인 키프레임을 추가할 수 있고 이를 통해 애니메이션을 효과적으로 수정할 수 있다는 것이 레벨 시퀀서의 가장 큰 장점이다. 이를 활용하면 딥모션과 같은 모션 캡처 솔루션, 혹은 믹사모와 같은 모션 캡처 라이브러리에 전적으로 의존하지 않으면서도 모션 캡처 애니메이션을 효과적으로 변경할 수 있게 된다.

다음 섹션에서는 레벨 시퀀서에서 캐릭터를 불러오는 과정을 살펴본다.

⁂ 레벨 시퀀서 생성하고 캐릭터 블루프린트 임포트하기

그럼 레벨 시퀀서를 만들어보자. 그다지 어렵지 않을 것이다.

우선, 콘텐츠 폴더 내 임의의 장소를 우 클릭한다. 예제의 경우는 그림 7.1처럼 MetaHuman 폴더에서 이 작업을 수행했다. 그다음에는 **시네마틱**을 선택하고, 이어서 **레벨 시퀀스**를 선택한다.

그림 7.1 레벨 시퀀서 생성하기

레벨 시퀀서를 생성하면 콘텐츠 폴더 안에서 **레벨 시퀀서** 클래퍼^{clapper} 아이콘이 생성된 것을 확인할 수 있다. 레벨 시퀀서 아이콘을 더블 클릭해보자. 그림 7.2처럼 비어 있는 시퀀스가 나타난다.

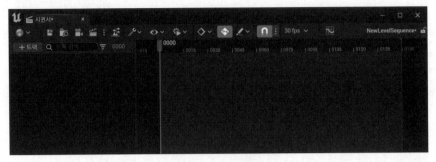

그림 7.2 비어 있는 레벨 시퀀스

레벨 시퀀서를 사용해 애니메이션을 만들려면 우선 액터를 추가해야 한다. 애니메이션을 추가하려는 모든 것이 액터가 될 수 있다. 액터가 시퀀서에 추가되면 애니메이션 트랙이 만들어진다.

메타휴먼 캐릭터 애니메이션을 만드는 것이 우리의 목표이므로, 메타휴먼 블루프린트를 추가해 애니메이션 트랙을 만들어보자. **+트랙** 버튼을 클릭한 다음, **액터를 시퀀스로**를 선택한다.

그림 7.3 시퀀스에 액터 추가하기

그림 7.3과 같이 트랙에 추가할 수 있는 액터의 목록을 확인할 수 있다. 최상단에 보이는 BP_Glenda가 추가할 메타휴먼 캐릭터의 이름이다. 이를 클릭해 메타휴먼 블루프린트를 레벨 시퀀서로 임포트함으로써 애니메이션 트랙을 생성한다.

시퀀서에 블루프린트를 추가하면 바디와 페이스를 위한 2개의 트랙이 만들어진다. 그림 7.4에서 보듯이 각각의 트랙은 별도의 컨트롤 릭을 갖고 있다.

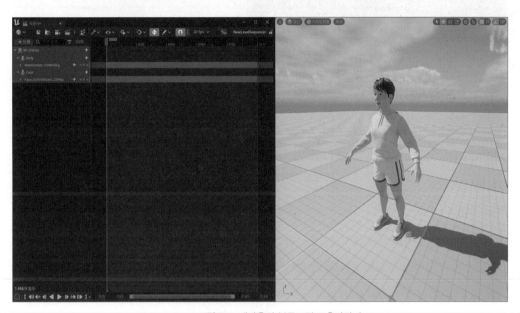

그림 7.4 메타휴먼 블루프린트 추가하기

시퀀서에서 확인할 수 있는 바디 릭과 페이스 릭 중 하나를 선택하면 그림 7.5와 같이 뷰포트에서 릭이 활성화된다.

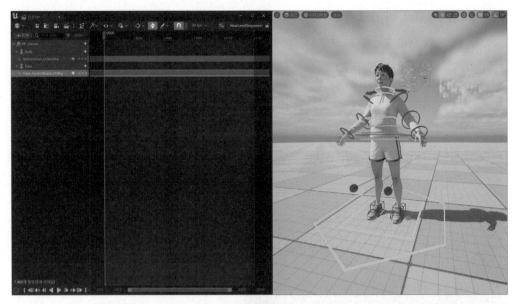

그림 7.5 메타휴먼 컨트롤 릭

이제 메타휴먼 캐릭터의 애니메이션을 상당 부분 제어할 수 있게 됐다. 여기서 다양하게 애니메이션 제어를 경험해보는 것을 추천한다. 특히 다음 섹션으로 넘어가기 전에 그림 7.5에서 컬러가 입혀진 메타휴먼 컨트롤 릭 중 하나를 회전시켜볼 것을 권장한다.

레벨 시퀀서에 액터로 캐릭터 블루프린터가 추가됐으니 모션 캡처 데이터를 가져올 준비가 완료된 것이다. 이 부분은 다음 섹션에서 살펴본다.

캐릭터 블루프린트에 리타깃된 애니메이션 추가하기

시퀀서에 딥모션 애니메이션을 추가하는 작업을 이어가기 전에 다소 직관적이지 않을 수 있는 과정이 포함돼 있음을 미리 알려주려 한다. 이 책의 예제에서는 바디와 페이스의 컨트롤 릭을 모두 삭제하고 바디 컨트롤 릭을 다시 추가하는 작업을 수행했다. 이 장에서 우리가 목표하는 것은 모션 캡처 데이터를 추가하고 여기에 키프레임 애니메이션 트랙을 추가하는 것이다. 하지만 이 작업을 제대로 수행하려면 컨트롤 릭에 구워진 모션 캡처 데이터가 있어야 하고 추가 애니메이션을 위한 별도의 컨트롤 릭도 구비돼 있어야 한다.

그럼 2개의 컨트롤 릭을 삭제해보자. 시퀀서에서 **MetaHuman_ControRig**과 **Face_ControlBoard_CtrlRig**을 클릭한 다음, 키보드의 **Delete** 키를 누르는 것이 작업에 필요한 전부다.

다시 시퀀서에서 **Body**를 선택한 다음, **+트랙** 아이콘을 클릭하고 **애니메이션**을 선택해 Retarget을 검색한다. 그림 7.6과 같은 과정이 진행될 것이며, 이를 통해 앞 장에서 IK 리타기터를 통해 생성한 리타깃 데이터를 불러올 수 있다.

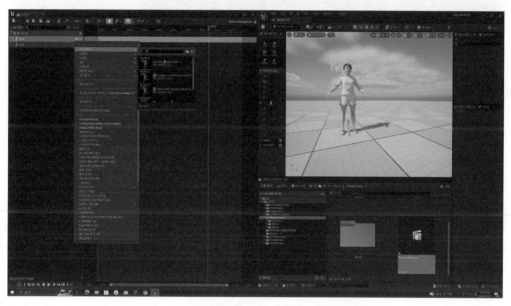

그림 7.6 리타깃된 모캡 데이터 추가하기

리타깃된 모캡 데이터를 선택하면 시퀀서의 타임라인에서 이를 확인할 수 있다.

NOTE

> 애니메이션은 타임라인에서 플레이 헤드(play head)가 위치한 부분부터 재생된다. 플레이 헤드는 시퀀
> 서 타임라인에서 현재 멈춰 있는 곳에 위치하며 애니메이션이 시작되는 프레임이기도 하다. 그림 7.6에
> 서 플레이 헤드는 0115 프레임을 의미한다(붉은색 화살표가 가리키고 있다).

모캡 데이터를 트랙으로 임포트한 다음, 해당 트랙을 왼쪽이나 오른쪽으로 드래그해 원

하는 시작 위치를 조정할 수 있다. 트랙 자체에 애니메이션의 제목이 표시된다. 그림 7.7에서 파란색 가로선 아래에 위치한 애니메이션 트랙을 확인할 수 있을 것이다.

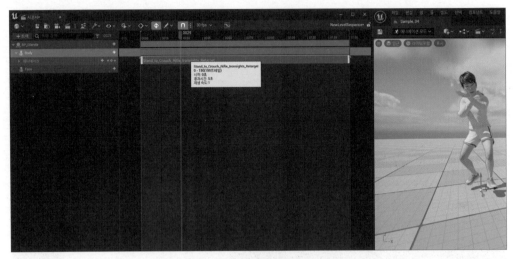

그림 7.7 애니메이션 트랙

애니메이션을 수정하려면 모션 캡처 데이터를 컨트롤 릭의 키프레임 데이터로 변환해야 한다. 이 과정을 통상 '굽는다^{baking}'고 표현한다. 그림 7.8과 같이 **Body** 트랙을 우 클릭하고 **컨트롤 릭에 굽기**를 선택한 다음, **MetaHuman_ControlRig** 항목을 선택한다.[1]

---

1   **컨트롤 릭에 굽기**를 선택한 후 드롭다운 목록에 아무것도 표시되지 않는다면, 해당 메뉴 바로 위에 위치하는 **스켈레톤 기준 에셋 필터** 항목이 체크돼 있는지 확인해야 한다. – 옮긴이

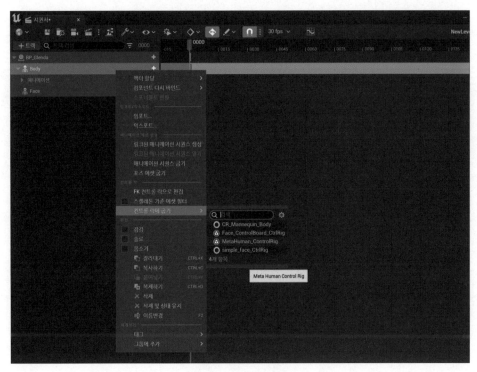

그림 7.8 컨트롤 릭에 굽기

굽기 과정이 시작되면 **굽기 옵션** 대화 상자가 나타날 것이다. **키 감소**와 같은 옵션을 사용하지 않으므로, 디폴트 상태를 유지하고 **생성** 버튼을 클릭한다.

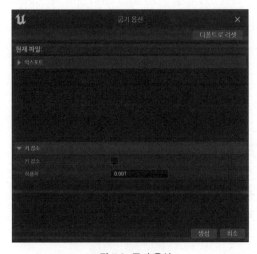

그림 7.9 굽기 옵션

그림 7.10에서 임포트한 모캡 애니메이션을 메타휴먼 컨트롤 릭에 굽는 과정과 뷰포트의 캐릭터에 애니메이션이 적용된 것을 확인할 수 있다.

그림 7.10 메타휴먼 컨트롤 릭에 모캡 굽기

이제 스페이스 바를 누르거나 **시퀀스** 탭 하단의 **플레이** 버튼을 눌러 플레이 기능을 활성화해볼 수 있다.

뷰포트를 통해 동작하는 모캡 애니메이션을 확인할 수 있으므로 그다음 단계는 애니메이션을 편집해보는 것이다. 현재는 메타휴먼 바디에 있는 모든 본의 모든 프레임에 키 프레임이 설정돼 있으므로, 사실상 현재 메타휴먼 릭을 변경하는 것은 거의 불가능하다. 예를 들어 100번 프레임으로 이동해 특정 프레임의 포즈를 변경한다고 하면, 오직 100번째 프레임만 영향을 받을 것이고 나머지 프레임은 앞서 적용된 모캡 데이터에 기반한 포즈를 여전히 갖고 있을 것이다. 이 문제를 어떻게 해결할지 한번 고민해보자.

컨트롤 릭 추가하고 편집하기

키프레임 문제를 해결하려면, 키프레임을 갖고 있지 않은 또 다른 메타휴먼 컨트롤 릭을 만들어 추가하는 키프레임이 애디티브 이펙트를 가지도록 하면 된다.

'애디티브additive'가 의미하는 것은 무엇일까? 예를 들어 모션 캡처에서 어깨 관절의 X축 회전이 100도로 설정돼 있다면, 애디티브 워크플로를 사용해 X축으로 20도 더 움직이게 만들어 결과적으로 120도까지 회전할 수 있도록 만드는 것이다.

NOTE

애디티브 섹션의 키프레임은 컨트롤 릭에 구워진 원래의 키프레임에 영향을 미치지 않는다. 하지만 최종 결과에는 영향을 미친다.

애디티브 이펙트를 구현하려면 시퀀서에서 그림 7.11과 같이 애디티브 섹션을 생성해야 한다.

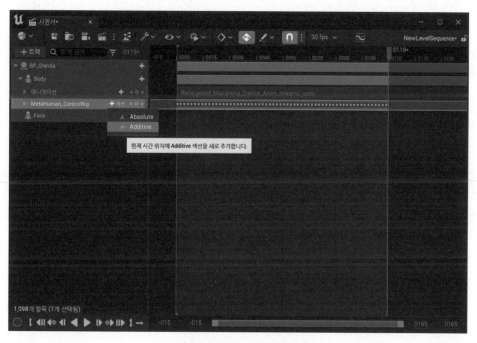

그림 7.11 애디티브 섹션 추가하기

그림 7.12와 같이 방금 만들었던 컨트롤 릭의 하위로 애디티브 트랙이 추가된다. 이 트랙에서 애니메이션과 관련된 이슈를 수정하거나, 원본 모션 캡처에 영향을 주지 않으면서 애니메이션을 변경할 수 있다.

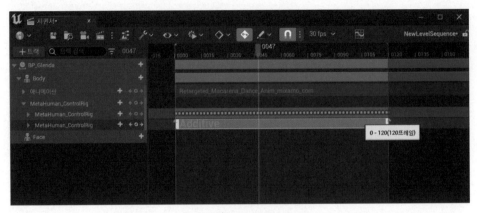

그림 7.12 애디티브 섹션 트랙

이제 각자의 트랙을 가진 2개의 릭이 생성됐다. 하나는 모든 프레임, 모든 본에 키프레임이 설정돼 있는 트랙이고, 다른 하나는 키프레임이 전혀 설정돼 있지 않다. 다음 섹션에서 애디티브 트랙에 키프레임을 추가하는 방법을 알아본다. 변경되는 애니메이션을 뷰포트에서 확인할 수 있지만, 변경된 내용이 모션 캡처의 원본 키프레임에 반영되는 것은 아니다. 본질적으로 이 과정은 비파괴[non-destructive] 워크플로라고 할 수 있다.

> **NOTE**
>
> 앱솔루트(absolute) 혹은 애디티브 섹션/트랙을 추가한다는 표현에서도 알 수 있듯이, '섹션'과 '트랙'은 유사한 의미로 사용된다.

추가된 애디티브 섹션을 편집하려면 우선 그림 7.13과 같이 시퀀서에서 애디티브 섹션을 선택한다.

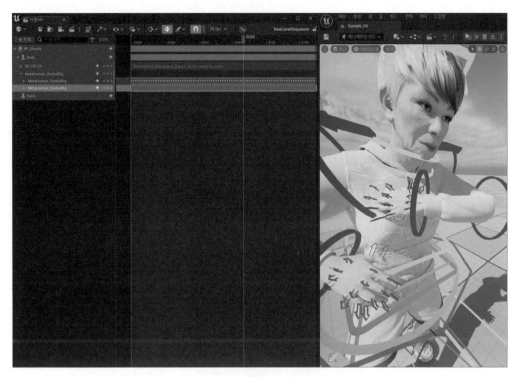

그림 7.13 애디티브 컨트롤 트랙 조정하기

그림 7.13을 보면 글렌다의 왼쪽 팔에 문제가 있어 보인다. 왼쪽 팔이 몸통과 충돌을 일으키고 있는데, 이는 소스 캐릭터가 타깃보다 날씬하기 때문에 발생하는 문제다. 애디티브 워크플로를 사용하면 문제가 되는 타임 프레임을 수정할 수 있다.

그림 7.13과 같이 0099번 프레임에서 글렌다의 팔이 몸통을 관통하고 있으므로, 이 프레임을 수정해야 한다. 팔의 관절 중 하나를 조절해 문제를 해결할 수 있다.

시퀀서의 왼쪽 패널에서 **Metahuman_ControlRig**의 드롭다운 아이콘을 클릭해보자. 그림 7.14에서 편집 가능한 다양한 본을 확인할 수 있다. 예제의 경우, 왼쪽 상박과 하박을 변경해볼 것이다.

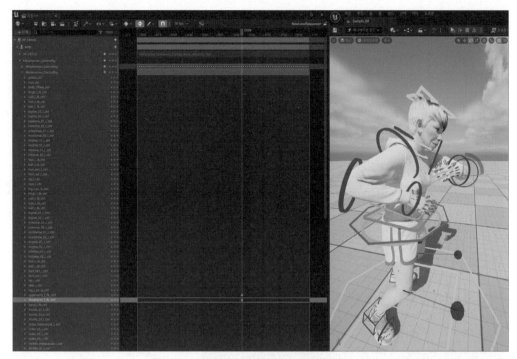

그림 7.14 애디티브 트랙에 키프레임 설정하기

기본적으로 변경이 발생하는 즉시 키프레임이 설정된다.[2] 그림 7.14에서 2개의 하이라이트된 키프레임과 뷰포트에서 보이는 변경 효과를 확인할 수 있을 것이다. 애디티브트랙에 다른 키프레임이 설정되지 않았으므로 변경으로 인한 효과는 클립 전체 기간에적용될 것이다.

만일 2초와 같이 특정한 시간 동안만 효과를 유지하고 싶다면, 3개의 키프레임을 만들어야 한다. 첫 번째와 세 번째 키프레임은 원래 포즈를 유지하고, 두 번째 키프레임(중간)에 변경이 적용될 것이다.

---

2   자동 키프레임 옵션이 활성화돼 있음에도 불구하고 키프레임이 자동으로 설정되지 않는다면, 해당 본의 오른쪽 끝 메뉴
    에 보이는 + 버튼을 클릭해 키프레임을 추가할 수 있다. – 옮긴이

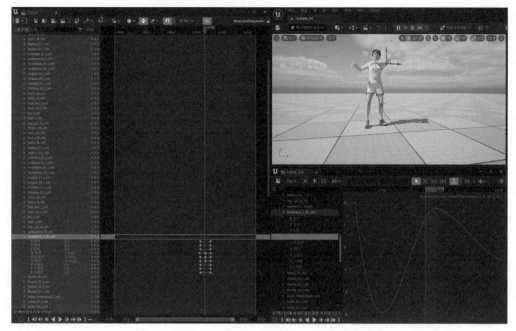

그림 7.15 애디티브 트랙에 추가 키프레임 설정하기

중간의 키프레임 부분에 문제가 있었으므로 가장 많은 변경이 적용된다. 그림 7.15에서
도 보듯이 위치와 회전, 스케일 값을 바꿔 팔이 더 이상 몸통을 관통하지 않도록 조절함
으로써 이 문제를 해결했다. 그림 7.15의 오른쪽 하단과 같이 시퀀서 커브를 활용해 변
경할 수도 있는데, 이렇게 곡선을 활용하는 방법은 다소 번거로울 수도 있다.

창의적으로 키프레임을 추가하고 이를 통해 애니메이션을 수정하는 데는 무한한 가능
성이 존재한다. 머리를 돌리거나, 눈을 깜박이거나, 웨이브를 추가하는 것과 같이 모션
캡처 단계에서 확보하지 못했던 다양한 액션을 추가할 수 있는 것이다. 레벨 시퀀서에
서 애디티브 섹션을 추가해 이 모든 것을 가능하게 만들 수 있다.

NOTE

> 특정 관절을 편집하고 싶다면 검색 옵션을 사용하는 것이 좋다. 리스트에서 확인할 수 있는 관절이 너
> 무 많기 때문에 검색 기능을 사용하는 것이 효과적이다.

레벨 시퀀서에서 캐릭터를 불러오고 필요한 수정을 완료했으니 이제 카메라를 생성해 렌더링을 수행할 것이다.

레벨 시퀀서에 카메라 추가하기

언리얼 엔진 5가 제공하는 카메라 툴은 실제 카메라처럼 동작한다는 점에서 매우 강력한 툴이라고 할 수 있다. '카메라'라는 주제 하나만으로도 충분히 책 한 권을 쓸 수 있지만, 이번 장에서는 레벨 시퀀서와 관련이 있는 기본적인 카메라 팁만 알아본다.

이 섹션에서는 간단히 레벨 시퀀서에서 카메라를 만들어본다. 마스터 트랙과 유사하게 여러 대의 카메라를 사용할 목적으로 카메라 컷이 필요한데, 우선 여기서는 카메라를 1대만 사용한다. 카메라 컷은 레벨 시퀀서에서 카메라를 생성할 때 자동으로 만들어진다.

우선 플레이백^{playback} 구간을 설정해야 한다. 레벨 시퀀서의 타임라인 아무 곳이나 우 클릭한 다음, 메뉴에서 **시작 시간 설정**을 클릭해 애니메이션이 시작하는 곳을 선택할 수 있다. 그다음에는 동일한 방법으로 끝 시간을 설정한다. 이 두 지점 사이가 플레이백^(재생)되는 구간이며, 이후에 렌더링되는 프레임의 범위 역시 이와 동일하다.

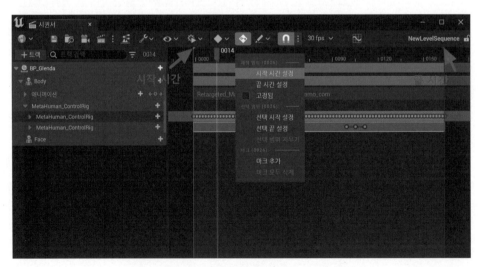

그림 7.16 시작 시간을 설정해 플레이백 구간 정하기

그림 7.16에서 보듯이 녹색과 붉은색 선으로 플레이백 구간이 설정된다. 시작 시간은 앞서 구운 키프레임이 시작하는 지점으로 설정했고, 끝 시간은 해당 키프레임이 종료되는 시점으로 설정했다. 이를 통해 플레이백 구간을 애니메이션 전체와 동일한 길이로 설정할 수 있다. 붉은색 라인을 오른쪽으로 드래그하면 끝 시간을 연장할 수 있다.

플레이백 구간을 설정했다면, 우리가 만든 플레이백 구간을 채울 카메라 컷을 자동으로 만들어줄 카메라를 생성할 수 있다. 이 작업은 아주 간단하게도 시퀀서 상단 메뉴의 카메라 아이콘을 클릭해 수행할 수 있다.

그림 7.17 카메라 아이콘

카메라가 생성되면 시퀀서에 몇 가지 트랙이 더 추가된다.

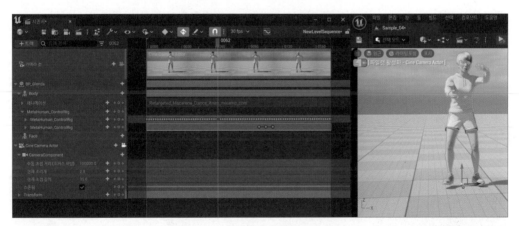

그림 7.18 생성된 카메라

그림 7.18에서 **Cine Camera Actor**(실제 카메라와 유사한 가상의 카메라)가 생성된 것을 알 수 있다. 카메라 하위의 파라미터는 다음과 같다.

- **현재 조리개**Current Aperture: 렌즈의 조리개가 얼마나 넓은지를 보여준다. 이 값이 작을수록 초점이 맞지 않는 영역이 늘어나고, 이 값이 클수록 더 선명한 이미지를 제공

한다. 피사계 심도^{depth of field}를 매우 사실적으로 모방하지만, 노출은 그렇지 않다.

- **현재 초점 길이**^{Current Focal Length}: 실제 카메라와 마찬가지로 초점의 길이는 밀리미터 단위로 측정된다. 이 값이 낮다면 더 넓은 앵글의 광각 렌즈를, 이 값이 높다면 망원 또는 장거리 렌즈를 사용한 것과 같은 효과를 낼 수 있다.

- **수동 초점 거리**^{Manual Focus Distance}: 이 역시 실제 카메라와 마찬가지로 카메라로부터 지정된 값만큼 떨어진 거리에 초점 영역을 설정한다. 예를 들어 카메라로부터 5,000밀리미터 떨어진 곳에 위치한 오브젝트에만 초점을 맞출 수 있다.

- **스폰됨**^{Spawned}: 이 기능은 게임 시뮬레이션에 사용된다. 이 항목이 활성화돼 있다면, 게임이 시작할 때 카메라가 이 지점에서 스폰된다.

- **Transform**: 카메라의 **위치**, **회전**, **스케일**과 관련된 값을 직접 편집할 수 있는 영역이다.

대부분의 경우 **Transform** 하위 항목인 **이동**과 **회전**, **현재 초점 길이** 등을 편집할 것이다.

키프레임을 설정하기 전에 카메라를 조종해 애니메이션을 적용해보는 것도 유용한 기능 중 하나로, 뷰포트를 통해 현재의 상태를 확인할 수 있다. 그림 7.19에서는 **Camera Component** 트랙과 **Cine Camera Actor** 트랙의 카메라 아이콘을 하이라이팅 처리했다. 뷰포트의 왼쪽 상단에 보이는 Eject 아이콘(삼각형 모양)이 나올 때까지 이 2개의 버튼을 토글한다.

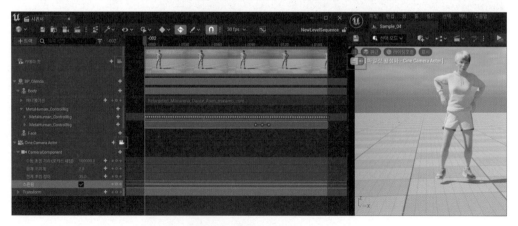

그림 7.19 생성된 카메라

그림 7.19는 카메라를 생성하고 움직이는 모습을 보여주는데, 이는 카메라를 제어하는 훨씬 효과적인 방법이다. 3D 프로그램이나 1인칭 게임 제작에 익숙하다면, 카메라 내비게이션이 직관적이라는 사실을 알 수 있을 것이다.

- **Alt + 좌 클릭**: 카메라 선회(주위를 둘러봄)

- **Alt + 중간 버튼 클릭**: 카메라 트랙(상하좌우로 움직임)

- **Alt + 우 클릭**: 카메라 줌인/줌아웃(카메라를 전후로 움직임)

카메라를 움직이는 데 익숙해졌다면 이제 카메라의 첫 번째 애니메이션을 만들어보자.

1. 시퀀서 왼쪽 패널에 위치한 **CameraComponent** 하위의 **Transform**을 클릭하자.

2. 플레이 헤드를 플레이 구간의 시작 지점에 가깝게 위치시킨 다음, 엔터 키를 누르자. **위치, 회전, 스케일**과 같은 **Transform** 파라미터에 해당하는 키프레임이 생성될 것이다.

3. 그림 7.19와 같이 메타휴먼에 초점이 맞춰져 있는지 확인한 다음, **수동 초점 거리** 속성에도 동일한 과정을 적용한다. **수동 초점 거리**를 클릭한 다음, 값을 변경하고 엔터 키를 눌러 키프레임을 생성한다.

4. 구도와 초점이 모두 만족스럽다면 플레이 헤드를 다른 프레임에 위치시킨다.

5. 카메라의 위치를 변경하면 키프레임이 자동으로 생성된다. 키프레임이 자동으로 생성되지 않는다면, 이전처럼 **Transform**의 속성값을 변경한 다음 엔터 키를 누른다.

메타휴먼을 촬영하는 첫 번째 카메라 애니메이션을 만들어봤다. 메타휴먼에 계속 초점이 맞춰진 상태를 유지하기 위해 **수동 초점 거리** 속성을 다시 편집해야 할 수도 있다.

카메라를 움직이고, 키프레임을 생성하고 지우는 작업을 여러 차례 반복해야 할 수도 있다. 카메라의 움직임이 적절하다고 판단되면 이제 애니메이션을 렌더링할 차례다.

⫸ 레벨 시퀀서에서 테스트 애니메이션 렌더링하기

애니메이션을 렌더링하려면 우선 시퀀서 상단의 슬레이트 모양 아이콘 옆에 있는 3개
점을 클릭해 **무비 씬 캡처(레거시)**를 선택한 다음, 슬레이트 모양 아이콘을 클릭한다.

그림 7.20 슬레이트 모양 아이콘을 클릭한다.

NOTE

> 무비 렌더 큐(Movie Render Queue) 플러그인을 설치했다면 렌더링 작업에 어떤 것을 사용할지 물을
> 수 있다. 이런 경우에도 **무비 씬 캡처(레거시)**를 선택한다.

그럼 다음과 같은 **렌더 무비 세팅** 창이 나타난다.

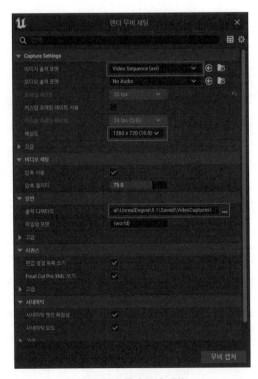

그림 7.21 렌더 무비 세팅

그림 7.21은 모든 값이 디폴트로 설정된 상태를 보여준다. 설정 항목 중 다음 세 가지 항목이 가장 중요하다.

- **이미지 출력 포맷**: 시스템이 재생할 수 있는 동영상 포맷이어야 한다. 기본값은 AVI로 설정돼 있지만 다양한 값으로 설정을 변경할 수 있다.

> **NOTE**
>
> 일부 포맷은 플러그인을 설치해야 할 수도 있다. **편집** 메뉴의 **플러그인**에서 검색해보고, 지원하는 플러그인이 없다면 추가 설치하는 것을 권장한다.

- **해상도**: 기본 해상도는 **1280×720(16:9)**로 설정돼 있다. 원하는 해상도로 변경하면 된다.

- **출력 디렉터리**: 기본적으로 렌더링된 동영상은 프로젝트 폴더 하위에 저장된다. 원하는 다른 디렉터리에 저장하는 것도 가능하다.

렌더링 세팅이 모두 완료됐다면 **무비 캡처**를 클릭하자. 렌더링을 수행하는 데 다소 시간이 걸릴 것이다. 기다리는 동안 그림 7.22와 같이 프리뷰 창을 통해 동영상을 미리 볼 수 있다.

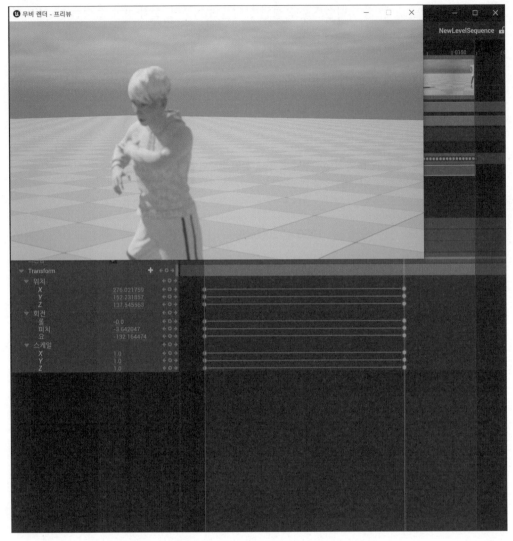

그림 7.22 무비 렌더 - 프리뷰 창

출력 디렉터리로 이동한 다음, 생성된 AVI 파일을 클릭해 완성된 동영상을 확인해보자.

낮은 사양의 시스템에서는 렌더링이 완료된 것처럼 보이지만, 프리뷰 창이 열려 있는 상태로 유지되는 경우도 있다. 모든 프레임을 작성하는 프로세스를 거친 다음, 퀵타임 파일에 포함돼 있는 프레임과 연관된 프로세스를 추가로 수행해야 하는 경우도 있다. 해상도가 높거나 파일 용량이 큰 경우, 그리고 시스템이 느리다면 이 과정들이 처음 렌더링을 수행하는 과정만큼이나 오래 걸릴 수 있다.

요약

이번 장에서는 레벨 시퀀스를 생성하고 이를 캐릭터에 추가하는 방법을 알아봤다. 또한 앞선 장에서 만들었던 모캡 데이터에 기반해 메타휴먼 릭에 키프레임을 추가하는 법과 문제를 수정하기 위해 애디티브 섹션을 적용하는 법도 알아봤다.

그다음에는 레벨 시퀀서에서 키프레임을 추가하고 수정하는 법을 알아봤으며, 카메라를 생성하고 카메라 애니메이션을 만드는 법도 확인해봤다. 마지막으로는 언리얼 엔진 5에서 비디오 파일을 익스포트하는 방법도 배웠다.

다음 장에서는 아이폰을 사용해 페이셜 모션 캡처를 하는 방법을 알아본다.

08

아이폰으로 페이셜 모션 캡처하기

앞선 장에서는 레벨 시퀀서를 사용해 애니메이션을 조정하고 비디오 렌더링을 수행해 바디 모션 캡처를 더 잘 활용하는 방법을 살펴봤다. 애니메이션을 관리할 때 레벨 시퀀서는 필수적으로 사용하는 툴이므로, 이후 페이셜 모션 캡처 작업을 진행할 때도 다시 활용하게 될 것이다.

이번 장에서는 아이폰의 뎁스 카메라^{depth camera}와 안면 추적 기능^{facial tracking feature}을 활용해 메타휴먼에 적용할 페이셜 모션 캡처에 대해 알아본다. 메타휴먼은 음성을 포함해 놀라울 만큼 사실적인 표현이 가능하도록 매우 정교하고 복잡한 안면 제어 기능을 제공한다. 따라서 자기 스스로 혹은 배우의 연기를 캡처해 미묘한 표정 변화까지 전달할 수 있다.

이 장에서는 다음과 같은 주제를 살펴본다.

- 라이브 링크 페이스 앱 설치하기
- (테이크 레코더를 포함한) 언리얼 엔진 플러그인 설치하기

- 라이브 링크 앱을 언리얼 엔진에 연결하고 설정하기

- 메타휴먼 블루프린트 설정하고 테스트하기

- 라이브 데이터 조정하고 캡처하기

기술적인 요구 사항

이 장을 진행하려면 1장에서 제시한 기술적인 요구 사항과 2장에서 언리얼 엔진으로 임포트한 메타휴먼 캐릭터가 필요하다.

또한 아이폰과 플러그인을 설치할 수 있는 수준의 안정적인 Wi-Fi 연결도 확보돼야한다.

아이폰 요구 사항에 대해 좀 더 알아보자. 아이폰 X나 아이패드 프로(3세대) 이상의 사양을 권장하는데, 이 정도 사양의 단말에는 뎁스 카메라가 내장돼 있고 이를 활용해 모션 캡처를 진행할 것이기 때문이다.

또한 2미터에 가까운 아주 긴 충전용 케이블이 필요하다. 페이셜 모션 캡처를 수행하는 동안 아주 빠르게 배터리가 소모되므로, 전원이 연결된 상태에서 아이폰을 사용하는 것을 추천한다.

라이브 링크 페이스 앱 설치하기

라이브 링크 페이스 앱은 무료 앱으로 아이폰 혹은 아이패드의 앱 스토어에서 바로 다운로드 가능하다. 이 앱을 사용하면 아이폰에 내장된 뎁스 카메라와 안면 인식 기능, 픽셀 트래킹 기능을 활용할 수 있으며, 이를 통해 ARKit에서 동작하는 데이터를 만들어낼수 있다. 실시간으로 페이셜 모션 캡처 데이터를 수집할 뿐만 아니라, 인터넷 프로토콜[IP]에 기반한 Wi-Fi 연결을 통해 데스크톱 컴퓨터로 이 데이터를 전송할 수도 있다. 언리얼 엔진의 라이브 링크 유틸리티가 이 데이터를 획득해 이후 작업에 활용하게 된다.

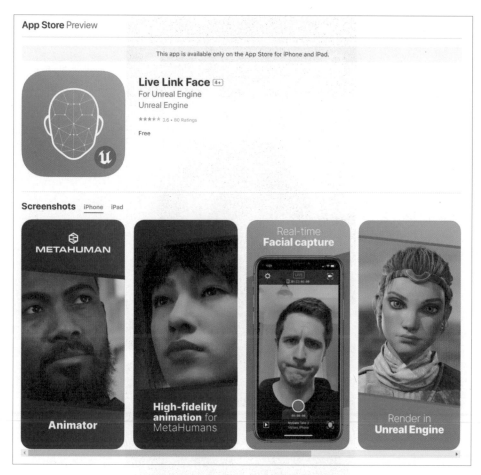

그림 8.1 애플 앱 스토어의 라이브 링크 페이스 앱

다운로드와 설치가 완료되면 앱을 실행해 동작하는지 테스트해본다. 앱을 실행하면 우
선 캡처 모드를 선택해야 한다. **라이브 링크(ARKit)**와 **메타휴먼 애니메이터** 옵션을 선택할
수 있다. 우선은 **라이브 링크(ARKit)**를 선택하자. 캡처 모드는 이후 앱을 사용하면서 언제
든지 변경할 수 있다. 라이브 링크 옵션을 선택하면 그림 8.2와 같이 메시 오버레이가
활성화돼 당신의 얼굴을 세밀하게 트래킹하고 있는 화면을 볼 수 있다.

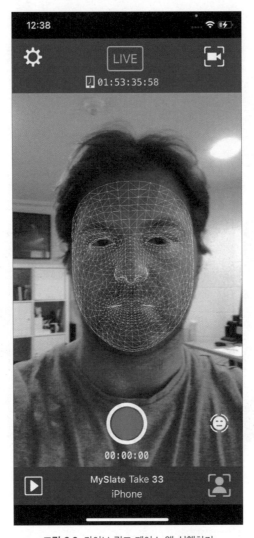

그림 8.2 라이브 링크 페이스 앱 실행하기

얼굴의 움직임을 추적하는 것을 확인함으로써 앱이 정상적으로 동작한다는 사실을 알수 있다. 지금 시점에서는 앱에서 더 이상의 작업을 수행할 필요가 없다. 다음 섹션에서는 아이폰에서 모션 캡처 스트리밍 데이터를 받을 수 있는 라이브 링크와 같은 언리얼엔진 플러그인을 설치해볼 것이다.

᠁테이크 레코더를 포함한 언리얼 엔진 플러그인 설치하기

앞서 언급했듯이 언리얼 엔진에 여러 개의 플러그인을 설치해야 한다. 다행히 이 플러그인들은 메타휴먼 캐릭터를 처음 다운로드하고 임포트할 때 자동으로 설치된다. 다음의 플러그인들이 설치돼 있는지 다시 한 번 확인한다.

- 라이브 링크
- 라이브 링크 컨트롤 릭
- 라이브 링크 커브 디버그 UI
- 애플 ARKit
- 애플 ARKit 페이스 서포트
- 테이크 레코더

최상단 메뉴에서 **편집**을 선택한 다음, **플러그인**을 선택해 필요한 플러그인을 편리하게 설치할 수 있을 것이다.

라이브 링크, 라이브 링크 컨트롤 릭, 라이브 링크 커브 디버그 UI

라이브 링크 플러그인을 찾으려면 그림 8.3과 같이 플러그인 검색창에 라이브 링크를 입력한다. 그럼 체크박스에 파란색으로 체크 표시가 된 플러그인들이 활성화돼 있다는 것을 알 수 있다.

그림 8.3 라이브 링크 플러그인 활성화

앱을 사용하기 위해 필수적인 플러그인을 간단히 살펴보자.

라이브 링크

라이브 링크^{Live Link}는 언리얼 엔진으로 서드 파티 애플리케이션의 애니메이션 데이터를 스트리밍할 수 있게 해주는 코어 플러그인이다. 사용자는 이 플러그인을 통해 모션빌더^{MotionBuilder}나 마야^{Maya}와 같은 애플리케이션에서 작업한 내용을 언리얼 엔진의 뷰포트를 통해 변경하고 업데이트하며, 그 결과를 실시간으로 확인할 수 있다. 이 책에서 사용자는 라이브 링크 아이폰 앱과 같은 애플리케이션을 통해 언리얼 엔진으로 직접 데이터를 스트리밍하는 법을 배우게 될 것이다.

라이브 링크 컨트롤 릭

라이브 링크 컨트롤 릭^{Live Link Control Rig}은 서드 파티 애플리케이션을 통해 유입되는 데이터와 캐릭터의 애니메이션 컨트롤러가 서로 통신할 수 있게 해준다. 메타휴먼은 사용자가 수동으로 애니메이션을 조작할 수 있는 컨트롤 릭을 갖고 있으며, 라이브 링크 컨트롤 릭은 동일한 컨트롤 릭 프로토콜을 사용해 이와 통신한다.

라이브 링크 커브 디버그 UI

서드 파티 애니메이션 데이터 소스가 언리얼 엔진으로 전송되는 과정을 모니터링하고 디버깅하는 목적으로 라이브 링크 커브 디버그 UI^{Live Link Curve Debug UI} 플러그인을 사용한다.

ARKit과 ARKit 페이스 서포트

그다음으로 ARKit과 ARKit 페이스 서포트가 필요하다. ARKit은 애플 iOS 카메라 디바이스에서만 동작하도록 설계된 AR 솔루션으로, 언리얼은 이를 통해 유입되는 데이터를 인식할 수 있다. ARKit 페이스 서포트는 아이폰의 뎁스와 RGB 카메라를 사용하는 페이스 트래킹에 특화된 솔루션이다.

플러그인 탭의 검색창에서 ARKit을 입력해보자. 그럼 여러 개의 다양한 ARKit 플러그인을 확인할 수 있다.

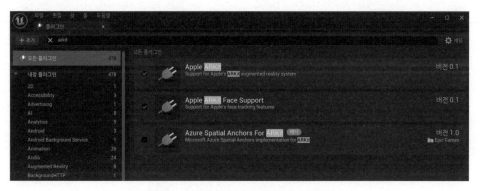

그림 8.4 언리얼 엔진의 ARKit 플러그인 활성화

테이크 레코더

마지막으로 활성화해야 하는 플러그인은 바로 테이크 레코더^{Take Recorder}다. 테이크 레코더는 그 자체를 카메라라고 생각하면 된다. 테이크 레코더는 라이브 링크가 수신한 모션 캡처 데이터를 기록하고, 재생을 위해 저장한 다음, 이를 레벨 시퀀서로 임포트한다. 비디오 카메라처럼 우리가 원하는 최고의 테이크를 얻을 때까지 여러 개의 테이크를 기록할 수 있다.

그림 8.5처럼 플러그인 검색창에서 테이크 레코더를 검색하고 활성화한다.

그림 8.5 언리얼 엔진의 테이크 레코더 플러그인 활성화

NOTE

일부 플러그인의 활성화 작업을 마무리하려면 언리얼 엔진을 재시작해야 한다.

필요한 모든 플러그인이 활성화됐다면, 다음 섹션으로 이동해 라이브 링크 페이스 앱을 설정함으로써 언리얼 엔진으로 데이터를 보낼 수 있도록 만들어보자.

라이브 링크 페이스 앱을 언리얼 엔진에 연결하고 설정하기

아이폰에 라이브 링크 페이스 앱을 설치했고 언리얼 엔진에 라이브 링크 플러그인을 활성화했으니 이제 이 둘이 서로 통신할 수 있게 해야 한다. 우리의 목표는 아이폰에서 PC 혹은 라이브 링크 앱으로 모션 캡처 데이터를 보내고 다시 이 데이터를 언리얼 엔진으로 보내는 것이다.

이를 위해 가장 먼저 PC의 IP 주소를 확인해야 한다.

1. 윈도우 키를 누른 다음 cmd를 입력해 커맨드 창을 연다.

2. 커맨드 창에서 ipconfig를 입력한다.

3. 그럼 상세한 IP 설정을 확인할 수 있다. 'IPv4 주소' 항목을 찾는다. 다음과 같은 형식일 것이다.

```
192.168.100.155
```

각 PC에 할당되는 고유의 값이므로 이 숫자를 별도로 기록해두자.

4. 그다음에는 아이폰에서 라이브 링크 페이스 앱을 실행한다.

5. 좌측 상단의 톱니바퀴 모양 아이콘을 클릭한다. 그림 8.6을 참조하자.

그림 8.6 설정 아이콘 클릭하기

6. 톱니바퀴 아이콘을 통해 설정 항목으로 접근할 수 있다. 여기서 **라이브 링크** 항목을 클릭하자.

그림 8.7 라이브 링크/아이폰 항목 클릭하기

7. 이어서 **타깃 추가**를 클릭하고 컴퓨터의 IP 주소를 입력하자.

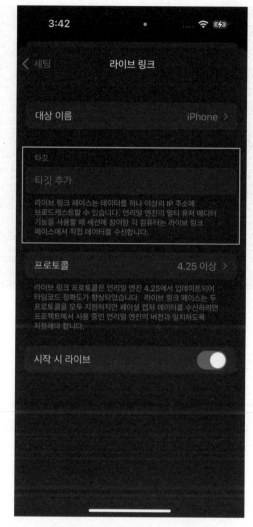

그림 8.8 타깃을 추가해 IP 주소 입력하기

앱에서 IP 설정이 완료됐다면, 언리얼 엔진으로 돌아가 정상적으로 신호를 수신하는지 확인해야 한다.

8. 언리얼 엔진에서 **창** 메뉴를 선택한 다음, **버추얼 프로덕션**, **라이브 링크**를 차례대로 선택한다. 그럼 다음과 같은 라이브 링크 인터페이스를 확인할 수 있다.

그림 8.9 라이브 링크 인터페이스

그림 8.9에서 라이브 링크가 자동으로 신호를 인식하고 있는 것을 확인할 수 있다. 그림 에서도 보듯이 소스 타입을 'Apple AR 페이스 트래킹'으로 인지하고 있으며 신호를 보 내는 대상을 iPhone으로 인식하고 있다. 여기서 보이는 'iPhone'이라는 이름은 아이폰 을 구매할 당시 기본적으로 입력돼 있는 이름이다. 기기의 이름을 변경했다면, 변경된 이름이 **서브젝트 이름** 항목에 표시될 것이다.

iPhone이라는 이름 옆으로 롤 항목이 보이고, '기본'으로 표시된 것과 그 오른쪽에 노란 색 점이 표시돼 있는 것을 확인할 수 있다. 점은 신호의 상태를 표시한다.

- 만약 붉은색 점이 표시된다면 수신되는 데이터가 없다는 것을 의미한다. 라이브 링크 페이스 앱이 종료됐거나 아이폰의 전원이 꺼졌을 때와 같이 적절하지 않은 설정/상태임을 보여주는 것이다.

- 노란색 점이 표시된다면 양쪽 애플리케이션이 서로 핑을 주고받고 있지만 활성화 된 ARKit 데이터는 존재하지 않는 것을 의미한다.

- 녹색 점이 표시된다면 라이브 링크 페이스 앱으로부터 ARKit 데이터가 언리얼 엔

진으로 정상적으로 수신되고 있다는 것을 의미한다.

양쪽의 앱이 효과적으로 통신하고 있는 것을 확인했으므로, 이제 다음 단계로 넘어가 메타휴먼이 데이터를 수신하도록 설정을 변경해보자.

⁂ 메타휴먼 블루프린트 설정하고 테스트하기

이제 메타휴먼 블루프린트에서 라이브 링크 데이터를 수신하도록 만들어야 한다. 이 과정은 매우 간단하다.

1. 콘텐츠 폴더에서 메타휴먼 블루프린트를 연다.

2. 왼쪽의 **컴포넌트** 탭에서 계층구조의 최상단에 위치한 **BP_(메타휴먼 이름)**을 클릭한다. 예제의 경우는 BP_Glenda이다. 이 과정을 거치면 그림 8.10처럼 **디테일** 패널을 편집할 수 있다.

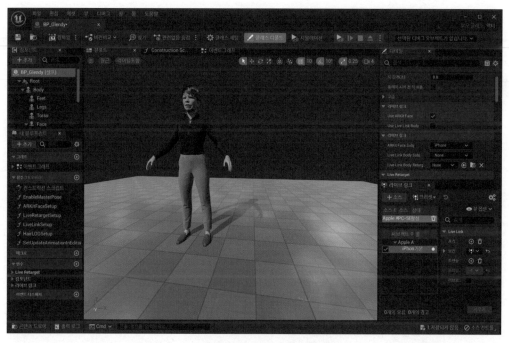

그림 8.10 메타휴먼 블루프린트 열기

3. **디테일** 패널에서 **라이브 링크** 옵션을 찾는다. **Use ARKit Face** 항목을 체크한 다음, 그 아래의 **ARKit Face subj** 항목을 드롭다운해 **iPhone** 항목을 찾는다.

4. **Use Live Link Body** 옵션을 클릭하면, 머리의 움직임을 블루프린트에 반영할 수 있다.[1]

그림 8.11 Use Live Link Body 옵션을 활성화해 머리의 움직임을 반영한다.

컴포넌트 탭에서 **Face**를 클릭한 다음, **디테일** 패널에서 **애니메이션** 항목을 그림 8.12와 같이 설정한다.

5. **포스트 프로세스 블루프린트 비활성화** 항목이 체크됐는지 다시 한 번 확인한다.

6. **애니메이션 모드**를 **Use Animation Blueprint** 항목으로 설정하고 **애님 클래스**를 **Face_AnimBP_C**로 설정한다.

7. **컴파일** 버튼을 눌러 컴파일을 수행하고 블루프린트를 저장한다. 저장하지 않으면 변경 사항이 적용되지 않는다.

---

1 이 옵션을 사용하려면 아이폰의 라이브 링크 페이스 앱에서 **헤드 회전** 옵션이 활성화돼 있어야 한다. 그림 8.7에서 **헤드 회전** 옵션의 위치를 확인할 수 있다. – 옮긴이

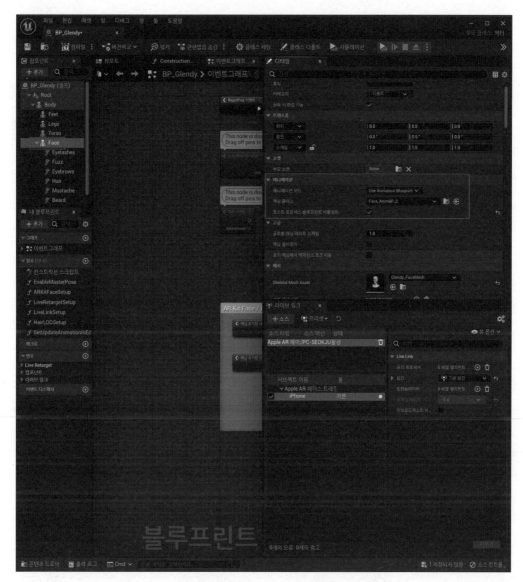

그림 8.12 애니메이션 모드와 애님 클래스를 설정한다.

블루프린트 변경을 완료했다면, 라이브 링크 페이스 앱에서 메타휴먼 블루프린트로 스트리밍되는 모션 캡처 데이터를 테스트해본다. 테스트를 시작하기 전에 다음 항목들을 확인해보자.

- 앱에 IP 주소가 잘 입력돼 있는지 여부

- 라이브 링크가 활성화돼 있고 실행되고 있는지 여부

- 메타휴먼 블루프린트가 아이폰의 신호를 수신하고 있고 **디테일 패널**의 **ARKit Face Subj** 항목이 제대로 설정돼 있는지 여부

- 그림 8.12와 같이 메타휴먼 페이스 블루프린트의 **애니메이션 모드**가 **Use Animation Blueprint**로, **애님 클래스**가 **Face_AnimBP_C**로 설정돼 있는지 여부

체크리스트를 확인했다면, **Alt + P**를 눌러 시뮬레이션을 수행해보자. 뷰포트에 실시간으로 페이셜 캡처가 반영돼야 한다.

앞 장에서 진행했던 레벨 시퀀서가 열려 있다면, 딥모션 3D 애니메이션을 통해 획득한 캐릭터의 바디 위에서 새로운 페이셜 애니메이션을 확인할 수 있을 것이다. 레벨 시퀀서에서 바디 애니메이션을 재생하면서 동시에 라이브 페이셜 캡처를 볼 수 있다.

사실 아이폰의 모션 캡처는 그리 완벽하지 않다. 하지만 데이터를 수신한 다음 수정할 수 있는 영역이 매우 넓고 데이터가 저장된 다음에도 다시 수정할 기회를 제공하는 강력한 툴이라는 점은 분명하다.

NOTE

> 머리 회전만 동작하고 다른 것들은 동작하지 않는 것과 같은 문제가 발생할 수 있다. 이는 이미 알려진 버그로, 퀵셀 브리지를 업데이트해 해결할 수 있다. 언리얼 엔진 5.0.3 버전 이상을 사용한다면 퀵셀 브리지 플러그인의 버전을 5.0.0 이상으로 업데이트해야 한다. 그런 다음, 캐릭터를 다시 다운로드하고 임포트해야 한다.

다음 섹션에서는 라이브 링크 페이스 앱을 조정해 더 나은 산출물을 얻는 방법을 알아본다.

⫶ 라이브 데이터 조정하고 캡처하기

좀 더 나은 산출물을 얻으려면 ARKit 캡처 프로세스에서 연기자의 특성을 고려해 데이터를 얻어야 한다. 그림 8.13에서 확인할 수 있듯이 앱은 눈과 코, 입과 턱 등 연기자의 얼굴 비율을 정확하게 캡처했다. 여기에 '무표정^{neutral pose}'을 추가해 캘리브레이션을 수행한다면 전반적으로 더 나은 산출물을 얻을 수 있다.

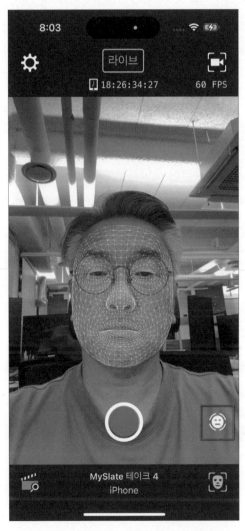

그림 8.13 라이브 링크 페이스 앱 캘리브레이션

기준선과 무표정이 어떻게 동작하는지 알아보기 위해 눈썹을 예로 들어보자. 무표정 상태에서 눈썹이 0에 위치해 있고, 찡그린 표정일 때 -10, 놀란 표정일 때 +15에 위치한다고 가정해보자. 무표정 상태일 때 눈썹이 어느 위치에 있는지 앱이 알고 있다면, 놀란 표정이나 찡그린 표정을 더 잘 인식하고 표현할 수 있을 것이다.

라이브 링크 페이스 앱의 캘리브레이션은 무표정 하나만 측정하므로 매우 간단하다. 그림 8.13에서 붉은색 사각형으로 강조한 얼굴 모양 아이콘이 현재의 표정(무표정)을 보여주고 있다. 원래 이 부분에는 (+) 기호가 표시돼 있으며, 이 기호를 클릭하면 '무표정을 짓고 녹화 버튼을 클릭하여 캘리브레이션을 저장하세요'라는 메시지가 출력된다. 원한다면, 표정 아이콘을 다시 클릭해 캘리브레이션을 다시 수행할 수 있다.

캘리브레이션이 완료됐다면 표정 연기를 캡처할 준비를 해야 할 때다. 다음의 세 가지 항목이 고려돼야 한다.

- **시스템 성능**: 시스템과 언리얼 엔진이 최대한 높은 프레임 레이트로 최대한 많은 데이터를 가져올 수 있도록 해야 한다. 따라서 실사에 가까운 높은 수준의 조명이나 카메라 이펙트와 같이 프로세서를 많이 사용하는 작업들은 최대한 적게 수행해야 한다. 또한 백그라운드에서 셰이더 작업이 수행되지는 않는지, 다른 애플리케이션이 구동되지는 않는지를 확인해야 한다.

- **테이크 레코더**: 테이크 레코더 플러그인을 통해 얼굴 모션 캡처를 수행할 것이므로, 이 플러그인이 활성화돼 있어야 한다.

- **레벨 시퀀서**: 레벨 시퀀서를 통해 얼굴 모캡을 임포트하고 재생할 것이다. 필요하다면 앞에서 살펴본 것처럼 애니메이션을 수정할 수도 있다.

이제 휴대폰을 사용해 얼굴을 캡처하는 전체 과정을 하나하나 살펴보자.

1. 휴대폰을 조명이 충분한 장소에 고정하고 전면 카메라가 연기자를 정면으로 바라보게 조정한다.

2. 라이브 링크의 신호가 정상적으로 수신되고 있는지 확인한다(휴대폰 이름 옆에 녹색 점이 표시

3. 모든 렌더링 설정을 **낮음**으로 설정하고 복잡한 액터를 씬에서 숨기거나 제거한다. 그림 8.14는 엔진 퀄리티를 **낮음**으로 설정하고 **언릿**^{Unlit} 모드를 사용한 화면을 보여 준다.[2]

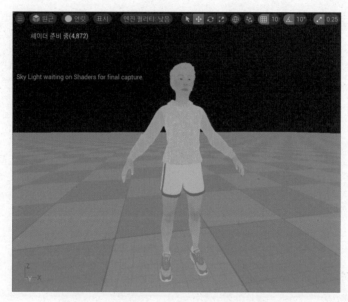

그림 8.14 '엔진 퀄리티 낮음'과 '언릿' 모드가 반영된 뷰포트

4. **창** 메뉴를 선택한 다음 **시네마틱, 테이크 레코더**를 순서대로 클릭해 테이크 레코더를 실행한다.

5. **+ 소스** 버튼을 클릭해 캐릭터 블루프린트를 추가한다. **액터에서** 항목을 클릭한 후 캐릭터 블루프린트를 검색해 선택하고, **라이브 링크에서** 항목에서 iPhone을 선택한다.

---

2   엔진 퀄리티 설정을 **낮음**으로 설정하려면 화면 오른쪽 상단의 톱니바퀴 모양 세팅을 클릭한 다음, 엔진 퀄리티 세팅 항목에서 모든 옵션을 **낮음**으로 일괄 설정하면 된다. - 옮긴이

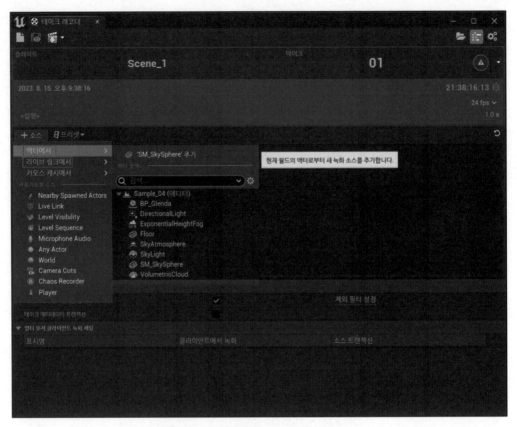

그림 8.15 테이크 레코더에 소스 추가하기

6. 준비가 완료됐으면 **Alt** + **P**를 눌러 시뮬레이션을 시작한다. 그다음, **테이크 레코더** 창의 붉은색 레코드 버튼을 누른다.

시뮬레이션이 수행되면 모션 캡처가 시작된다. 그림 8.16과 같이 3초의 카운트다 운이 수행되는 것을 확인할 수 있다.

그림 8.16 3초 카운트다운

녹화가 시작되자마자 블루프린트 트랙과 아이폰 트랙이 테이크로 기록될 것이다. 레벨 시퀀서에서도 이 트랙들이 표시되면서 어떤 트랙들이 녹화되고 있는지 보여 줄 것이다.

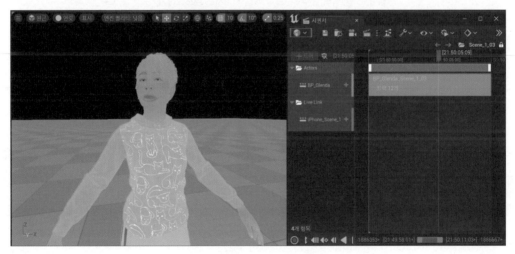

그림 8.17 레코딩된 트랙들

만족할 만한 수준의 모캡 세션을 얻었다면 테이크 레코더의 정지 버튼을 누르고 **Esc**를 눌러 시뮬레이션을 중단한다.

7. 레벨 시퀀서로 돌아가 페이셜 모캡을 확인할 수 있다. 레벨 시퀀서에서 아무것도 보이지 않는다면, **+트랙** 버튼을 클릭한 후 **액터를 시퀀스로** 항목을 선택하고 캐릭터 블루프린트를 검색한다. 그림 8.18을 참조하자.

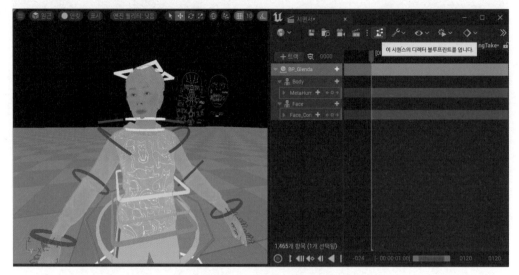

그림 8.18 캐릭터 블루프린트를 레벨 시퀀서로 임포트하기

그림 8.18에서도 알 수 있듯이 캐릭터를 불러올 때 얼굴과 바디의 릭 모두를 가져 온다. 모캡으로 캐릭터를 움직일 것이므로 이 릭들을 제거해야 한다.

8. 레벨 시퀀서에서 릭을 제거했다면 **Face**를 클릭한 다음, **+트랙**을 클릭하고 **애니메이 션** 항목을 선택해 에셋 검색창을 활성화한다. 가장 최근의 모캡 세션은 목록의 가 장 아래에 위치한다. 예제의 경우는 **BP_Glenda_Scene_1_01_0**을 선택했다.

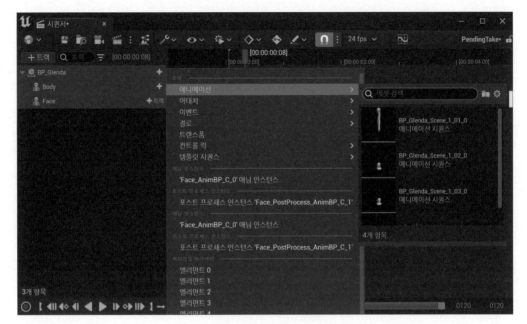

그림 8.19 레벨 시퀀서에 액터 추가하기

9. 테이크를 선택했다면, 레벨 시퀀서에서 플레이 버튼을 눌러 모션 캡처를 확인해 보자.

앞 장에서 사용했던 리타깃된 애니메이션이 적용된 캐릭터 블루프린트가 유효하다면 이 바디 애니메이션을 임포트해도 좋다. 만일 음성이 필요해 언리얼 엔진 내부에서 음성을 테스트하고 싶다면 레벨 시퀀서에서 오디오를 재생할 수도 있다. 이 기능은 페이셜 캡처와 오디오의 싱크가 맞는지 확인할 때 유용하게 사용할 수 있다.

대부분의 연기가 머리와 표정에서 주로 이뤄지지만, 몸도 그에 따라 자연스럽게 움직이므로 바디와 페이스를 동시에 캡처하는 것을 추천한다. 바디와 페이스의 싱크를 맞출 때는 두 요소를 동시에 캡처해야 제대로 된 결과물을 얻을 수 있다.

아이폰의 솔루션은 딥모션 애니메이트 3D(DeepMotion Animate 3D)와 동시에 동작할 수 있다. 이를 위해 아이폰의 뎁스 카메라가 늘 정면을 향해 있어야 하고, 양손이 모두 자유로운 상태에서 페이셜 캡처 릭이 필요하다. 카메라가 항상 일정한 거리를 유지한다면 더욱 이상적이다. 카메라가 머리에서 멀어지면, 이 또한 머리의 움직임으로 간주돼 부정확한 데이터를 만들어내게 된다.

모캡 디자인(MOCAP Design)과 같은 회사는 아이폰과 연동돼 동작하는 헬멧을 전문적으로 제작한다. 웹 사이트(https://mocapdesign.com/m2-headcam)에 접속하면 아이폰과 고프로 카메라를 활용한 솔루션을 살펴볼 수 있다.

이런 솔루션들은 상대적으로 고가여서 DIY 솔루션이나 3D 프린트를 활용하는 방식이 비용 대비 효과적일 수 있다. 라이브 스트리머가 자신의 휴대폰을 항상 일정 거리 떨어진 상태로 유지하게 해주는 솔루션도 존재한다. 물론 이 솔루션도 완벽하지는 않지만, 손에 들고 있거나 삼각대를 사용하는 것보다는 더 나은 산출물을 만들어준다.

⁂ 요약

이번 장에서는 언리얼 엔진의 메타휴먼과 연동되는 아이폰의 페이셜 모션 캡처 솔루션을 살펴봤다. 라이브 링크 앱과 라이브 링크 및 ARKit 플러그인을 사용해 라이브 데이터를 캡처했을 뿐 아니라, 테이크 레코더와 레벨 시퀀서를 사용해 모캡을 저장하고 조정해봤다.

다음 장에서는 페이스웨어를 사용하는 좀 더 전문적인 수준의 페이셜 모션 캡처에 대해 알아본다.

09

페이스웨어로 페이셜 모션 캡처하기

8장에서는 아이폰에서 라이브 링크 페이스 앱을 사용해 페이셜 데이터를 캡처하는 방법을 알아봤다. 물론 탁월한 솔루션이기는 하지만, 그 한계도 명백했다. 캘리브레이션과 같이 미세한 조정이 어렵다는 점도 분명한 한계로 보인다. 오직 '무표정$^{neutral\ pose}$'만을 활용해 캘리브레이션을 수행할 수 있었기 때문이다.

이번 장에서는 AAA 게임과 영화에서 사용되는 좀 더 전문적인 솔루션을 살펴본다. 아이폰의 뎁스 카메라와 달리 다양한 캘리브레이션 옵션을 제공하는 비디오 카메라 기반 솔루션인 '페이스웨어 스튜디오$^{Faceware\ Studio}$'가 바로 그것이다.

메타휴먼의 페이셜 모션 캡처와 관련해 페이스웨어가 제공하는 향상된 캘리브레이션 기능뿐만 아니라, 레벨 시퀀서의 애디티브 툴도 좀 더 자세히 알아본다.

이 장에서는 다음과 같은 주제를 살펴본다.

- 윈도우 PC에 페이스웨어 스튜디오 설치하기
- 언리얼 페이스웨어 플러그인과 메타휴먼 샘플 설치하기

- 웹캠과 스트리밍 기능 설정

- 페이스웨어 데이터 수신을 위해 라이브 링크 활성화하기

- 메타휴먼 블루프린트 편집하기

- 테이크 레코더로 세션 기록하기

- 레벨 시퀀서로 테이크 임포트하기

- 언리얼에서 페이셜 애니메이션 굽고 편집하기

⁞∷ 기술적인 요구 사항

이 장을 진행하려면 1장에서 제시한 기술적인 요구 사항과 2장에서 언리얼 엔진으로 임포트한 메타휴먼 캐릭터가 필요하다.

또한 다음과 같은 항목들도 필요하다.

- 조명이 잘 설치돼 있는 방과 웹캠

- 원활하게 플러그인을 다운로드할 수 있는 안정적인 인터넷 접속 환경

- 페이스웨어 스튜디오

NOTE

주의: 페이스웨어 스튜디오는 결코 저렴한 소프트웨어가 아니지만, 새 아이폰을 사는 것보다는 경제적이다. 개인 사용자라면 한 달에 15달러를 지불하는 인디(Indie) 라이선스를 추천한다. 물론 프리 트라이얼 버전을 활용하는 것도 방법이다.

윈도우 PC에 페이스웨어 스튜디오 설치하기

페이스웨어 스튜디오를 설치하기 위해 웹 페이지(https://facewaretech.com/pricing)로 이동하자. 페이스웨어 스튜디오를 다운로드하는 데는 크게 두 가지 방법이 있다. 첫 번째는 페이스웨어 스튜디오 (인디) 버전을 정식으로 구매하는 것으로, 매년 179달러의 비용을 지불해야 한다. 두 번째는 페이스웨어 스튜디오의 프리 트라이얼 버전을 다운로드하는 것이다.

물론 후자가 더 매력적이라고 느낄 것이다. 그림 9.1을 참조해 **페이스웨어 스튜디오** 항목에서 **Try now**를 선택하자.

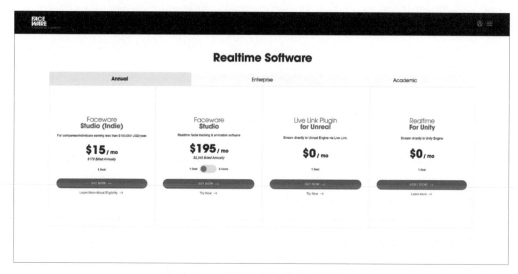

그림 9.1 페이스웨어 구매 옵션

그림 9.2와 같이 페이스웨어 계정을 생성하는 화면을 볼 수 있다.

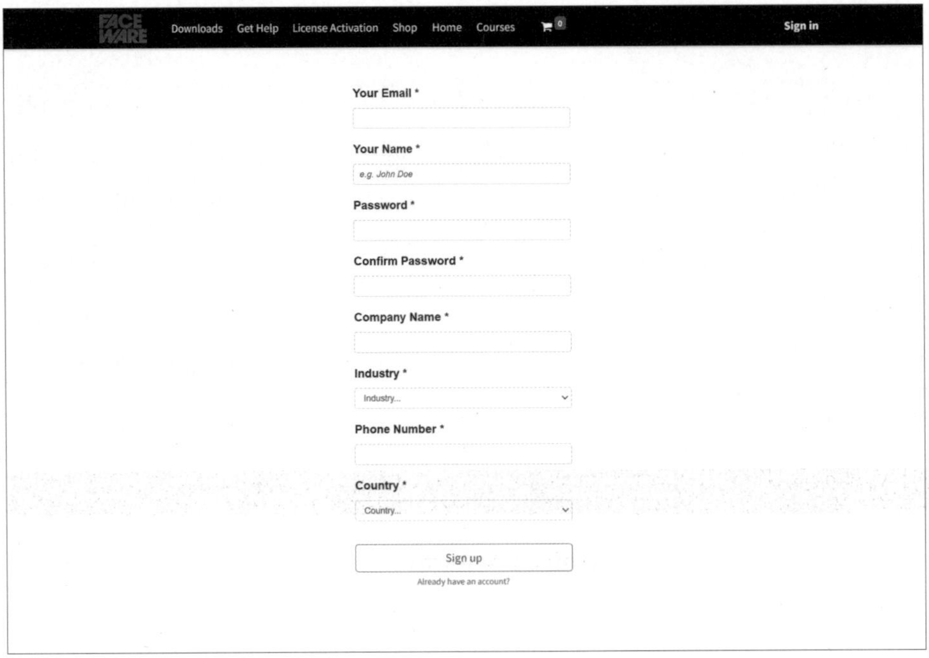

그림 9.2 페이스웨어 계정 생성

계정이 생성되면 다시 다운로드 화면으로 돌아가자. 그림 9.3과 같이 다운로드 가능한 페이스웨어 스튜디오의 버전을 확인할 수 있다(만일 페이스웨어 스튜디오 제품이 보이지 않는다면 화면을 스크롤 해서 확인해보자). 여기서 **다운로드** 버튼을 클릭한다.

그림 9.3 30일 무료 사용 버전 다운로드

다운로드가 완료되면 installer.exe 파일을 실행한다. 간단한 화면 안내를 거쳐 페이스웨어 스튜디오 설치를 완료할 수 있다.

다음 섹션에서는 페이스웨어 라이브 링크 플러그인을 다운로드하고 설치해볼 것이다. 이 플러그인을 통해 언리얼이 페이스웨어 애플리케이션 데이터를 수신할 수 있게 된다. 여기에 더해 페이스웨어 작업에 적합하게 설계된 메타휴먼 샘플도 다운로드해 활용해본다.

언리얼 페이스웨어 플러그인과 메타휴먼 샘플 설치하기

언리얼 페이스웨어 플러그인을 설치하려면 에픽게임즈 런처에서 **마켓플레이스**를 선택한다. 이어서 Faceware Live Link를 검색한 다음, 그림 9.4와 같이 플러그인 페이지로 이동하고 **무료**를 클릭해 설치한다.

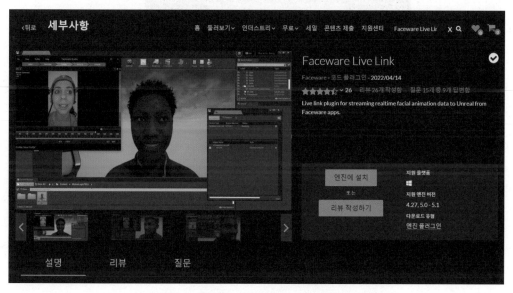

그림 9.4 에픽게임즈 런처의 페이스웨어 라이브 링크 페이지

플러그인의 설치를 완료한 다음, 페이스웨어 플러그인 페이지를 스크롤 다운해보면 그림 9.5와 같이 샘플 메타휴먼 블루프린트를 다운로드하는 링크를 발견할 수 있을 것이다.

그림 9.5 샘플 메타휴먼 블루프린트

Download Blueprint 버튼을 클릭하자. 에픽게임즈 사이트를 벗어나 외부 사이트로 이동한다는 메시지가 출력될 것이다.

그림 9.6 외부 사이트로 계속 이동을 선택한다.

외부 사이트로 계속 이동을 선택한다. 기본적으로는 미리 설정된 다운로드 폴더에 저장된다.

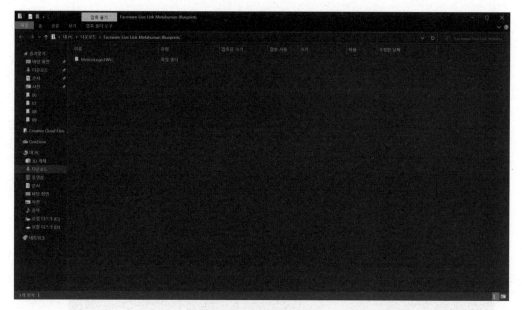

그림 9.7 샘플 메타휴먼 블루프린트 저장하기

임의의 장소에 파일을 저장하거나, 직접 프로젝트의 메타휴먼 폴더 아래로 파일을 다운
로드할 수 있다. 만일 프로젝트 폴더의 위치를 모르고 있다면 언리얼 프로젝트의 **콘텐츠
브라우저**에서 이를 확인할 수도 있다. **콘텐츠 브라우저**에서 메타휴먼 폴더를 선택한 다음
우 클릭하면, 그림 9.8과 같이 **탐색기에서 표시** 항목을 확인할 수 있을 것이다.

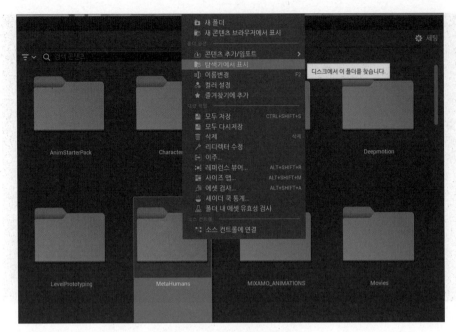

그림 9.8 프로젝트 폴더 위치 찾기

탐색기에서 표시를 클릭하면, 윈도우 탐색기가 열리고 프로젝트 파일의 위치를 확인할 수
있다. 다운로드했던 파일을 프로젝트 폴더로 이동하거나 복사한다.

그림 9.9 프로젝트 폴더로 다운로드 파일 이동하기

이제 블루프린트 파일이 프로젝트 폴더에 저장됐다. 파일이 압축된 상태이므로 동일한 폴더 안에서 압축을 풀어준다. 작업을 완료하면 언리얼 엔진을 다시 시작해야 한다. 엔진이 재시작하면서 메타휴먼 샘플이 프로젝트에 업데이트되고, 이를 통해 메타휴먼에서 페이스웨어 플러그인을 사용할 수 있게 될 것이다.

다음 섹션에서는 페이스웨어 스튜디오 소프트웨어에서 웹캠을 통해 얼굴을 스캔하는 것을 알아본다.

웹캠과 스트리밍 기능 설정하기

다음 단계 중 가장 먼저 수행해야 할 일은 컴퓨터에 연결된 웹캠이나 카메라가 원활하게 동작하는지 확인하는 것이다. 줌^{Zoom}이나 팀즈^{Teams} 같은 화상 회의 솔루션에 사용하는 카메라가 있다면 페이스웨어에서도 원활하게 동작할 것이다.

- 페이스웨어 스튜디오 소프트웨어를 실행해보자. 그림 9.10과 유사한 인터페이스를 확인할 수 있을 것이다.

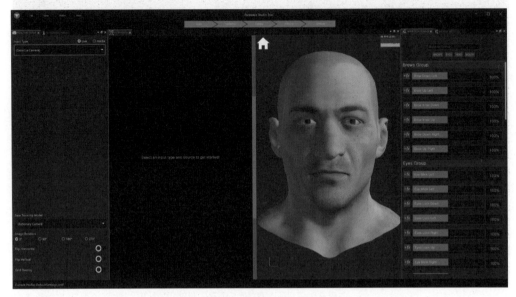

그림 9.10 페이스웨어 인터페이스

웹캠과 스트리밍 기능을 설정하려면 **REALTIME SETUP** 탭과 **STREAMING PANEL** 탭을 살펴봐야 한다.

리얼타임 셋업 패널

화면의 왼쪽에서 **REALTIME SETUP** 패널을 확인할 수 있다. **Input Type** 항목에서 드롭다운 버튼을 눌러 설치된 웹캠을 선택한다. 웹캠을 선택하면 바로 그림 9.11과 같이 좀 더 많은 옵션 항목이 노출된다.

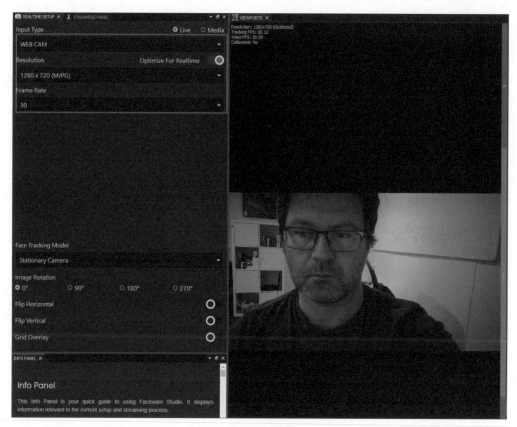

그림 9.11 REALTIME SETUP 패널

옵션들을 한번 살펴보자.

Input Type

Input Type 옵션을 통해 사용하려는 비디오의 종류를 선택할 수 있다. 라이브 페이셜 캡처 데이터를 스트리밍 형태로 언리얼에 전송해야 하므로, 우선 Live 옵션을 선택한다. Media 옵션을 선택해 컴퓨터에 미리 저장된 동영상을 사용할 수도 있지만, 이 옵션은 사용하지 않을 것이다.

Resolution

Resolution은 입력되는 비디오 시그널이 어느 정도 크기로 표시될 수 있는지를 의미한다. 웹캠과 컴퓨터가 초고해상도의 이미지를 처리할 수 있다면, 페이스웨어 역시 해당 해상도의 이미지를 처리할 수 있을 것이다. 예제의 웹캠은 최대 3840×2160 해상도를 지원한다. 이 이상의 고해상도 이미지를 처리하는 것은 사실 큰 이점이 없다. 따라서 좀 더 실용적인 1280×720 해상도를 선택한다. 이 정도 해상도라면 최대 해상도만큼 많은 데이터를 제공하지는 않지만 추적에 필요한 모든 정보를 제공할 수 있다.

모션 JPEG^{MJPEG} 압축 코덱 알고리듬을 사용하는 MPG, 혹은 H264 코덱 알고리듬을 사용하는 H264 포맷 중 원하는 것을 선택할 수 있다. 해상도와 관련해 더 원활하게 동작할 수 있는 포맷을 선택하면 된다. 이 부분은 다음 섹션에서 더 자세히 설명한다.

Frame Rate

Frame Rate는 정확한 모션 캡처를 수행하는 데 아주 중요한 요소다. 5장, '믹사모로 애니메이션 리타기팅하기'에서는 초당 30프레임 이상의 프레임 레이트로 모션 캡처를 수행할 수 있었다. 이 장에서 우리의 목표도 동일하다. 그림 9.11에서도 보이는 것처럼 초당 30프레임을 선택할 수 있다.

이미지를 처리하는 데 걸리는 시간을 줄이려면 **Optimize For Realtime** 옵션을 활성화한다. 이 옵션을 활성화하면 해상도를 줄이고 프레임 레이트를 늘릴 수 있다. 그림 9.11을 다시 한 번 살펴보자. 뷰포트의 왼쪽 상단에 표시되는 해상도와 프레임 레이트가 최적화돼 있다는 것을 알 수 있다. 그림 9.12는 이 옵션을 사용하지 않을 경우와 사용하는 경우의 차이를 보여준다.

그림 9.12 해상도에 따른 프레임 레이트 변화

그림 9.12의 왼쪽 화면에서 보듯이, 해상도를 3840×2160으로 설정하면 프레임 레이트가 14.38에 지나지 않는다. 반면 해상도를 1280×720으로 최적화하면 30.06에 달하

는 프레임 레이트를 얻을 수 있다. 30fps[프레임 레이트]나 그 이상의 프레임 레이트를 목표로 했다는 점을 상기한다면 만족할 만한 수치일 것이다.

Tracking FPS가 Video FPS와 동일하다는 점도 눈여겨볼 만하다. Tracking FPS가 더 낮다면 소프트웨어에 문제가 있다는 것을 의미한다. 다른 애플리케이션이 동시에 수행되고 있어서 페이스웨어가 사용할 수 있는 리소스가 적을 수도 있다. 따라서 페이스웨어 외의 다른 애플리케이션을 종료해 페이스웨어가 사용할 수 있는 리소스를 최대한 확보하는 것이 좋다.

NOTE

Tracking FPS와 Video FPS 간의 차이는 단순하다. Tracking FPS는 소프트웨어가 얼마나 빠르게 이미지 안에서 얼굴의 영역을 정확히 식별해내는지를 나타낸다. 이와 달리 Video FPS는 소프트웨어가 웹캠으로부터 초당 받아들이는 프레임이 어느 정도인지를 나타낸다.

페이스 트래킹 모델

그림 9.11을 다시 한 번 살펴보면 **Frame Rate** 항목 아래 **Face Tracking Model** 필드가 위치하고 있다. 드롭다운 메뉴를 통해 2개의 옵션을 제공한다.

- **Stationary Camera**: 카메라가 고정돼 있는 안정적인 웹캠에 적합하다. 사용자의 머리는 움직여도 무방하다.

- **Professional Headcams**: 머리에 쓰는 장치에 카메라가 고정돼 있는 전문적인 솔루션에 적합한 옵션으로, 표정을 캡처하는 데 특화된 옵션이다. 이 경우에 사용하는 헤드캠은 목의 움직임을 추적하기에는 부적합하므로 사용자가 고개를 까딱하거나 머리를 흔드는 것과 같은 데이터는 저장되지 않는다. 이런 시나리오에서는 모션 캡처 슈트를 사용해 머리와 목의 움직임을 포함하는 바디 모션을 캡처하는 것이 적합하다. 일반적으로 전문적인 헤드캠을 사용할 때는 바디 캡처와 페이셜 캡처가 동시에 수행되며 이를 통해 더 자연스러운 결과를 얻을 수 있다.

예제에서는 **Stationary Camera**를 선택한다.

Image Rotation

카메라가 뒤집히거나 기울어진 경우 비디오 신호를 90도까지 조작해 이 문제를 수정할 수 있다. 예제의 경우에는 잘 고정돼 있는 카메라를 사용하므로, **Image Rotation** 항목을 0으로 설정했다.

Flip Horizontal과 Flip Vertical

위아래가 뒤바뀌거나 미러 이미지 등이 필요할 경우 이 옵션을 적절히 사용하면 된다. 예제에서는 이 옵션도 사용하지 않는다.

Grid Overlay

얼굴을 프레임 가운데 두고 싶다면 이 기능을 유용하게 사용할 수 있다. 하지만 이번 예제에서는 사용하지 않는다.

STREAMING PANEL을 살펴보기에 앞서, 비디오 신호가 페이스웨어로 실시간으로 전달되고 있는지를 확인한다. **CALIBRATE NEUTRAL POSE**를 선택한 다음, 표정이 없는 상태를 유지하면 뷰포트 좌측 상단 메시지 중에서 **Calibrated** 항목이 **Processing...**으로 변경된다. 프로세스가 완료되면 그림 9.13처럼 눈썹, 눈, 코, 입에 오렌지색의 트래킹 마커가 붙고 표정이 변경될 때 함께 움직이는 것을 관찰할 수 있다.

그림 9.13 동작하는 트래킹 마커 확인

302

얼굴이 라이브로 추적되는 것을 확인했다면, 스트리밍 패널로 데이터를 보내는 것이 가능한지 확인해야 한다.

스트리밍 패널

STREAMING PANEL을 선택하면 그림 9.14와 같은 화면이 나타난다.

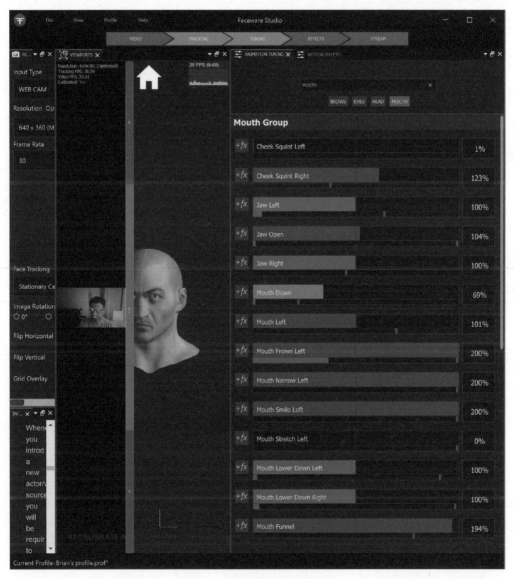

그림 9.14 스트리밍 패널

스트리밍 패널의 옵션들을 살펴보자.

STREAM TO CLIENT

첫 번째 옵션은 **STREAM TO CLIENT** 토글 버튼으로, 버튼을 오른쪽으로 토글해 활성화한다. 옵션이 활성화되면 페이스웨어가 모션 캡처 데이터를 클라이언트로 스트리밍한다. 예제의 경우는 이 클라이언트 언리얼 엔진이 되는 것이며, 라이브 링크를 통해 이 데이터를 수신한다.

앞 단계에서 라이브 비디오 신호를 확인하지 않은 상태라면 **STREAM TO CLIENT** 옵션을 활성화할 수 없다는 것에 유의하자.

두 번째로 살펴볼 옵션은 **PORT**이다. 라이브 링크 플러그인이 설치돼 있다면 이 포트는 자동으로 설정된다. 페이스웨어 설치가 진행되는 동안 페이스웨어는 스트리밍에 활용할 포트를 검색한다. 만일의 경우를 대비해 이 포트를 따로 기록해둬도 좋다. 예제의 경우는 기본값인 802를 그대로 사용했다.

이제 페이스 트래킹을 수행할 준비가 완료됐다. 필요하다면 그림 9.15와 같이 **CALIBRATE NEUTRAL POSE**를 다시 한 번 수행한다.

그림 9.15 CALIBRATE NEUTRAL POSE

캘리브레이션을 수행하는 동안 웹캠을 바라보고 5~10초 정도 무표정한 상태를 유지해야 한다. 완료되면 자동으로 얼굴을 트래킹할 것이다. 그림 9.16과 같이 CGI 캐릭터가 머리의 움직임과 표정을 따라 하는 것을 확인할 수 있다.

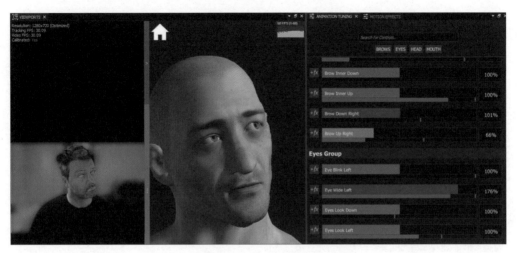

그림 9.16 ANIMATION TUNING PANEL

그림 9.16에서도 확인할 수 있듯이 화면 오른쪽에 **ANIMATION TUNING** 패널이 위치하고 있다. 머리의 움직임에 따라 여러 개의 바가 따라 움직이는 것을 확인할 수 있는데, 이는 ARKit이 페이스 트래킹한 결과에 따라 실시간으로 변경하는 것이다. 이 부분은 이후 좀 더 자세히 살펴본다. 지금은 우선 실시간 설정 기능만 살펴본다.

CONTROL SCHEMA

CONTROL SCHEMA는 페이스웨어 스튜디오의 스트리밍 데이터에 사용되는 명명 규칙을 의미한다. ARKit을 활용하므로 **ARKIT**을 활성화한다. **LEGACY**와 **STANDARD**는 메타휴먼 디자인에 사용되는 ARKit에 해당하는 옵션이 아니므로 이 책에서는 더 이상 다루지 않는다.

STREAM FACE GROUPS

STREAM FACE GROUPS 기능을 사용해 얼굴의 특정 부분을 스트리밍에서 제외할 수 있다. 머리의 회전을 녹화하지 않는 전문적인 헤드캠을 사용한다면 **HEAD** 옵션을 비활성화하는 것을 권장한다. 이 예제에서는 바디 모션 캡처 솔루션을 사용해 머리의 회전까지 함께 캡처할 것이다.

머리와 얼굴의 모든 움직임을 기록할 것이므로 **STREAM FACE GROUPS** 바로 아래의 **ALL** 옵션을 활성화한다. 얼굴의 한 부분만 캡처하고 싶다면, 예를 들어 눈썹 부분만 캡처하고 싶다면 **BROWS** 옵션만 활성화하면 된다.

지금부터 스트리밍을 시작할 수 있지만, 페이스웨어 인터페이스의 마지막 부분인 스테이터스 바^{Status bar}를 살펴보고 넘어가자.

스테이터스 바

그림 9.17과 같이 화면 상단에는 다양한 색으로 구성된 툴바가 있다. 이 툴바를 사용하면 문제가 발생했을 때 빠르게 수정할 수 있다.

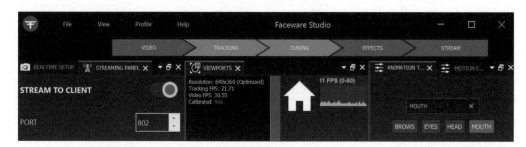

그림 9.17 상단 툴바

툴바는 왼쪽부터 순서대로 다음과 같이 구성돼 있다.

- **VIDEO**: 방금 살펴봤던 **REALTIME SETUP**의 단축키다.

- **TRACKING**: 그림 9.18에서 보이는 뷰포트의 단축키로, 이를 활용해 트래킹이 잘 진행되고 있는지 시각적으로 확인할 수 있다. 그림 9.18에서도 보듯이 머리의 움직임뿐만 아니라 안경 너머의 윙크까지 추적 가능하다.

그림 9.18 뷰포트

- **TUNING**: TUNING 패널로 이동하는 단축키로, 문제가 발생했을 때 가장 많은 수정 과 조정이 수행되는 곳이다. 이 패널에는 눈썹, 눈, 머리, 입을 더 상세하게 조정할 수 있는 다양한 옵션이 존재한다. 복잡하고 어렵게 보일 수 있지만, 보기보다 사용 하기는 쉬운 편이다.

CGI 캐릭터의 턱이 실제 웹캠에서 찍히는 턱의 움직임만큼 넓게 열리지 않는다고 가정해보자. 이런 경우라면, **Jaw Open**의 파란색 슬라이드를 오른쪽으로 드래깅 해 200%로 설정해보자. 그림 9.19에서는 이와 유사하게 Mouth 관련 슬라이드를 200%로 조정했다.

만일 CGI 캐릭터의 턱이 웹캠 비디오보다 더 많이 열린다면, 해당 슬라이드를 왼 쪽으로 조절해 값을 줄이면 된다. **TUNING** 패널의 모든 항목에 동일한 요령을 적 용할 수 있다.

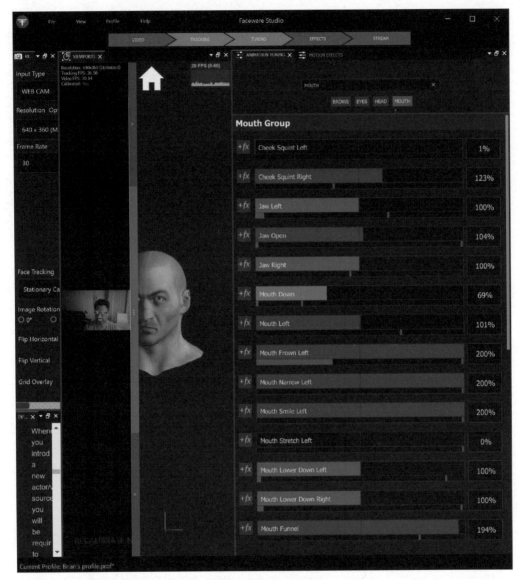

그림 9.19 Tuning

- **EFFECTS**: 자주 사용하는 패널은 아니지만, **TUNING** 패널만으로 만족할 만한 결과
  를 얻지 못했을 때 유용하게 사용할 수 있다. 예를 들어, CGI 캐릭터의 얼굴이 미
  소를 지을 때 입의 왼쪽이 올라간다고 가정해보자. 이 문제를 수정하려면 **+NEW**

EFFECT를 선택한 다음, **Select a Primary Control**을 선택한다. 상단 메뉴에 **BROWS**, **EYES**, **HEAD**, **MOUTH**가 보이는데, 여기서는 입의 모양을 조정할 것이므로 **MOUTH**를 선택한다. **MOUTH**를 선택하면 조정 가능한 다양한 옵션을 확인할 수 있다. 그중에서 **Mouth Smile Left**를 선택한다. 그다음에는 **Select an Effect** 항목을 클릭해 **Offset**을 선택하고, **Offset Value** 항목에서 값을 직접 입력하거나 버튼을 조작해 값을 선택한다. 예제에서는 그림 9.20과 같이 음수 값을 넣어서 입꼬리가 올라가는 것을 조정했다.

그림 9.20 Effects

- **STREAM**: **STREAMING PANEL**의 단축키이며, 이 부분은 앞에서 먼저 살펴봤다.

상단 메뉴에 보이는 이 모든 버튼이 녹색으로 표시되는 것이 가장 이상적이다. 노란색과 녹색을 오간다면 효과적으로 설정됐으나 최적화된 것은 아니다. 붉은색으로 표시된다면 설정을 변경해야 한다.

붉은색 버튼은 주로 웹캠이 인지할 수 있는 범위에서 얼굴이 벗어났을 때 표시된다. 페이스 트래킹 기능 자체는 충분히 효과적이지만, 한 번 프레임을 벗어나면 얼굴을 추적할 수 없어 바로 붉은색 버튼을 출력할 것이다. 프레임 레이트가 낮게 설정됐을 때도 붉은색 버튼이 출력될 수 있다. 낮은 프레임 레이트로 인해 얼굴을 추적하는 것이 어려워지기 때문이다.

이 패널들, 특히 **TUNING** 패널을 더 자세히 알아보기 전에 언리얼로 돌아가 페이셜 캡처 데이터를 정상적으로 수신하는지 확인하고, 이어서 메타휴먼 블루프린트를 살펴본다.

페이스웨어에서 기본으로 제공하는 CGI 캐릭터를 통해 조정하는 것보다 메타휴먼이 페이셜 트래킹에 어떻게 반응하는지 확인하고 조정하는 것이 훨씬 효과적이다.

⫶ 라이브 링크로 페이스웨어 데이터 수신하기

메타휴먼을 살펴보기 전에 우선 라이브 링크에서 신호를 잘 수신하는지 확인해보자.

언리얼에서 **창** 메뉴를 선택한 다음, **버추얼 프로덕션**과 **라이브 링크**를 차례로 선택해 플러 그인을 연다. 그림 9.21을 참조하자.

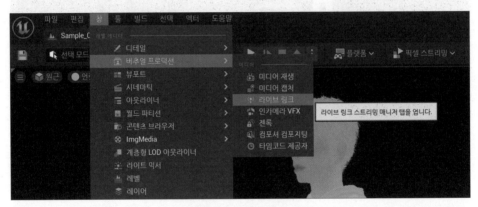

그림 9.21 라이브 링크 열기

그림 9.22와 같이 페이스웨어로부터 수신되는 신호를 선택하기 위해 **Faceware Live Link**를 선택한다. 그림 9.14에서 페이스웨어 **STREAMING PANEL**을 살펴볼 때 확인했던 포트 넘버와 동일한 포트 넘버가 표시되는 것에 유의하자. 만일 **라이브 링크**에서 표시되 는 포트 넘버가 페이스웨어 포트 넘버와 다르다면 이 둘을 동일하게 조정해야 한다.

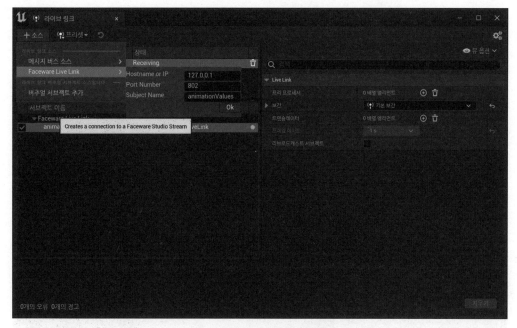

그림 9.22 라이브 링크 포트 넘버

페이스웨어의 **STREAMING PANEL**에서 **STREAM TO CLIENT** 옵션이 활성화돼 있는지 확인한 다음, 페이스 트랙이 원활하게 동작하는지, 즉 상태를 보여주는 점이 붉은색으로 표시되는 것은 아닌지 확인해야 한다. 라이브 링크가 라이브 신호를 원활하게 수신하고 있다면 그림 9.22처럼 녹색 점이 표시된다. 그렇다면, 이제 메타휴먼 블루프린트 작업을 수행할 준비가 완료된 것이다.

⋗ 메타휴먼 블루프린트 편집하기

메타휴먼 블루프린트를 레벨 시퀀서에 추가해야 하므로 새로운 레벨 시퀀서를 생성해야 한다.

1. 새로운 레벨 시퀀스를 하나 생성하고 아웃라이너의 캐릭터 블루프린트를 레벨 시퀀서로 드래그 앤 드롭한다. MetaHuman_ControlRig와 Face_ControlBoard_

CtrlRig가 자동으로 생성되지만, 둘 다 사용하지 않을 것이므로 삭제한다.

2. 레벨 시퀀서에서 **Face**를 클릭한다. 그림 9.23처럼 **디테일** 패널에서 **애니메이션 모드**와 **애님 클래스**를 설정한다.

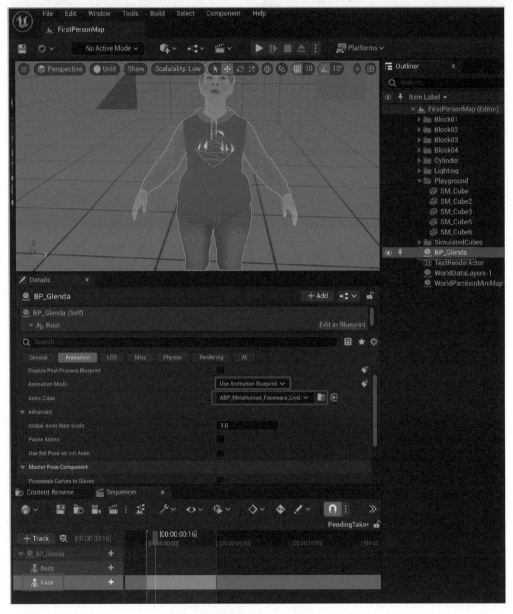

그림 9.23 라이브 링크 포트 넘버

애니메이션 모드는 Use Animation Blueprint가 선택되고, 애님 클래스는 ABP_Metah uman_Faceware_LiveLink Face가 선택돼야 한다.

3. 언리얼 엔진 창의 최상단에 위치한 **플레이** 버튼을 눌러 페이셜 모션 캡처 데이터를 확인해보자. 그럼 페이셜 애니메이션이 게임 시뮬레이션을 통해 실제로 동작하는 것을 볼 수 있다.

다음 섹션에서 테이크 레코더를 사용해야 하므로 **정지**를 눌러 시뮬레이션을 중단한다.

∷ 테이크 레코더로 세션 기록하기

앞선 섹션에서 시뮬레이션을 수행해 페이셜 모션 캡처 데이터를 테스트했다. 이는 간단한 테스트를 수행해보는 목적에 적합했지만, 애니메이션을 만들려면 모션 캡처 데이터를 기록해야 할 필요가 있다. 에픽게임즈가 이런 목적을 충족하기 위해 만들어낸 것이 바로 테이크 레코더다. 이를 통해 모캡 세션을 기록하고 레벨 시퀀서 레벨에서 플레이를 수행해볼 수 있다.

테이크 레코더를 사용하려면 다음 단계를 따른다.

1. 가장 먼저 **테이크 레코더** 탭으로 가서 메타휴먼 블루프린터를 추가해야 한다. 그림 9.24와 같이 **+소스**를 클릭한 다음, **액터에서**를 선택한다.

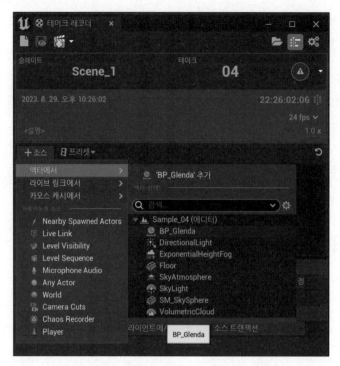

그림 9.24 테이크 레코더에 메타휴먼 블루프린트 추가하기

2. **테이크 레코더** 탭에서 다시 **+소스**를 클릭한 다음, 이번에는 **라이브 링크에서** 메뉴를 선택한다. 여기서는 **animationValues**를 선택한다. 이 메뉴는 페이스웨어에서 스트리밍되는 모든 ARKit 데이터 값, 즉 머리의 회전이나 눈의 깜박임, 입을 벌리고 닫는 것 등을 참조한다.

그림 9.25 테이크 레코더에 animationValues 추가하기

3. 테이크 넘버를 눈여겨보자. 예제의 경우에는 'Scene_1 테이크 04'라고 표시되고 있다. 테이크 넘버를 통해 재생하길 원하는 테이크를 좀 더 쉽게 선택할 수 있을 것이다.

4. **녹화** 버튼을 누른다(그렇다, 큰 붉은색 버튼이다).

5. **플레이** 버튼을 눌러 시뮬레이션을 다시 수행한다. 페이스웨어로부터 언리얼로 스트리밍이 시작되면서 애니메이션이 다시 동작할 것이다.

6. **테이크 레코더**에서 **중지** 버튼을 누른다. 새로운 테이크 넘버가 생성되는 것을 확인하자.

7. 캡처한 테이크를 플레이하려면 **애니메이션 모드**를 변경해야 한다. **Face**를 선택한 다음, **애니메이션 모드**를 Animation Blueprint에서 **Use Animation Asset**으로 변경한다. 그림 9.26을 참조하자.

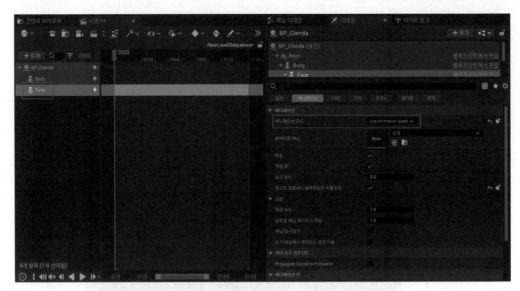

그림 9.26 Use Animation Asset으로 애니메이션 모드 변경하기

테이크를 재생할 때는 **애니메이션 모드**를 **Use Animation Asset**으로 변경하고, 테이크를 녹화할 때는 **Animation Blueprint**로 변경하는 것이다.

다음 섹션에서는 레벨 시퀀서로 돌아가 녹화된 페이셜 모션 캡처를 재생해볼 것이다.

⁝⁝ 레벨 시퀀서로 테이크 임포트하기

페이셜 캡처 테이크를 재생하려면 다음과 같은 단계를 통해 레벨 시퀀서를 편집해야 한다.

1. **Face** 항목의 + 아이콘을 클릭해 애니메이션을 추가한다. 메뉴에서 **애니메이션**을 선택한 다음 가장 최신의 테이크를 찾는다. 그림 9.27을 참조하자.

316

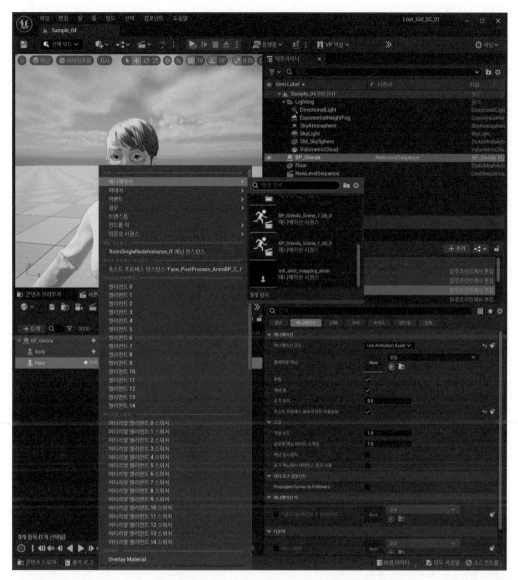

그림 9.27 Face 트랙으로 Animation Asset 추가하기

2. 원하는 트랙을 선택하면 그림 9.28과 같이 자동으로 **Face** 트랙에 추가될 것이다.

그림 9.28 레벨 시퀀서에 테이크 레코더 트랙 추가하기

3. 타임라인에서 원하는 곳에 플레이 헤드를 위치시킨 다음, 스페이스 바를 눌러서
   애니메이션을 재생할 수 있다.

지금까지 모션 캡처 데이터를 직접 레벨 시퀀서로 추가하는 과정을 살펴봤다. 로우 데
이터를 그대로 작업에 사용한 것이므로 추가적인 편집이 필요할 수 있다. 다음 섹션에
서는 캐릭터를 더욱 자유롭게 제어하기 위해 활용할 수 있는 메타휴먼 컨트롤을 살펴
본다.

⋮⋮ 언리얼에서 페이셜 애니메이션 굽고 편집하기

아이폰을 사용해 페이셜 모션 캡처를 추가했던 앞 장의 내용을 바탕으로, 애니메이션
키프레임을 굽는 프로세스를 페이스웨어 스튜디오 캡처^{Faceware Studio Capture}에 적용해
본다.

이 과정은 앞서 바디 컨트롤 릭에 모션 캡처 데이터를 구웠던 과정과 유사하다. 페이스
릭에 동일한 과정을 적용하고, 이어서 애디티브 섹션을 생성해 애니메이션을 조정해볼
것이다.

1. **Face**를 선택한 다음, 우 클릭해 출력되는 메뉴에서 **컨트롤 릭에 굽기**를 선택한다.
   그다음에는 그림 9.29와 같이 **Face_ControlBoard_CtrlRig**을 선택한다.

그림 9.29 컨트롤 릭에 페이셜 캡처 애니메이션 에셋 굽기

컨트롤 릭을 굽고 나면, 그림 9.30과 같은 화면을 확인할 수 있다.

그림 9.30 컨트롤 릭에 구워진 모캡 데이터

2. 실수로 편집하는 것을 막기 위해 트랙을 잠그는 것이 좋다. 그림 9.31처럼 트랙을
선택하고 우 클릭해 나온 메뉴에서 **잠김**을 선택한다.

그림 9.31 구운 트랙 잠그기

3. 트랙을 잠근 상태에서도 애디티브 트랙을 통해 애니메이션을 추가할 수 있다. 이 방법은 키프레임 없이 트랙을 복제하는 효과적인 방법이기도 하다. 그림 9.32와 같이 **Face_ControlBoard_CtrlRig** 오른쪽에 위치한 **+섹션** 버튼을 누른 다음, **Additive** 항목을 선택한다.

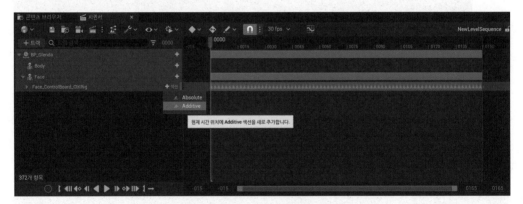

그림 9.32 애디티브 섹션 생성하기

4. 애디티브 트랙을 만들었다면, 이제 키프레임을 추가할 차례다. 이 작업을 수행하기 전에 다시 한 번 원본 모션 캡처 트랙이 잠겨 있는지 확인해보는 것이 좋다. 그

림 9.33과 같이 원본 트랙이 잠겨 있다면 붉은색 테두리가 보일 것이다.

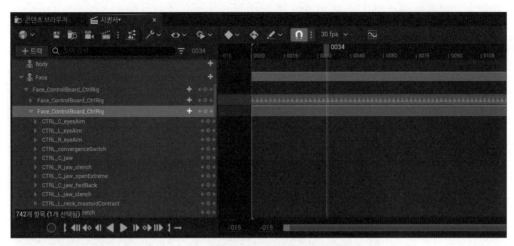

그림 9.33 잠긴 트랙과 새로운 트랙

새로운 애디티브 트랙의 모든 컨트롤러에 키프레임이 설정돼 있지 않은 것을 확인하자. 지금 이 상태가 우리에게 필요한 것이다.

이제 얼굴을 편집해보자. **테이크 레코더** 세션에서, 그리고 레벨 시퀀서에서 모캡을 플레이해보면서 오른쪽 눈이 가끔씩 어색하게 깜박거리는 것을 발견했다고 가정해보자. 녹화 도중에 안경을 쓰고 있다면 이런 증상이 발생할 수도 있다.

우선 시퀀서에서 눈 깜박임을 의미하는 eye blink와 같은 단어를 검색해본다. 다음과 같이 이 동작과 관련된 목록이 나타난다.

그림 9.34 편집할 컨트롤러 선택하기

언리얼 메타휴먼 컨트롤러를 사용해 키프레임 몇 개를 조정하면 문제를 해결할 수 있을 것이다. 그림 9.35에서 보듯이 첫 번째와 세 번째 프레임을 올바른 지점에 배치하고, 그 사이에 두 번째 프레임을 배치해 문제가 되는 프레임을 수정할 수 있을 것이다.

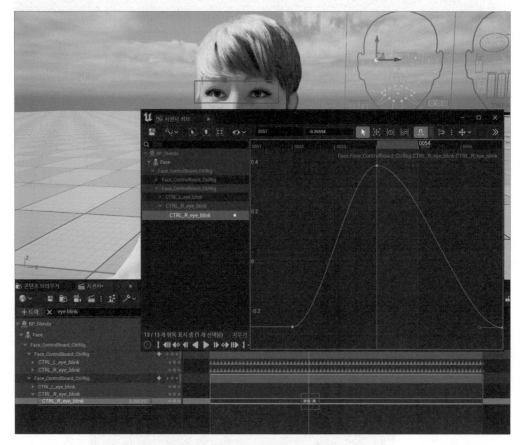

그림 9.35 애니메이션 컨트롤러 조정하기

두 번째 키프레임만 만들게 되면 트랙의 모든 애니메이션에 영향을 미치게 된다. 첫 번째와 세 번째 키프레임을 만들어 그 범위 밖의 애니메이션이 영향을 받지 않도록 해야 한다.

지금까지 레벨 시퀀서에서 모션 캡처 데이터를 편집하는 것을 아주 간단히 살펴봤다. 예제에서는 애디티브 섹션을 추가해 문제를 수정했으며, 특히 모션 캡처 세션에서 이 기능을 아주 잘 활용할 수 있다. 모캡 세션만으로도 충분한 결과를 얻을 수 있는지, 아니면 애니메이션을 나중에 수정하거나 그대로 테이크를 진행하는 것이 비용 효율적인지 판단해야 한다. 이 섹션에서 살펴봤던 기법을 활용하면 간단한 조정 외에도 애니메이션을 근본적인 수준에서 수정할 수 있다.

⁚⁝ 요약

이 장에서는 언리얼 메타휴먼에 적용할 페이스웨어 페이셜 모션 캡처를 살펴봤다. 이 장에서 살펴본 많은 내용이 앞서 아이폰을 이용해 페이셜 모션 캡처를 수행한 부분과 비슷하다. 하지만 앞 장과 달리 웹캠을 사용하는 경험을 해볼 수 있었고, 언리얼에서 데이터를 수신하기 전에 데이터를 수정하는 방법도 더 알아볼 수 있었다.

또한 테이크 레코더에 대해 알아본 내용을 다시 한 번 복습할 수 있었다. 딥모션의 바디 모션 캡처를 구웠을 때와 유사하게 컨트롤 릭에 페이셜 모션 캡처를 굽는 방법도 알아봤다. 마지막으로는 메타휴먼의 다양한 페이셜 애니메이션 컨트롤러에서 발생할 수 있는 이슈들을 강력한 애디티브 기능을 사용해 수정하는 법도 알아봤다.

다음 장에서는 레벨 시퀀서에서 다양한 테이크를 통합하는 방법과 비디오를 렌더링하는 더 다양한 방법을 알아본다.

10

레벨 시퀀서로 애니메이션 블렌딩하기와
고급 렌더링 수행하기

앞선 장들에서는 아이폰을 사용하거나 웹캠과 페이스웨어를 사용해 페이셜 모션 캡처를 수행하는 법을 배웠다. 또한 모션 캡처를 사용해 바디 모션 캡처를 수행하는 법도 살펴봤다. 이 모든 기법에서 레벨 시퀀서를 사용했다.

이번 장에서는 레벨 시퀀서를 사용해 모션 캡처 데이터를 관리하는 법을 알아본다. 바디 모션 캡처와 페이셜 모션 캡처를 동시에 관리하는 법, 타이밍 이슈를 수정하는 법, 테이크를 통합하는 법 등을 다룰 것이다.

여기에 더해 좀 더 깊은 수준의 렌더링 기법도 살펴보고 레벨 시퀀서에서 활용할 수 있는 추가적인 아이템들도 간략히 알아본다.

이 장에서는 다음과 같은 주제를 살펴본다.

- 레벨 시퀀서에 메타휴먼 블루프린트와 바디 모캡 데이터 추가하기
- 레벨 시퀀서에 페이셜 모캡 데이터 추가하기
- 고급 렌더링 기능 알아보기

⫸ 기술적인 요구 사항

이 장을 진행하려면 1장에서 제시한 기술적인 요구 사항과 2장에서 언리얼 엔진으로 임포트한 메타휴먼 캐릭터가 필요하다.

지금까지 이 책의 내용을 잘 따라왔다면 5장과 6장의 믹사모와 딥모션 데이터도 보유하고 있을 것이다. 이 데이터들도 이번 장에서 활용한다.

⫸ 레벨 시퀀서에 메타휴먼 블루프린트와 바디 모캡 데이터 추가하기

이번 섹션에서는 다시 레벨 시퀀서에 메타휴먼을 추가하고, 여기에 바디 캡처 데이터와 페이셜 캡처 데이터 모두를 적용해볼 것이다.

메타휴먼 블루프린트 추가하기

우선 **콘텐츠 브라우저** 안에서 임의의 장소를 우 클릭한 후 **시네마틱, 레벨 시퀀스**를 순서대로 선택해 새로운 레벨 시퀀서를 생성한다.

새로운 레벨 시퀀서가 생성되면 **+트랙** 버튼을 클릭해 그림 10.1과 같이 새로운 메타휴먼 블루프린트를 추가한다(검색창에서 BP를 입력하면 쉽게 블루프린트를 찾을 수 있다).

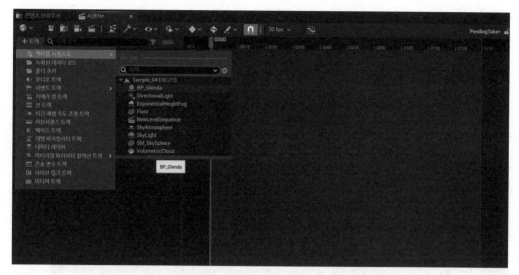

그림 10.1 레벨 시퀀서에 블루프린트 추가하기

시퀀서에 메타휴먼 블루프린트를 추가하면 기본적으로 바디 컨트롤 릭과 페이스 컨트롤 릭이 추가되는 것을 확인할 수 있다.

그림 10.2 바디와 페이스 컨트롤 릭

애니메이션 데이터를 다루는 방법을 배울 것이므로 컨트롤 릭들은 필요하지 않다. 그림 10.2에서 하이라이팅된 2개의 릭을 모두 삭제한다.

레벨 시퀀서가 열려 있는 상태를 유지하자. 이제 바디 모캡 데이터를 추가할 준비가 끝났다.

앞서 리타깃된 모캡 데이터 추가하기

지금까지 이 책의 내용을 잘 따라왔다면 믹사모와 딥모션을 사용해 생성한 바디 모션 캡처 파일을 갖고 있을 것이다.

바디 애니메이션을 추가하려면 그림 10.3과 같이 **+트랙**을 클릭한 다음 **애니메이션** 항목을 선택한다.

그림 10.3 애니메이션 추가하기

리스트에서 원하는 애니메이션을 찾기가 쉽지 않다면 검색 기능을 활용하자. 트랙을 추가하고 리타깃한 경우 Retargeted 접두사를 사용했으므로, 검색창에서도 이를 활용할 수 있을 것이다.

그림 10.4와 같이 트랙을 추가한다. 그림의 오른쪽 부분과 같이 선택한 모캡 트랙의 이름을 다시 한 번 확인할 수 있다.

그림 10.4 트랙 추가하기

8장의 마지막 부분에서 이 단계까지 완성했을 것이다. 다음 섹션에서는 여기에 트랙을 추가하는 것을 알아본다.

바디 모캡을 추가하고 모캡 클립 통합하기

여기서 두 가지 방식으로 모캡 트랙을 추가할 수 있다.

- 애니메이션 트랙을 추가하기
- 애니메이션을 현존하는 트랙에 추가하기

이제 이 방법들을 자세히 살펴보자.

애니메이션 트랙 추가하기

레벨 시퀀서에 애니메이션 클립을 트랙으로 추가하려면, **Body** 항목의 오른쪽에 위치한 + 버튼을 누른다. 이를 통해 타임라인을 따라 위치를 변경할 수 있으며, 키프레임과 웨이트 툴을 사용해 첫 번째 트랙과 블렌딩할 수 있는 추가적인 애니메이션 트랙을 만들 수 있다.

그림 10.5와 같이 이제 2개의 애니메이션 트랙을 확인할 수 있다.

- 첫 번째 트랙인 Happy Dance 파일은 딥모션으로 만들었고, 여기에 2개의 키프

레임을 추가했다. 첫 번째 키프레임은 **웨이트** 값(캐릭터에 영향을 미치는 정도)을 기본값인 **1**로 설정한다. 즉, 캐릭터에 100% 영향을 미친다는 뜻으로, 이는 곧 첫 번째 애니메이션이 캐릭터에 가장 큰 영향을 미친다는 것을 의미한다. 두 번째 키프레임은 **웨이트** 값을 **0**, 즉 캐릭터에 0% 영향을 미치는 것으로 설정한다. 이는 곧 캐릭터에 Happy Dance 애니메이션이 구현되지 않는다는 것을 의미한다. 두 번째 애니메이션 트랙은 이와 반대로 설정할 것이다.

- 두 번째 애니메이션 트랙 역시 믹사모로 제작한 마카레나 춤을 추는 애니메이션이다. 여기에는 처음에는 0%로 시작해 100%로 마무리되는 2개의 키프레임을 추가한다. 그럼 위의 애니메이션 트랙과 함께 섞여서 효과적으로 동작하게 될 것이다.

그림 10.5 다른 트랙 추가하기

현존하는 트랙에 애니메이션 추가하기

추가 트랙을 만들지 않고도 현존하는 트랙에 애니메이션을 추가할 수 있다. **Body** 항목의 **+트랙**을 누르는 대신, **애니메이션** 항목의 **+** 버튼에 마우스 커서를 올리면 보이는 **+애니메이션**을 클릭한다. 그림 10.6을 참조하자.

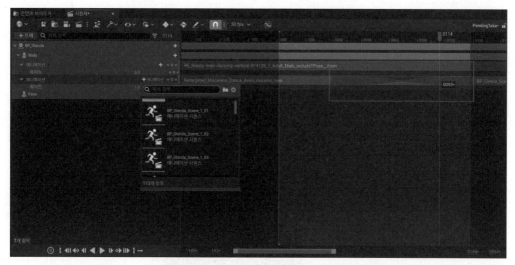
그림 10.6 2개의 애니메이션을 하나의 트랙으로 통합하기

그림 10.6을 보면 이미 하나의 애니메이션이 더 추가돼 있다. 붉은색 사각형으로 표시한 부분에서 2개의 트랙이 변환된다. 하나의 애니메이션 트랙에서 다른 애니메이션 트랙으로 통합되는 과정이 하강 곡선과 상승 곡선으로 표시된다.

이런 방식으로 트랙을 통합하려면 우선 레벨 시퀀서의 첫 번째 트랙의 가장 마지막 부분으로 플레이 헤드를 옮긴다. 만일 기존에 존재하는 트랙의 애니메이션이 100프레임이라면, 추가할 애니메이션의 프레임은 120프레임처럼 100프레임보다 더 높아야 한다. 그렇지 않다면 애니메이션을 트랙에 통합할 수 없다. 이를 확인한 다음, 두 번째 클립을 첫 번째 트랙의 마지막 부분으로 드래그해 첫 번째 클립과 연결한다.

첫 번째 애니메이션과 두 번째 애니메이션이 동일한 애니메이션 트랙에서 자동으로 블렌딩된다. 이 방식을 통해 하나의 트랙에 2개의 애니메이션을 효과적으로 통합할 수 있다. 통합된 2개의 애니메이션(붉은색 상자 표시) 가운데에 보이는 숫자에 유의하자. 플레이 헤드를 움직이면 이 숫자가 변하는 것을 알 수 있다. 0093이라는 숫자는 블렌딩되는 구간에서 플레이 헤드가 위치한 곳까지의 프레임 수를 나타낸다.

다음 섹션에서는 애니메이션을 조정하는 간단한 방법을 살펴본다.

명확한 조정을 위해 스켈레톤 표시 기능 사용하기

애니메이션을 통합하는 과정에서 항상 만족할 만한 결과물을 바로 얻을 수 있는 것은 아니다. 예를 들어 첫 번째 애니메이션에서는 캐릭터가 걷고 있고 두 번째 애니메이션에서는 캐릭터가 뛰고 있다면, 새로운 포지션으로 이동하는 프레임에서 캐릭터가 마치 점프하는 것처럼 보이는 경우가 많다.

이런 현상을 방지하기 위해 레벨 시퀀서에서 **트랜스폼**^{Transform} 트랙을 추가할 수 있다. 그림 10.7을 참조하자.

그림 10.7 트랜스폼 트랙 추가하기

이 과정을 통해 레벨 시퀀서에 새로운 트랜스폼 트랙을 추가할 수 있으며 **위치** 파라미터에 키프레임을 생성할 수 있게 된다. 이제 애니메이션 속성에 영향을 받지 않고 캐릭터를 움직여 위치로 인해 발생하는 문제를 수정할 수 있다. 캐릭터의 움직임은 새로 만든 트랜스폼 트랙에 설정된 키프레임에만 적용되므로, 원본 모션 캡처 데이터가 유실될 걱정은 하지 않아도 된다.

예를 들어 캐릭터가 서 있는 상태로 팔을 흔드는 애니메이션을 만든다고 가정해보자.

모션 캡처를 수행하면서 몸이 무작위로 위로 올라가는 문제가 발생했다면, 파라미터에 키프레임을 추가해 캐릭터가 팔을 흔들 때 무작위로 위로 올라가는 움직임을 해결할 수 있다. 이 과정은 팔의 움직임에 전혀 영향을 미치지 않은 상태로 수행 가능하다.

캐릭터를 A 지점에서 B 지점으로 옮기는 과정에서도 미묘한 조정이 필요할 수 있다. 이런 가시적인 문제를 해결하는 데는 언리얼에서 제공하는 메타휴먼 스켈레톤을 확인할 수 있는 기능이 도움이 된다. 이 기능을 활용하면 메시로 인한 혼란 없이 캐릭터의 정확한 포지션을 설정하는 데 집중할 수 있다.

타임라인에서 임의의 지점을 우 클릭한 다음, **스켈레톤 표시** 항목을 체크한다. 이후 밝은 핑크색의 스켈레톤이 표시될 것이며, 이를 통해 미묘한 조정을 쉽게 수행할 수 있다. 그림 10.8을 참조하자.

그림 10.8 스켈레톤 표시

캐릭터가 걸을 때와 같이 애니메이션이 반복되는 경우, **트랜스폼** 트랙과 **스켈레톤 표시** 기능을 효과적으로 사용할 수 있다.

A 지점에서 B 지점으로 캐릭터가 걸어가는 애니메이션을 만든다고 가정해보자. 루프 애니메이션을 사용해 계속 걸어가는 동작을 만들다가 문제가 발생했다. 캐릭터가 바로 B 지점에 도착하자마자, A 지점으로 다시 돌아가는 것이다.

트랜스폼 트랙을 사용하고 로케이터^{locator}에 키프레임을 배치하면 계속 반복되는 애니메이션을 만들 수 있다.

1. 레벨 시퀀서의 **애니메이션** 트랙에 **트랜스폼** 트랙을 추가한다.

2. 트랙의 마지막 부분으로 이동해 가장 마지막 프레임에 키프레임을 추가한다. **트랜스폼** 트랙에서 엔터 키를 눌러도 동일한 기능을 수행할 수 있다. 이 과정은 애니메이션의 위치를 고정해 다음 단계에 영향을 미치지 않기 위해 수행하는 것이다.

3. 이제 트랙이 반복될 수 있도록 확장한다. 반복되는 섹션의 첫 번째 프레임에 새로운 포지션을 추가해 원래 트랙의 마지막에 도달했을 때 동일한 공간에 위치하도록 한다. 대부분의 경우 X, Y 포지션의 값을 어느 정도 수정해야 하며 캐릭터가 똑바로 걷지 못한다면 Z 값도 수정해야 한다. 모든 클립이 스켈레톤을 표시할 수 있으므로 이를 통해 X축과 Y축을 세밀하게 조정할 수 있을 것이다.

스켈레톤을 표시하는 기능 외에도 애니메이션 클립을 편집할 수 있는 또 다른 옵션들이 존재한다. 트랙의 아무 곳이나 우 클릭한 다음, **프로퍼티** 항목을 확인하면 좀 더 많은 부분을 편집할 수 있다.

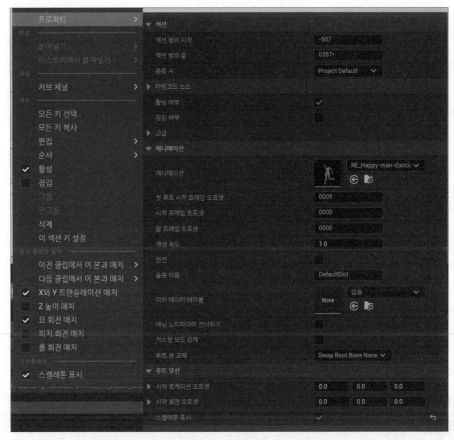

그림 10.9 더 많은 옵션을 설정할 수 있는 프로퍼티 항목

애니메이션을 통합할 때 가장 중요한 것은 프레임 레이트다. 통합하려는 2개의 애니메이션 속도가 다른 경우도 흔하다. **프로퍼티** 항목을 통해 프레임 레이트를 변경함으로써 이 문제를 해결할 수 있으며, 또한 서로 다른 프레임 레이트를 임의대로 설정해 새로운 방식을 시도해볼 수도 있다.

지금까지 바디와 관련된 모캡 데이터를 추가하고 수정하는 방법을 알아봤다. 다음 섹션에서는 애니메이션 트랙을 추가하고 통합했던 것과 동일한 원리를 얼굴에 적용하는 방법을 알아본다.

레벨 시퀀서에 페이셜 모캡 데이터 추가하기

페이스 애니메이션을 추가하고 통합하는 과정은 앞서 바디에서 했던 것과 정확히 동일한 과정을 거쳐 수행된다. 새로운 페이스웨어 트랙을 추가하거나, 존재하는 애니메이션 트랙의 마지막 부분에 애니메이션을 추가하고 트랙을 이동하는 것이다. 이 과정들을 좀 더 자세히 살펴보자.

저장된 페이스웨어 테이크 추가하기

이번 섹션에서는 페이스웨어 페이셜 모션 캡처 파일을 레벨 시퀀서에 추가해볼 것이다. 8장의 **테이크 레코더** 부분에서 저장한 페이스웨어 페이셜 캡처 파일의 위치를 확인하기 힘들다면, 캐릭터 블루프린트 이름에 _Scene 접미사를 붙여서 저장했던 것을 기억하자. 예제에서는 BP+Glenda_Scene을 검색해 원하는 결과를 얻을 수 있었다.

그림 10.10과 같이 테이크 6번 BP_Glenda_Scene_1_06_0과 테이크 1번 BP_Glenda_Scene_1_01_0을 통합할 수 있다.

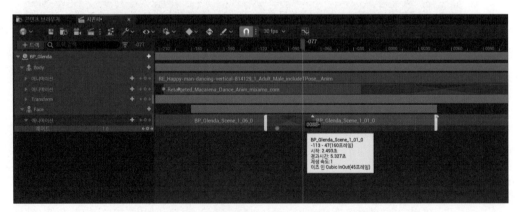

그림 10.10 하나의 애니메이션 트랙에 페이스 애니메이션 추가하기

페이셜 모캡 편집하기

페이셜 캡처 애니메이션 클립을 편집하는 과정은 바디 데이터를 편집하는 과정과 거의 동일하다. 따라서 앞 섹션과 거의 동일한 과정을 따라가면 된다.

8장에서 배운 것처럼, 컨트롤 릭의 키프레임에 트랙을 구울 수도 있고 애디티브 섹션을 추가해 애니메이션을 수정할 수도 있다. 그림 10.11에서는 삼각형 키프레임을 통해 컨트롤 릭을 굽는 동일한 과정을 거쳤음을 알 수 있다.

그림 10.11 컨트롤 릭에 트랙 굽기

페이셜 캡처를 바디 캡처와 함께 동작하도록 만들 때 가장 중요한 것은 타이밍이다. 단순히 페이셜 모캡 애니메이션 트랙을 좌우로 옮겨서 조정할 수도 있지만, 바디 컨트롤 릭이나 페이셜 컨트롤 릭에 더 많은 시간을 투자해 애니메이션을 조정해야 하는 경우도 있다. 얼굴에 적용되는 컨트롤 릭을 원하는 대로 움직이려면, 결국은 여러 번 시도하고 실험할 수밖에 없다. 원본 모션 캡처를 최대한 많이 활용하고 애디티브 섹션을 사용해 애니메이션을 다듬는 것이 최선의 방법이다.

심화된 애니메이션 기능들을 살펴봤으니, 이제는 렌더링과 관련된 심화 기능을 살펴볼 차례다.

⁂ 심화 렌더링 기능 살펴보기

언리얼 엔진이 정말 강력한 도구라는 사실은 아무리 강조해도 지나치지 않다. 특히 렌더링과 관련해서는 절대 실망하지 않을 툴이라 할 수 있다. 언리얼은 멘탈 레이^{Mental Ray}, 아놀드^{Arnold}, V-레이^{V-Ray} 혹은 렌더맨^{RenderMan}과 같은 전통적인 패스 트레이싱^{path-tracing} 렌더링 툴들과 비교해도 손색없는 산출물을 만들어낼 수 있다.

영화 제작이라는 측면에서도 언리얼의 실시간 렌더링 능력은 엄청난 잠재력을 갖고 있다. 언리얼의 카메라와 라이팅은 패스 트레이싱 방식으로 렌더링을 수행하는 마야, 후디니, 블렌더 같은 3D 프로그램과 거의 동일한 기능을 제공한다. 이런 애플리케이션에서 설정된 카메라와 라이팅 설정을 그대로 익스포트해 언리얼로 가져올 수도 있다.

지금 바로, 앞서 소개한 탁월한 렌더링 기능들을 살펴보자.

카메라 추가하고 조정하기

7장에서는 레벨 시퀀서에서 바로 새로운 카메라를 추가하는 방법을 알아봤다. 이 장에서는 레벨 시퀀서를 사용하지 않고 카메라를 추가하는 법을 다룬다.

그림 10.12와 같이 씬에 액터를 추가하는 버튼을 사용해 카메라를 추가할 수 있다. '+'

마크가 붙은 정육면체 모양의 아이콘을 클릭한 다음, **시네마틱**과 **시네 카메라 액터**를 차례대로 선택한다. 선택이 완료되면 씬에 새로운 뷰포트가 추가로 생성된다.

그림 10.12 씬에 카메라 추가하기

그다음에는 레벨 시퀀서로 이동해 **+트랙** 버튼으로 카메라를 추가하고, 방금 생성한 카메라를 선택한다. **+트랙** 버튼을 누른 다음, **액터를 시퀀스로** 항목을 선택하고, CineCamera Actor(추가로 숫자가 붙어 있을 수도 있다)라는 이름이 붙은 카메라를 선택한다.

그림 10.13에서는 카메라 컷의 이미지가 뷰포트에 보이는 배경과 동일함을 알 수 있다. 레벨 시퀀서의 카메라 애니메이션을 바로 뷰포트를 통해 확인할 수 있게 된 것이다.

그림 10.13 자동으로 생성되는 카메라 컷

메타휴먼 블루프린트의 바디나 페이스와 달리, 시네 카메라는 자동으로 트랜스폼 기능이 생성된다. 이를 통해 카메라가 위치하는 X, Y, Z 축 값을 변경할 수 있다. X, Y, Z 축을 사용해 카메라의 회전 설정도 변경할 수 있으며 롤^{Roll}, 피치^{Pitch}, 요^{Yaw}를 각각 설정할 수 있다.

그림 10.14에서도 확인할 수 있듯이, 오른쪽에 키프레임의 속성이 표시된다. 일반적으로 카메라의 움직임을 조정할 때는 **위치** 값과 **수동 초점 거리(포커스 세팅)** 값을 조정해 피사체에 초점을 맞춘다.

그림 10.14 카메라 트랜스폼

레벨 시퀀서에서 매번 키프레임 값을 설정하는 것보다는 뷰포트에서 카메라를 직접 이동해 값을 설정할 수 있는 것이다. 키보드와 마우스를 사용해 마치 1인칭 게임을 플레이하는 것처럼 카메라를 조정할 수 있다.

그림 10.15에서 보이는 오토키^{autokey}를 활용하면 카메라를 움직일 때마다 키프레임을 생성할 수 있다.

그림 10.15 오토키 기능

카메라의 위치뿐만 아니라 카메라가 초점을 맞추고 있는 대상도 변경할 수 있다. 간단히 그림 10.16에서 보이는 '디버그 초점$^{Debug Focus}$' 툴을 사용하면 된다. 이 툴은 우리가 어디에 초점을 맞추고 있는지를 시각적으로 보여준다. 우선 카메라를 선택한 다음, **디버그 초점 평면 그리기**$^{Draw Debug Focus Plane}$를 선택한다. 이 옵션이 활성화되면 뷰포트에 핑크색 평면이 나타나는 것을 확인할 수 있다. 이 핑크색 평면에 위치하는 모든 것에 초점이 완벽하게 맞춰질 것이다.

그림 10.16 카메라 디버그 초점

이제 레벨 시퀀서 안에서 초점과 초점을 맞추는 거리를 제어할 수 있게 됐다. **디버그 초점 평면 그리기** 기능을 사용하면 좀 더 세밀한 조정이 가능하다.

지금까지 카메라의 고급 기능을 살펴봤으니, 이제는 라이트에 대해 알아볼 차례다.

라이트 추가하고 조정하기

레벨 시퀀서에 추가될 수 있는 대부분의 액터는 조정 가능한 속성을 갖고 있다. 더 많은 속성을 레벨 시퀀서에서 조정할 수도 있지만, 우선 레벨 시퀀서에 이들을 수동으로 추가해야 한다.

라이트 역시 우리가 조정할 수 있는 액터 중 하나다. 앞서 카메라를 추가했던 것과 동일한 방법으로 레벨 시퀀서에 라이트를 추가할 수 있다. 이 경우 기본적으로 조정이 가능한 속성은 라이트 강도^{intensity}뿐이다. 하지만 우리가 원하는 다양한 속성을 추가할 수 있다.

그림 10.17에서는 레벨 시퀀서의 카메라 컴포넌트에서 **+트랙** 버튼을 클릭한 다음, 다양한 프로퍼티를 추가할 수 있다. 목록 중에서 하나를 선택하면 조정 가능한 컴포넌트로 레벨 시퀀서에 추가되는 것을 확인할 수 있다.

일반적으로 라이트를 움직이거나 조정하는 경우는 드물다. 라이브 액션을 촬영하면서 조명을 움직이는 것만큼이나 드문 경우라고 할 수 있다. 하지만 유사한 경우가 아주 없지는 않다. 예를 들어 경찰차의 경광등이 깜박이거나, 등대의 조명이 돌아가거나, 캐릭터가 걸어가면서 조명의 강도가 바뀌어야 하는 경우가 발생한다. 언리얼이 제공하는 라이팅에 관해서는 책 한 권 전체를 할애해 설명할 수도 있지만, 우선은 가장 중요한 기능인 포스트 프로세스 볼륨을 알아보자.

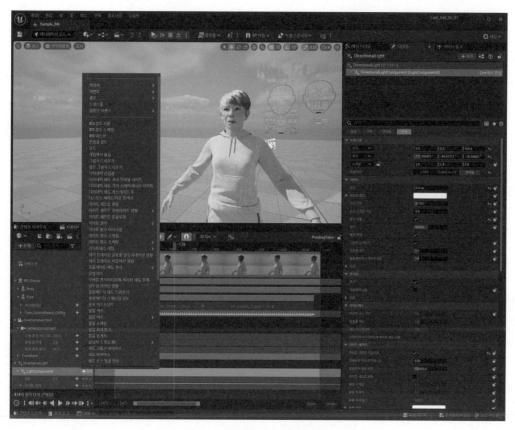

그림 10.17 라이팅 편집하기

포스트 프로세스 볼륨 사용하기

포스트 프로세스 볼륨^Post Process Volume^은 최종 이미지를 다양하게 편집할 수 있는 흥미로운 툴이다. 포스트 프로세스 볼륨은 전체 씬을 감싸고 있으며, 외부의 입력에 의해 영향을 받는 씬 안의 특정한 영역이라고 정의할 수 있다.

포스트 프로세스 볼륨은 대부분의 툴셋이 카메라에 적용되는 이펙트 및 그레이딩^grading^ 툴이다. 예를 들어 플레어, 블룸^bloom^, 색수차^chromatic aberration^와 같이 렌즈에 특화돼 있는 특성들이나 그레인, 노출 변경, 화이트 밸런싱과 같은 속성들을 변경할 수 있다. 최신 비디오 카메라나 디지털 시네마 카메라의 설정 메뉴를 살펴보면, 포스트 프로세스 볼륨과 거의 일치한다. 에픽게임즈는 실시간 렌더링을 구사하기 위해 현실에서 사용하는 도구와 유사한 기능을 제공하는 놀라운 작업들을 수행해오고 있다.

그림 10.18에서 이 기능들 중 몇 가지를 확인할 수 있다.

그림 10.18 포스트 프로세스 볼륨에 렌즈 이펙트 적용하기

여기서 사용한 몇 가지 기능을 살펴보자.

- 렌즈 플레어는 그 효과를 명확하게 인지할 수 있을 것이다. 렌즈 플레어 효과에 익숙하지 않다면, 글렌다의 얼굴을 가로지르는 몇 개의 광점light spot을 확인하면 될 것이다. 이들은 글렌다의 뒤에서 직선으로 비치는 광원에 대응한다. 렌즈 플레어에 핑크색의 틴트tint를 추가했고, 보케Bokeh 크기를 늘려 렌즈 플레어의 크기를 효과적으로 증가시켰다.

- 글렌다의 머리카락이 현실적으로 빛나도록 **블룸**Bloom 효과도 추가했다. 블룸 효과는 프로 미스트 필터pro mist filter와 같이 실제 렌즈에 사용되는 필터를 시뮬레이션한 것이다. 이를 통해 이미지의 하이라이트를 부드럽게 처리해준다.

- 여기에 더해 **필름 그레인**^{Film Grain}, **색수차**^{Chromatic Aberration}, **비네트**^{Vignette} 등 리얼리즘을 강조하기 위해 아주 세밀한 조정이 필요한 옵션들도 설정했다.

  - 필름 그레인은 오래된 필름이나 디지털 카메라에서 발생하는 노이즈를 구현한 것이다.

  - 색수차는 광학 렌즈에서 발견되는 자연 현상으로, 아주 미세하게 무지개처럼 보이는 효과가 발생하는 것을 의미한다. 특히 이미지의 하이라이트 부분에 적용될 수 있다.

  - 비네트 역시 대부분의 광학 렌즈에서 발견되는 현상으로, 이미지의 가장자리가 가운데보다 어둡게 보이는 현상을 의미한다.

이름에서도 알 수 있듯이 포스트 프로세스 볼륨은 작업이 완료된 이후에 사용하는 툴이다. 언리얼 엔진에는 빛의 방향, 그림자, 스킨 셰이딩, 반사와 같이 골치 아픈 부분들이 미리 설정돼 있지만, 포스트 프로세스 볼륨은 여기에 하나의 레이어를 더 추가해 원하는 효과를 얻는 방식이라고 이해하면 된다. 즉, 레벨 시퀀서를 카메라에 비유한다면, 포스트 프로세스 볼륨은 포토샵과 같은 것이다.

라이팅과 카메라 워크는 최대한 최종 결과물에 가깝게 작업을 수행하고, 이를 통해서도 달성하기 힘든 부분이 있다면 포스트 프로세스 볼륨을 활용해 구현하는 것이 좋다.

포스트 프로세스 볼륨에는 수많은 설정이 포함돼 있어 여기서 모든 내용을 다루기는 쉽지 않다. 하지만 렌더링과 관련해 포스트 프로세스 볼륨의 기능을 적절히 활용한다면 좀 더 매력적인 메타휴먼을 얻을 수 있을 것이다.

NOTE

좀 더 심화된 라이팅, 렌더링 기법을 배우고 싶다면 동영상 튜토리얼(https://www.thegnomonworkshop.com/tutorials/cinematic-lighting-in-unreal-engine-5)을 추천한다.

다음 섹션에서는 무비 렌더 큐를 사용해 합성하고 컬러 그레이딩을 수행하는 방법을 자세히 알아본다.

무비 렌더 큐 사용하기

레벨 시퀀서에서 렌더링을 설정할 때 무비 렌더 큐를 사용할 수 있다. 그림 10.19와 같이 시퀀서의 클래퍼 아이콘 옆에 있는 3개 점을 클릭하면 **무비 렌더 큐** 항목이 나타난다.

그림 10.19 무비 렌더 큐 옵션

무비 렌더 큐를 클릭하면 그림 10.20과 같은 화면이 나타난다.

그림 10.20 무비 렌더 큐 대화 상자

+**렌더** 버튼을 클릭해 렌더링을 수행할 시퀀스를 선택한다. 예제의 경우는 **NewLevelSequence**를 선택했다. 프로젝트에 여러 개의 레벨 시퀀스가 존재한다면 +**렌더** 버튼을 통해 렌더 큐에 이들을 추가할 수 있다. 대화 상자에서는 다음의 항목들을 확인할 수 있다.

- **작업**

- **세팅**

- **출력**

각각의 컬럼^{column}을 좀 더 자세히 살펴보자.

작업

작업은 렌더링을 수행하려는 시퀀스의 이름이다. 레벨 시퀀서에서 시퀀스의 길이나 프레임 레이트가 이미 설정돼 있다는 것을 다시 한 번 상기하자.

앞서 언급했듯이 **+렌더** 버튼을 통해 시퀀스를 추가할 수 있으며 추가된 시퀀스의 이름 역시 **작업**에서 확인하고 선택할 수 있다.

세팅

세팅을 통해 어떤 설정을 시퀀스에 적용할지 결정할 수 있다.

출력

출력은 렌더링이 수행된 후 이미지나 동영상을 저장할 폴더/디렉터리를 보여준다.

렌더링과 관련해 설정할 수 있는 수많은 옵션이 존재한다. 언리얼의 레벨 시퀀서를 통해 동영상 렌더링을 수행한다면 언리얼의 실시간 렌더링 역량을 충분히 활용하고 있는 것이다. 또한 포스트 프로덕션 단계에서 시퀀스 렌더링과 관련된 추가 작업을 수행할 수도 있다.

파일을 어떤 형식으로 출력할지 결정하는 것도 중요하다. 만일 심화된 컬러 그레이딩 같은 추가적인 포스트 프로덕션 작업을 수행한다면, Open EXR과 같이 더 높은 색 충실도color fidelity를 제공하는 파일 형태가 적합하다. 단순히 렌더링을 테스트해보거나 언리얼에서 최종적인 렌더링 작업을 수행했다면, Apple Prores와 같은 동영상 파일이 적합하다.

그림 10.21은 기본적인 세팅 화면을 보여준다.

그림 10.21 무비 렌더 큐의 기본 세팅

세팅 대화 상자는 크게 세 부분으로 구성돼 있으며 디폴트 설정은 다음과 같다.

- **익스포트**[.jpg 시퀀스 [8bit]]: **익스포트** 옵션을 통해 낮은 색 충실도와 압축 포맷(예를 들어 JPG와 같은 포맷. 여기서는 8비트만 지원함)에서부터 Open EXR과 같이 높은 색 충실도와 부동 소수 16비트를 지원하는 포맷에 이르기까지, 우리가 원하는 파일 포맷을 선택할 수 있다.

- **렌더링**(디퍼드 렌더링): 디퍼드 렌더링은 언리얼에 최적화돼 있으며, 씬을 렌더링하는 가장 기본적인 방법이다. 디퍼드 렌더링은 2개의 과정을 통해 렌더링을 수행한다. 첫 번째 과정에는 Z 뎁스 및 앰비언트 오클루전[ambient occlusion]과 같은 계산이 포함된다. 기본적으로 수행되는 첫 번째 과정을 통해 각 오브젝트들이 셰이더 측면에서 어떻게 계산돼야 할지 계산하는 두 번째 과정의 시간을 단축할 수 있다.

- **세팅**(출력): +세팅 버튼을 클릭하면, 더 많은 옵션을 확인할 수 있다.

그림 10.22 무비 렌더 큐에서 활용 가능한 세팅

레벨 시퀀서를 하드 드라이브에 렌더링하려 할 때는 렌더링 품질을 향상시킬 수 있는 다양한 옵션이 존재한다.

- **세팅:** 세팅을 클릭해 표시되는 리스트에서 여러 개를 한 번에 선택할 수 있다. 예제 에서는 **안티 에일리어싱**을 추가해 모션 블러의 품질을 높였다.

- **익스포트:** **.jpg 시퀀스 [8bit]**를 **.exr 시퀀스 [16bit]**로 변경했다. 이를 통해 렌더링 품 질을 현격하게 향상시킬 수 있으며, 특히 이후에 동영상 편집 패키지에서 사진을 보정할 때 효과적으로 사용할 수 있다. **.exr 시퀀스 [16bit]**는 Open EXR 포맷으로 익스포트되며, 이 포맷을 사용하면 애프터 이펙트^{After Effects}, 누크^{Nuke}, 다빈치 리졸 브^{DaVinci Resolve} 같은 애플리케이션에서 노출을 효과적으로 제어할 수 있다. Open EXR은 다른 포맷보다 더 많은 컬러 정보와 메타데이터를 저장할 수 있어 영화와

TV에서 표준에 가까운 포맷으로 통용된다.

- **렌더링**: 렌더링 옵션도 간단히 살펴보자.

  ○ **디퍼드 렌더링**: 디폴트 렌더링 옵션으로, 여러 과정을 거쳐 렌더링이 진행된다.

  ○ **디퍼드 렌더링(리플렉션만)**: 이 렌더링 옵션은 리플렉션^{reflection}만 렌더링한다. 누크와 같은 디지털 합성 애플리케이션에서 리플렉션을 제어해야 할 필요가 있을 때 간편하게 사용할 수 있다. **디퍼드 렌더링** 옵션과 함께 사용하는 것이 일반적이다.

  ○ **오브젝트 ID(제한됨)**: 각 오브젝트에 부여되는 오브젝트 ID를 모두 다른 컬러로 표시하는 옵션이다. 이 옵션을 활성화하면 오브젝트 ID 비디오 채널을 EXR 파일에 포함해서 가져온다. 누크와 같은 합성 애플리케이션에서 오브젝트 ID와 매칭되는 컬러로 각각의 오브젝트를 선택해 조작할 수 있으며, 언리얼에서 변경할 필요 없이 누크에서 오브젝트의 컬러를 변경할 때 편리하게 사용할 수 있다.

그림 10.23에서 지금까지 선택한 옵션을 확인할 수 있다.

그림 10.23 선택한 세팅 옵션

출력

출력 옵션은 기본적으로 레벨 시퀀서의 디폴트 설정과 동일하다. 하지만 **출력** 컬럼을 통해 최종적인 해상도와 프레임 레이트를 변경할 수 있다.

그림 10.23에서 보듯이 3개의 렌더링 세팅을 사용해 하나의 EXR 이미지 시퀀스를 분리된 채널로 렌더링했다. 각 채널은 다음과 같다.

- 디퍼드 렌더링

- 디퍼드 렌더링(리플렉션만)

- 오브젝트 ID(제한됨)

각각의 렌더링 결과는 그림 10.24와 같으며, 3개의 채널로 렌더링되고 저장된 각각의 EXR 파일을 확인할 수 있다. 왼쪽 상단에는 가장 일반적인 이미지로 보이는 **디퍼드 렌더링**, 오른쪽 상단에는 **디퍼드 렌더링(리플렉션만)**, 왼쪽 하단에는 **오브젝트 ID(제한됨)** 옵션을 사용해 렌더링했다(합성 프로그램을 사용하면 이들 채널을 조작해 좀 더 많은 조정을 수행할 수 있다).

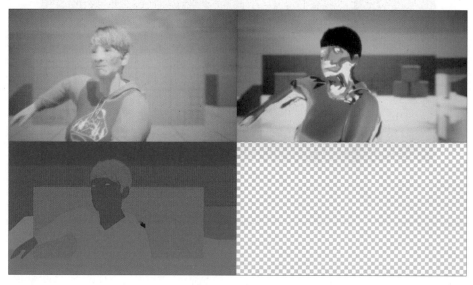

그림 10.24 렌더링 샘플

무비 렌더 큐의 렌더링 설정은 매우 강력하다. 이 기능을 활용해 아티스트들은 실시간 렌더링보다 더 세밀한 수정을 가할 수 있는데, 전통적인 3D 애니메이션 제작 공정에서 합성 작업을 수행하는 사람들이 3D 렌더링과 관련된 더 세밀한 작업을 수행하던 것과 궤를 같이하는 것이다. 언리얼이 점점 더 진화할수록 더 많은 3D 애니메이션 스튜디오에서 자신들의 작업 파이프라인에 언리얼을 도입하게 될 것이다.

다음 섹션에서는 언리얼에 적재된 전문적인 컬러 표준에 대해 알아본다. 메타휴먼 역시 이를 활용해 전문적인 스튜디오 환경에서 작업될 수 있다.

ACES와 컬러 그레이딩

앞서도 언급했듯이 Open EXR은 시각 효과와 3D 애니메이션 작업을 진행하는 전문 스튜디오에서 3D 렌더링과 합성에 주로 사용하는 산업 표준에 가까운 파일 포맷이다. 무엇보다 Open EXR 포맷은 컬러를 포함한 방대한 양의 픽셀 데이터를 저장한다는 장점을 갖고 있어서 산업 표준에 가까울 정도로 폭넓게 사용되고 있다.

앞서 무비 렌더 큐의 설정 항목에서는 .jpg 시퀀스 [8bit]라는 옵션을 살펴봤다. 사실 이 옵션은 사람의 눈이 볼 수 있는 컬러의 절반도 구현하지 못하기 때문에 전문적인 영역에서는 많이 사용하지 않는 포맷이다. 8비트 이미지는 레드, 그린, 블루의 256가지 음영만 저장할 수 있다. 16비트 이미지가 280조 개가 넘는 컬러를 표현할 수 있는 반면, 8비트 이미지는 1,600만 개가 조금 넘는 색상을 표현할 수 있을 뿐이다.

그림 10.25는 ACES^{Academy Color Encoding System} 컬러 영역이 가장 넓은 영역을 차지하고 있는 것을 보여주는데, 가장 좁은 영역을 보유하고 있는 sRGB와 비교하면 표현할 수 있는 색의 영역 자체에서 큰 차이가 난다. 8비트 JPEG 포맷은 sRGB 영역의 색만 표현 가능하다. 언리얼 엔진은 EXR 파일 포맷의 방대한 데이터 공간과 ACES의 폭넓은 컬러 영역을 활용해 놀랍도록 사실적인 렌더링을 수행할 수 있으므로, 가급적이면 .exr 시퀀스 [16bit] 옵션을 사용하는 것을 권장한다.

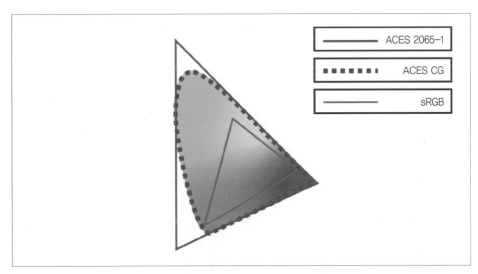

그림 10.25 ACES와 sRGB 컬러스페이스

ACES 컬러스페이스에 대해 좀 더 알고 싶다면, 웹 사이트(https://acescolorspace.com/)를 방문해 보자.

이번 섹션에서는 ACES 컬러스페이스와 관련된 컬러 이론을 간단히 알아봤다. sRGB에 비해 더 많은 색을 사용할 수 있는 ACES 컬러스페이스를 활용하면 좀 더 현실적인 메타 휴먼 렌더링이 가능해질 것이다.

▷ 요약

이 장에서는 레벨 시퀀서에 바디와 페이스 모션 캡처를 적용해 메타휴먼에 생명을 불어 넣는 과정에서 필요한 핵심 요소들을 수정하는 방법을 알아봤다. 예를 들어 애니메이션 루프에서 캐릭터의 위치를 변경하는 것과 같은 일련의 동작을 편집하고 이 과정에서 문 제가 발생했을 때 수정하는 과정도 함께 살펴봤다. 또한 **트랜스폼, 위치, 스켈레톤 표시** 기 능을 사용해 더 긴 애니메이션을 만드는 법도 다뤘다.

이후에는 카메라, 조명, 포스트 프로세스 볼륨과 같이 언리얼이 제공하는 강력하고 전 문적인 렌더링 기능들을 살펴봤다.

이어지는 마지막 장에서는 우리 스스로나 다른 사람을 활용해 실제 인간과 흡사한 메타 휴먼을 만들 수 있는 새로운 방법을 알아본다.

11

메시 투 메타휴먼 플러그인 사용하기

앞선 장에서 메타휴먼을 생성하고 이를 활용해 동영상을 촬영하는 단계의 마무리까지 살펴봤다. 이 책을 쓰는 동안 언리얼 엔진 5.3 버전이 발표됐으며, 에픽게임즈는 또한 사용자들이 메타휴먼의 얼굴에 적용하는 메시를 커스터마이징할 수 있는 플러그인도 함께 출시했다. 무료로 제공되는 이 플러그인의 이름은 '메시 투 메타휴먼^{Mesh to MetaHuman}'으로, 메타휴먼 아이덴티티 에셋^{MetaHuman Identity Asset}의 핵심이다.

많은 사용자가 이 툴을 사용해 실제 사람을 디지털 스캔하거나 얼굴을 커스터마이징하는 효과를 누릴 수 있게 됐다. 물론 아주 정교하지는 않지만, 실제로 사람을 디지털 스캔해 사용하므로 현실의 배우와 믿을 수 없을 만큼 흡사한 메타휴먼을 만들거나 심지어 사용자 본인과 비슷한 메타휴먼을 만들 수도 있다.

이번 장에서는 자신의 얼굴을 디지털 스캔한 후 메타휴먼에 적용하는 방법을 알아본다. 이를 위해 아이폰과 안드로이드에서 설치 가능한 'KIRI 엔진^{KIRI Engine}'이라는 앱을 사용할 것이며, 디지털 스캔을 임포트해 메시 투 메타휴먼 플러그인에서 활용하게 된다.

이 장에서는 다음과 같은 주제를 살펴본다.

- 언리얼 엔진에서 메시 투 메타휴먼 플러그인 설치하기

- KIRI 엔진 앱을 살펴보고 스마트폰에 설치하기

- 스캔한 메시를 언리얼 엔진으로 임포트하기

- 메타휴먼 크리에이터에서 페이스 메시 수정하기

﹕기술적인 요구 사항

컴퓨터의 성능과 관련해 1장에서 설명한 기술적인 요구 사항을 충족하는 PC가 필요하다. 또한 다음 항목들도 준비돼야 한다.

- 최소 200MB 이상의 여유 공간이 있는 아이폰 혹은 안드로이드 폰

- 플러그인을 다운로드하고 서버에 데이터를 업로드할 수 있는 안정적인 인터넷 접속 환경

- 언리얼 엔진을 설치하는 데 사용되는 에픽게임즈 런처

- KIRI 앱

- 메시 투 메타휴먼 플러그인

- 언리얼 엔진의 새로운 프로젝트

NOTE

앞서 2장에서 살펴본 메타휴먼 크리에이터 온라인 애플리케이션에 익숙하겠지만, 이 장에서는 앞서 사용한 프로젝트를 다시 사용할 필요가 없다.

∷ 언리얼 엔진에 메시 투 메타휴먼 설치하기

가장 먼저 해야 할 일은 언리얼 프로젝트에서 새로운 프로젝트를 생성하고 열린 상태로 유지하는 것이다. 그다음에는 메시 투 메타휴먼 플러그인을 활성화해야 한다. 에픽게임즈 런처를 활용해 언리얼 엔진 마켓플레이스에서 메타휴먼 플러그인을 다운로드한다.

메시 투 메타휴먼 플러그인 페이지에서 그림 11.1과 같이 **엔진에 설치** 버튼을 클릭한다.

그림 11.1 메타휴먼 플러그인

메시 투 메타휴먼 플러그인을 설치 완료했다면, 다음 섹션에서는 KIRI 엔진 앱을 사용해 디지털 스캔을 수행하는 작업을 시작해본다.

∷ KIRI 엔진을 살펴보고 스마트폰에 설치하기

KIRI 엔진은 '포토그래머트리photogrammetry' 영역에 포함되는 애플리케이션으로 분류할 수 있다. 포토그래머트리는 사진을 활용해 애플리케이션에서 자동으로 3D 지오메트리를 생성해주는 일련의 과정을 의미한다.

메타휴먼에 적용되는 페이스 스캔을 수행하려면, 피사체 주변을 180도 범위의 다양한 높이에서 촬영한 수많은 사진이 필요하다. 그림 11.2는 머리와 어깨를 바라보는 4개의 앵글을 보여준다.

그림 11.2 일반적으로 사용되는 카메라 위치

일단 여기서는 얼굴 정면을 바라보는 각도에 집중할 것이므로 180도 범위 안에서만 캡처를 수행한다. 턱 아래, 콧구멍, 이마에 대한 정보도 얻을 수 있도록 높은 각도와 낮은 각도에서도 캡처를 다양하게 수행해야 한다는 점을 잊지 말자.

포토그래머트리 촬영 팁
- 얼굴에 그림자가 생기지 않도록 부드럽게 퍼지는 조명을 사용한다.
- 피사체가 턱을 약간 올린 상태에서 고정된 자세를 유지하도록 한다.
- 가능하다면 편광 렌즈 필터를 사용해 피부의 반사를 최소화한다.

이제 KIRI를 설치해보자. KIRI 엔진은 맥이나 윈도우의 웹 브라우저에서도 설치하고 실행할 수 있으며, 웹 사이트(https://www.kiriengine.app/web-version/)에서 다운로드해 설치 가능하다. 우리는 안드로이드 혹은 아이폰 버전을 사용할 것이므로 본인의 스마트폰에 맞는 앱을 설치하도록 한다.

안드로이드 디바이스를 갖고 있다면 다음 그림과 같이 구글 플레이 스토어에서 무료로 앱을 설치할 수 있다.

그림 11.3 구글 플레이 스토어에서 KIRI 엔진을 설치한다.

8장, '아이폰으로 페이셜 모션 캡처하기'에서 아이폰을 사용했다면 굳이 안드로이드 디바이스를 구하지 않아도 된다. 아이폰을 사용한다면 앱 스토어에서 KIRI 엔진을 검색해 앱을 다운로드할 수 있다.

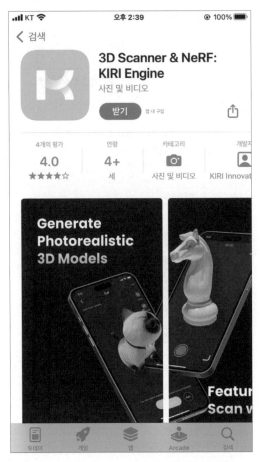

그림 11.4 애플 앱 스토어에서 KIRI 엔진을 설치한다.

KIRI 엔진은 매우 직관적으로 설계돼 오히려 앱을 실행한 다음 선택할 수 있는 옵션이 많지 않다. 안드로이드를 사용하든, 아이폰을 사용하든 상관없이 앱을 실행하면 그림 11.5와 같은 간단한 화면이 나타난다.

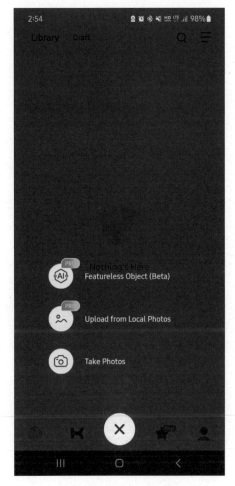

그림 11.5 KIRI 엔진 실행 화면

첫 화면에서 이전에 촬영했던 사진을 업로드할 것인지, 아니면 KIRI 앱을 통해 사진을 새로 촬영할 것인지 선택할 수 있다. **Take Photos**를 선택하면 다음과 같이 화면이 변경된다.

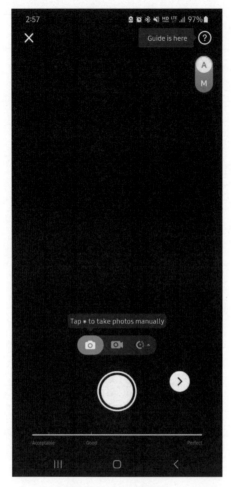

그림 11.6 수동 캡처 옵션

디폴트 옵션은 수동 캡처로 설정돼 있다. 그림 11.6의 왼쪽 상단에 보이는 카메라 아이콘을 통해 이를 확인할 수 있다. 수동 캡처 옵션에서는 화면 하단의 흰색 버튼을 눌러 원할 때마다 사진을 찍을 수 있다. 매번 버튼을 누를 때마다 카메라가 살짝 흔들릴 수 있고, 이로 인해 일부 조명이 선명하지 못한 상태로 사진이 찍힐 수 있다는 단점이 존재한다.

그림 11.7처럼 카메라 아이콘 오른쪽에 위치한 비디오 카메라 아이콘을 선택해 자동 캡처 설정을 사용할 수도 있다. 이 설정에서는 붉은색 버튼을 눌러 캡처를 시작할 수 있다.

앱이 자동으로 몇 초 간격을 두고 최대 70장까지 사진을 찍는다. 피사체가 너무 빠르게 움직일 경우 경고 메시지가 표시된다.

그림 11.7 자동 캡처 옵션

녹화 버튼 하단에 프로그레스 라인이 보일 것이다. 이는 캡처되는 이미지의 품질을 보여주는 것으로, **Acceptable**, **Good**, **Perfect**로 표시된다. **Acceptable**은 3D 모델링에 필요한 최소 품질의 산출물을 확보했다는 것을 의미하며, 이미지가 뭉개지거나 울퉁불퉁하게 보이기 십상이다. 반면 **Perfect**는 3D 모델링에 필요한 최상의 품질, 즉 더 세밀하고 부드러운 산출물을 확보했다는 것을 의미한다.

이상적으로는 한 사진과 그다음 사진의 최대한 많은 부분이 겹치는 것이 좋다. 경험적으로 봤을 때 이어지는 두 사진이 서로 80% 이상 겹친다면 좋은 결과물을 얻을 수 있다. 즉, 이어지는 두 장 혹은 세 장의 사진에서 눈이나 코와 같은 특징적인 부분이 하나 이상 공유돼야 한다.

일정한 품질 수준 이상으로 촬영할 수 있는 최대의 이미지를 확보하면 그림 11.8과 같은 화면이 나타난다.

그림 11.8 Edit 화면

Edit 화면에서는 다음과 같은 옵션을 확인할 수 있다.

- **Face Counts**: 3D 모델링에 사용되는 폴리곤의 수를 의미한다. **High**를 선택하면 메타휴먼 플러그인 작업에 필요한 충분한 지오메트리를 확보할 수 있다. 메타휴먼 은 아주 높은 밀도의 메시로 작업이 가능하므로, 고밀도 지오메트리도 충분히 소 화할 수 있다.

- **Texture Quality**: KIRI는 방대한 양의 텍스처 맵을 만들어내지 않는다. 언리얼에서 메타휴먼 작업을 진행해봤다면, KIRI가 만든 고품질의 텍스처 맵을 충분히 다룰 수 있을 것이다. **High** 옵션을 선택하는 것으로 충분하다.

- **File Format**: 언리얼 엔진은 OBJ와 FBX 파일 포맷 모두를 임포트할 수 있지만, FBX 포맷을 처리하는 데 좀 더 오랜 시간이 걸리는 것으로 알려져 있다. 에픽게임 즈도 원활한 플러그인 동작을 위해 OBJ 포맷을 추천하고 있으므로 **OBJ**를 선택 한다.

설정이 완료되면 **Upload** 버튼을 클릭한다. 인터넷 접속 환경에 따라 업로드가 완료될 때까지의 시간이 달라질 것이다. 연결이 간헐적으로 끊어진다면 업로드 과정을 반복해 야 할 수도 있다. 업로드가 완료되면 그림 11.9와 같은 메시지가 나타난다.

그림 11.9 업로드 완료 메시지

업로드가 완료되면 사진을 처리하는 과정을 거친다. 이 작업을 수행하는 데 걸리는 시간은 다양한 요소에 의해 결정된다. 클라우드 서버에서 이 작업이 수행되는데, 작업은 우선 큐에 들어가는 것부터 시작한다. 대기 큐에 트래픽이 많다면 몇 분 정도 기다려야 할 수도 있다. 작업이 큐에 추가됐거나 프로세싱이 시작되면 앱을 통해 상태를 확인할 수 있다.

작업이 시작되면 모델이 빠르게 생성될 것이다. 작업이 완료되면 그 결과물을 가볍게 살펴보자. 그림 11.10은 모델링한 결과를 보여준다. 사진을 찍는 것부터 시작해서 이렇게 활용 가능한 3D 모델을 얻기까지 10분 정도 소요됐다.

그림 11.10 3D 스캔 결과

다음 단계는 더 간단하다. **Export** 버튼을 누르면 다음과 같은 화면이 나타난다.

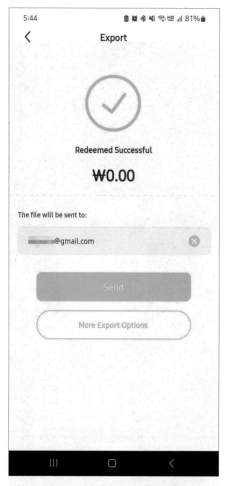

그림 11.11 익스포트된 모델 전송하기

그림 11.11에서는 이메일 주소로 모델을 전송하는 옵션을 선택했다. **Send** 버튼을 누르면 다운로드 가능한 링크가 메일로 전송된다. 링크를 통해 OBJ 포맷의 메시와 JPG 포맷의 텍스처 맵이 포함된 .zip 폴더를 다운로드할 수 있다. 폴더를 압축 해제하고 다음 과정을 이어나가자.

다음 섹션에서는 언리얼 엔진에서 페이스 메시를 불러오는 방법을 알아본다.

⁜ 언리얼 엔진으로 스캔한 메시 임포트하기

언리얼 엔진이 활성화돼 있는 상태에서 콘텐츠 폴더를 선택하고, 그 안에 FaceMesh라는 이름의 폴더를 만들자. FaceMesh 폴더 안에서 임의의 장소를 우 클릭한 다음, **/Game/FaceMesh에 임포트**를 선택한다. 임포트 대화 상자가 열리고 다운로드한 파일이 있는 경로를 선택하면, 그림 11.12와 같이 JPG 파일과 OBJ 파일을 확인할 수 있다.

그림 11.12 JPG와 OBJ 파일

OBJ 파일을 선택한 다음 **확인**을 누른다.

그림 11.13과 같이 **파이프라인 환경설정 인터체인지(콘텐츠 임포트)**라는 이름의 대화 상자가 열릴 것이다(OBJ 파일을 임포트할 때 필요한 대화 상자의 이름치고는 이상하다고 생각할 수 있지만, 지극히 정상적인 프로세스를 거치고 있으니 염려할 필요가 없다).

스태틱 메시 결합 항목을 체크하는 것을 잊지 말자. 이를 통해 단일 메시로 모델이 임포트될 수 있다. 이어서 **임포트**를 선택한다.

임포트가 수행되는 동안 잠시 시간이 걸릴 수 있다. 대부분의 경우 특별한 문제가 발생하지 않지만, 처리 과정에서 어떤 문제가 발생한다면 에러 로그 대화 상자를 통해 오류 정보를 확인할 수 있다. 모든 프로세스가 완료된 후 대화 상자가 발생하기 때문에 중간에는 특정한 액션을 취할 수 없다.

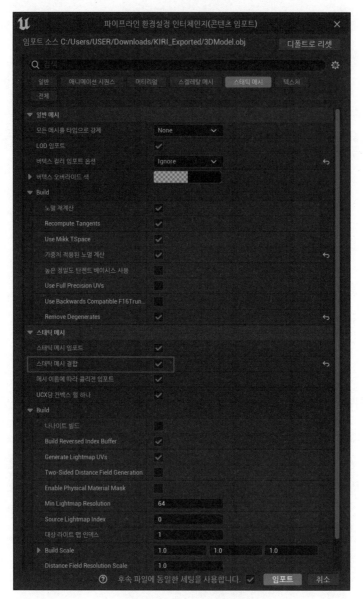

파이프라인 환경설정 인터체인지(콘텐츠 임포트)

임포트 소스 C:/Users/USER/Downloads/KIRI_Exported/3DModel.obj

디폴트로 리셋

Q 검색

일반   애니메이션 시퀀스   머티리얼   스켈레탈 메시   **스태틱 메시**   텍스처
전체

▼ 일반 메시

모든 메시를 타입으로 강제 .... None
LOD 임포트 .... ✓
버텍스 컬러 임포트 옵션 .... Ignore
▶ 버텍스 오버라이드 색

▼ Build

노멀 재계산 .... ✓
Recompute Tangents .... ✓
Use Mikk TSpace .... ✓
가중치 적용된 노멀 계산 .... ✓
높은 정밀도 탄젠트 베이시스 사용
Use Full Precision UVs
Use Backwards Compatible F16Trun...
Remove Degenerates .... ✓

▼ 스태틱 메시

스태틱 메시 임포트 .... ✓
스태틱 메시 결합 .... ✓
메시 이름에 따라 콜리전 임포트 .... ✓
UCX당 컨벡스 헐 하나 .... ✓

▼ Build

나나이트 빌드
Build Reversed Index Buffer .... ✓
Generate Lightmap UVs .... ✓
Two-Sided Distance Field Generation
Enable Physical Material Mask
Min Lightmap Resolution 64
Source Lightmap Index 0
대상 라이트 맵 인덱스 1
▶ Build Scale 1.0   1.0   1.0
Distance Field Resolution Scale 1.0

⑦ 후속 파일에 동일한 세팅을 사용합니다. ✓   **임포트**   취소

그림 11.13 임포트 메시 옵션

임포트가 완료되면 그림 11.14와 같이 FaceMesh 폴더 아래에 3개의 에셋(모델, 셰이더, 텍스처 맵)이 자동으로 추가된다.

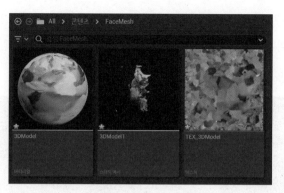

그림 11.14 임포트된 에셋

FaceMesh 폴더에서 임의의 장소를 우 클릭한 다음, **메타휴먼** 항목을 찾는다. 그다음, 메 **타휴먼** 하위 항목 중에서 **메타휴먼 아이덴티티**를 선택한다.[1]

그림 11.15 메타휴먼 아이덴티티 에셋 만들기

메타휴먼 아이덴티티를 선택하면 방금 임포트한 3D 스캔을 활용해 메타휴먼 아이덴티티 에셋을 만든다.

---

1   만일 **메타휴먼** 항목이 보이지 않는다면, 상단 메뉴의 **편집 › 플러그인** 항목에서 'metahuman'을 검색해 해당 플러그인 을 찾고 활성화해야 한다. 이후 에디터를 재시작해야 정상적으로 플러그인을 사용할 수 있다. – 옮긴이

FaceMesh 내에 생성된 **메타휴먼 아이덴티티**를 더블 클릭해보자. 그림 11.16에서 보듯이, 메타휴먼 아이덴티티는 다섯 가지 주요 기능으로 구성된 간단한 인터페이스를 갖고 있다.

그림 11.16 메타휴먼 아이덴티티 인터페이스

메타휴먼 아이덴티티 인터페이스에서 하이라이트된 기능들을 왼쪽부터 오른쪽으로 하나하나 살펴보자.

- **메시의 컴포넌트**: 앞서 엔진으로 임포트한 메시를 가져올 수 있는 메뉴다.
- **프레임 승격**: 메타휴먼 아이덴티티가 눈, 코, 입과 같이 주요한 부분들을 참조할 때 메시의 시야각을 조절할 수 있는 항목이다.
- **활성 프레임 트래킹**: 메타휴먼 아이덴티티가 얼굴 인식 알고리듬을 사용해 새로운 페이스 메시의 핵심적인 특징을 결정하는 항목이다.
- **메타휴먼 아이덴티티 솔브**: 새로운 얼굴 메시의 비율에 맞춰 메타휴먼을 생성하는

마법이 발생하는 항목이다.

- **메시 투 메타휴먼**: 템플릿 메시를 제출하면 메타휴먼 크리에이터 및 브리지에 메타휴먼이 생성된다.

그림 11.16에서 살펴본 기능들 중에서 현재는 **메시의 컴포넌트** 기능만 사용 가능하다. 나머지 기능들은 아직 활용할 수 없으며, 앞 단계의 기능들이 수행돼야 순차적으로 사용 가능한 상태로 변환된다.

순서대로 다섯 가지 기능을 살펴보자.

1. 우선 **메시의 컴포넌트**를 클릭하고 임포트했던 모델을 선택한다.

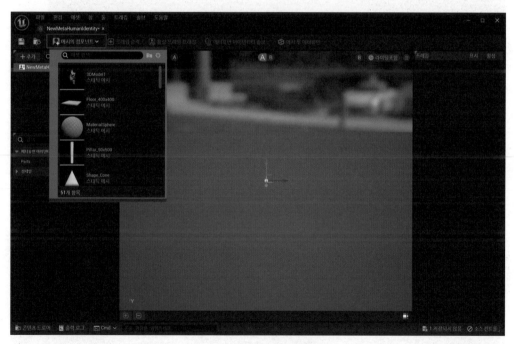

그림 11.17 스캔한 메시 추가하기

F 키를 눌러 모델을 중앙에 정렬하고 회전 기즈모와 마우스, 키보드를 활용해 모델의 얼굴이 정면을 바라보게 만든다.

그림 11.18 모델 회전하기

2. 페이스 메시의 위치 조절이 완료됐다면 **프레임 승격**을 클릭해 앵글을 저장한다.

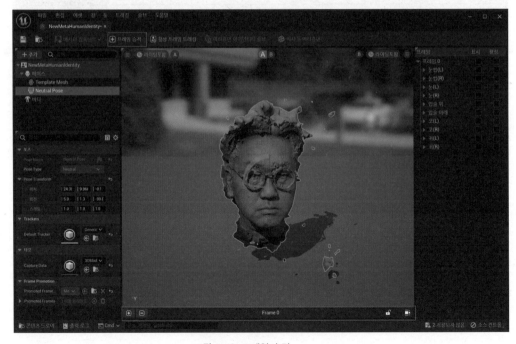

그림 11.19 프레임 승격

그림 11.19를 보면 뷰포트 하단에서 Frame0이라는 타이틀을 확인할 수 있다. 이는 추후 레퍼런스로 사용될 프레임이 생성됐다는 것을 의미한다. 새로운 앵글을 사용하려면, 오른쪽 아래에 있는 카메라 아이콘을 사용해 프레임을 추가하면 된다. 카메라 아이콘을 누르고, 다시 한 번 **프레임 승격** 버튼을 클릭한다. 예제에서는 간단히 한 번만 **프레임 승격** 버튼을 클릭한다.

3. 이제 페이스 메시가 제대로 트래킹되는지 확인해야 한다. 그림 11.20에서 하이라이트된 것과 같이 **활성 프레임 트래킹**을 누른다.

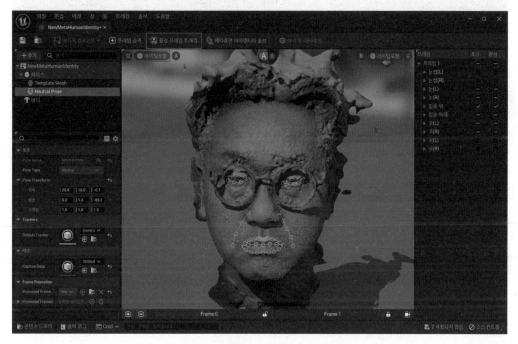

그림 11.20 활성 프레임 트래킹

메타휴먼 아이덴티티 툴은 얼굴의 특징을 추적한다. 원활하게 작업이 수행될 수 있도록 그림 11.20에서 보듯이 **라이팅 포함**과 **언릿**을 토글해 표정을 확인하는 것을 추천한다. 이를 통해 눈과 입의 모양을 쉽게 확인할 수 있으며, 실제 얼굴과 가장 흡사한 결과를 얻어낼 수 있다.

4. 이어서 새로운 메타휴먼의 바디를 선택한다. 그림 11.21과 같이 **바디**를 클릭한 다음, 적절한 바디 유형을 선택한다.

그림 11.21 바디 선택하기

5. 이제 페이스 메시 스캔에서 새로운 메시를 처리해야 한다. 그림 11.22와 같이 **메타 휴먼 아이덴티티 솔브**를 클릭한다.

그림 11.22 메타휴먼 아이덴티티 솔브 실행 중...

화면 중앙에 '메타휴먼 아이덴티티 솔브 실행 중...'이라는 메시지가 출력된다. 이 메시지를 통해 메타휴먼 클라우드에서 메타휴먼 솔루션이 만들어지고 있는 것을 알 수 있다.

6. 솔브 실행이 완료되면, 그림 11.23과 같이 **메시 투 메타휴먼** 버튼을 클릭한다. 그럼 프로세스가 진행되면서 에디터의 우측 하단에 '메타휴먼 백엔드 대기 중...'이라는 메시지가 나타난다.

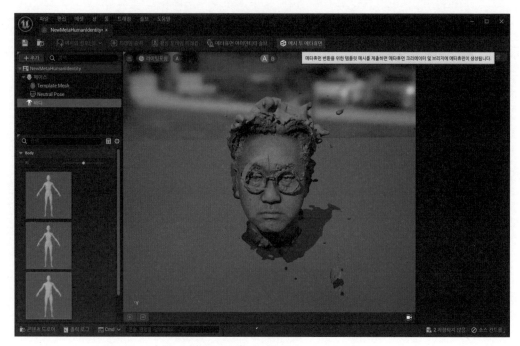

그림 11.23 메시 투 메타휴먼

7. 프로세스가 완료되면 그림 11.24와 같이 **메시 투 메타휴먼**의 팝업 메시지를 확인할
수 있다. **확인**을 클릭한다.

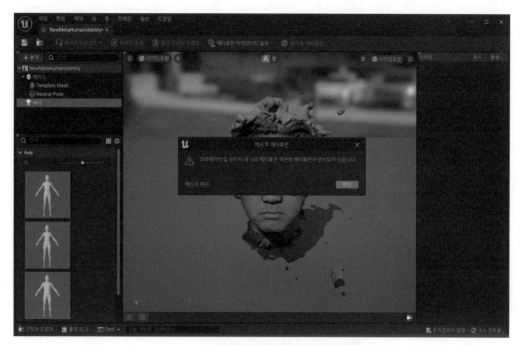

그림 11.24 메타휴먼 사용 가능 상태

이 시점에서는 더 이상 메시 투 메타휴먼 플러그인의 작업 상태를 확인할 수 없다. 모든 처리 과정이 클라우드에서 수행되기 때문이다. 그 대신 온라인 메타휴먼 크리에이터로 이동해 그동안 수행한 작업 결과를 확인할 수 있다.

다음 섹션에서는 언리얼 에디터의 콘텐츠 폴더에서도 바로 접근 가능하고 독립적인 애플리케이션 형태로도 실행 가능한 퀵셀 브리지를 활용해볼 것이다. 이를 통해 새로운 메타휴먼에 접근하고, 온라인 메타휴먼 크리에이터를 통해 더욱 세밀한 조정도 수행해본다.

메타휴먼 크리에이터 온라인 툴에서 페이스 메시 수정하기

퀵셀 브리지를 실행한 다음, **My MetaHumans UE5**를 선택하자. 그럼 그림 11.25처럼 흰색 육각형 무늬의 아이콘이 새로 추가된 것을 확인할 수 있다. 이는 메시 투 메타휴먼 플러그인을 통해 새로운 메타휴먼이 생성된 것을 알려준다. 아이콘을 클릭한 다음, **START MHC** 버튼을 클릭하자.

그림 11.25 메타휴먼 아이덴티티 아이콘

앞서 2장에서도 소개한 바 있는 익숙한 메타휴먼 크리에이터 온라인 애플리케이션으로 이동할 것이다. 그림 11.26에서 보듯이 처음에 보이는 메타휴먼은 스킨이 없고 다소 왜곡돼 보이는 부분도 있다. 아마 머리 위쪽이 많이 튀어나와 있는 것이 가장 눈에 띌 것이다. KIRI 엔진 앱이 페이스 메시 스캔을 수행할 때 머리카락도 함께 스캔하지만, 메타휴먼 아이덴티티 솔버는 실제로 머리카락을 정상적으로 인식하지 못하고 그 부분을 스킨으로 대체해 표시하기 때문에 이렇게 왜곡돼 보인다.

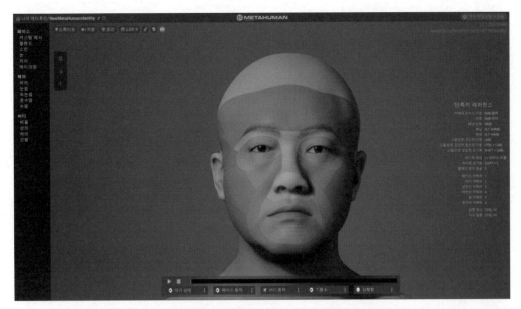

그림 11.26 페이스 스캔을 불러온 메타휴먼 크리에이터

머리카락 이슈를 수정하는 것은 어렵지 않다. 그림 11.27과 같이 **페이스** 항목 하단의 **커 스텀 메시** 항목을 클릭한다.

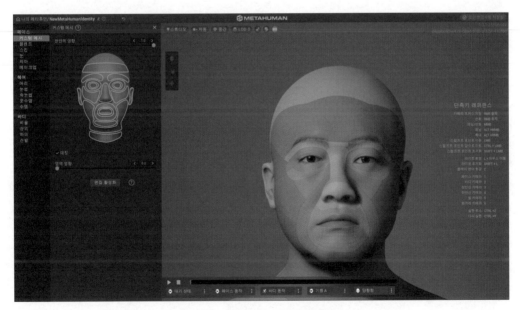

그림 11.27 커스텀 메시 툴

화면 왼쪽에 위치한 얼굴 썸네일이 여러 부분으로 구성돼 있으며 각각의 영역이 오른쪽에 보이는 얼굴 표면의 색과 대응한다는 것을 알 수 있다.

영역 영향 슬라이드를 눈여겨보자. 예제에서는 이 값을 0으로 설정했다. 이는 KIRI 엔진이 스캔해서 만든 페이스 메시를 대신해 메타휴먼 템플릿이 메시의 모양을 결정한다는 것을 의미한다. 그림 11.26과 11.27을 비교해보면 그 차이를 알 수 있다. 앞선 이미지의 머리가 좀 더 울퉁불퉁하게 보일 것이다.

편집 활성화 버튼을 클릭해 좀 더 세밀한 편집을 수행할 수도 있다. 더 나은 산출물을 얻으려면 우선 스캔을 좀 더 세밀하고 정확하게 해야 하며, **편집 활성화** 옵션을 사용하는 것은 그 이후에 사용할 수 있는 마지막 옵션으로 생각하는 편이 좋다.

> **NOTE**
>
> 사진의 품질이 높을수록 더 나은 품질의 산출물을 얻을 수 있다. 이 책에서 사용한 예제는 이상적인 조명을 갖추지 못한 환경에서 스마트폰을 사용해 스캔을 수행하다 보니 다소 형상이 왜곡되는 이슈가 발생했다. 하지만 배경이 비어 있고 적절한 조명이 제공되는 소규모 스튜디오에서 DSLR을 사용해 스캔을 수행하면, 훨씬 나은 품질의 산출물을 확보할 수 있다. 여기에 편광 필터를 사용해 반사를 제거할 수 있다면 더할 나위 없는 산출물을 얻을 것이다.

이제 스킨 작업을 수행해보자. KIRI 엔진 스캔과 언리얼 엔진 임포트를 통해 얻은 텍스처 맵과 셰이더는 모두 소실된 상태다. 이는 잘못된 오류나 문제가 아니라 오히려 이후 작업을 원활하게 해주는 조건이다. 언리얼 엔진의 조명에 탁월하게 사실적으로 반응하는 메타휴먼의 스킨 셰이더를 사용할 수 있기 때문이다.

그림 11.28과 같이 **스킨**을 클릭한 다음, **할당**을 클릭해 스킨 컬러를 설정하자.

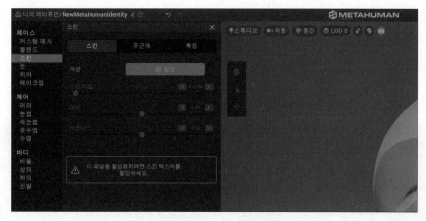

그림 11.28 스킨 컬러 할당하기

해당 메뉴를 통해 메타휴먼이 제공하는 셰이더 속성을 가진 모든 스킨 컬러를 활용할 수 있으며, 2장에서 메타휴먼을 처음 살펴볼 때 사용한 것과 동일한 수준의 스킨 컨트롤이 가능하다.

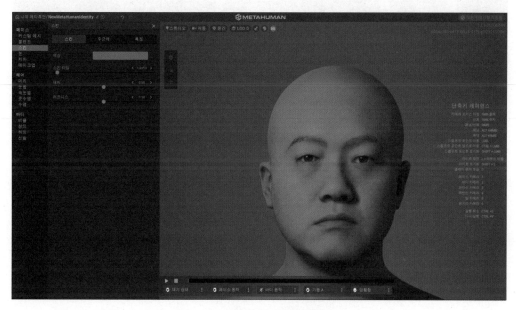

그림 11.29 스킨 편집하기

그림 11.29와 같이 기본적인 조명을 사용하면 다소 부드러운 조명이 가해진 결과를 얻을 수 있다. KIRI 엔진에서도 부드러운 조명을 사용하는 것을 권장하므로, 메타휴먼 크리에이터에서도 기본 조명을 사용하면 원본과 스킨 톤을 맞추는 데 도움이 될 것이다.

그림 11.30과 같이 원본과 비슷한 헤어를 추가한다면 좀 더 나은 산출물을 얻을 수 있다.

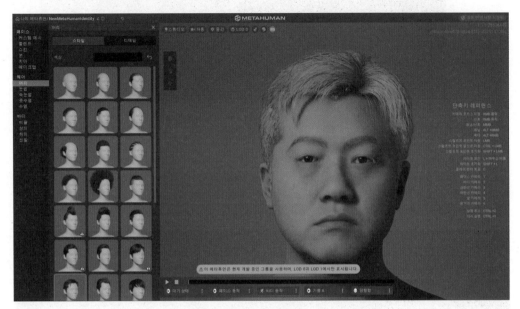

그림 11.30 헤어 추가하기

메타휴먼 크리에이터는 메타휴먼을 자동으로 저장하므로 언제든지 다시 불러올 수 있다. 퀵셀 브리지를 사용하면 언제든지 커스텀 메시가 포함된 새로운 메타휴먼을 프로젝트에 추가 가능하다.

커스텀 메타휴먼을 만들고 수정하는 데 상당한 시간이 걸릴 수도 있으며, 이 작업에 들이는 시간과 정성은 최종적으로 목표한 산출물의 품질 수준이 어느 정도인지에 따라 달라진다. 완벽한 사실성을 추구한다면, 메타휴먼 크리에이터에서 사용 가능한 다양한 스컬프 툴과 KIRI 앱을 통해 얻은 수많은 사진을 활용함으로써 더욱 사실적인 산출물을 얻을 수 있다.

⠿ 요약

이번 장에서는 실제 사람과 닮은 캐릭터를 만드는 데 유용한 다양한 기능을 살펴봤다. 메시 투 메타휴먼 플러그인을 다운로드하고 설치하는 과정을 살펴봤으며, 그 이후 포토그래머트리 툴인 KIRI 엔진에 대해 알아봤다. 메타휴먼 아이덴티티 플러그인을 사용해 KIRI 엔진 페이스 메시를 임포트하고 메타휴먼 크리에이터에서 커스텀 페이스 메시를 불러와 수정하는 법도 살펴봤다.

사실 이번 장은 이 책을 쓰면서 알게 된 새로운 툴을 좀 더 깊게 연구해보는 '보너스' 장에 가까웠다. 해당 툴은 매우 그럴듯해 보이는 디지털 캐릭터를 만드는 데도 효과적으로 사용할 수 있을 뿐만 아니라, 조금만 더 노력한다면 아주 사실적인 캐릭터를 만들어낼 수도 있을 것이다.

사람을 3D 스캔하는 것뿐만 아니라 조각이나 판타지 캐릭터, 심지어는 만화와 같은 캐릭터에도 이번 장에서 배운 내용을 적용할 수 있어 그 가능성은 그야말로 무궁무진하다.

이 책은 여기서 마무리하고자 한다. 지금까지 이 책에서 소개한 기술과 혁신을 되짚어볼 때, 너무 많은 것을 한꺼번에 다룬 것으로 생각할지도 모르겠다.

하지만 한 사람의 아티스트이자 영화 제작자로서 나는 그것이 다분히 의도한 것이라고 답하겠다. 어떤 독자들은 이미 CGI와 애니메이션에 익숙하겠지만, 독자들 중에는 이제 자신만의 여정을 시작하는 초심자도 있을 것이다. 어느 쪽이든, 최근까지도 대형 애니메이션 스튜디오의 전유물이었던 기술로 나만의 비전과 나만의 애니메이션, 나만이 만들어낼 수 있는 엔터테인먼트를 실제로 제작해낼 기법을 단계별로 차근차근 소개하는 가이드를 갖게 된 것만큼은 분명하다.

찾아보기

언리얼 엔진 5로 만드는 메타휴먼 캐릭터

영화 수준의 캐릭터 디자인과 모션 캡처 애니메이션 생성하기

발   행 | 2024년 1월 2일

옮긴이 | 진 석 준
지은이 | 브라이언 로스니

펴낸이 | 권 성 준
편집장 | 황 영 주
편   집 | 김 진 아
            임 지 원
디자인 | 윤 서 빈

에이콘출판주식회사
서울특별시 양천구 국회대로 287 (목동)
전화 02-2653-7600, 팩스 02-2653-0433
www.acornpub.co.kr / editor@acornpub.co.kr

한국어판 ⓒ 에이콘출판주식회사, 2024, Printed in Korea.
ISBN 979-11-6175-807-7
http://www.acornpub.co.kr/book/reimagining-character

책값은 뒤표지에 있습니다.